中国石油天然气集团有限公司统编培训教材

工程建设业务分册

石油石化工程EPC总承包项目进度管理

《石油石化工程EPC总承包项目进度管理》编委会　编

石油工业出版社

内 容 提 要

本书以石油石化工程 EPC 项目的进度管理为研究对象，从 EPC 总承包商的角度，系统阐述了进度管理体系，包括进度管理的特点、进度管理的基本原理和方法、进度计划编制过程、进度控制过程等内容。并结合 EPC 总承包项目进度管理实例全方位地揭示了进度管理的要点、技巧及关键环节。此外，本书进一步从进度管理工作的组织与实施、进度管理的基础工作建设等方面提炼出提升 EPC 总承包项目进度管理水平的建议和措施。

本书主要适用于从事 EPC 项目进度管理的人员进行学习及培训，也可作为相关人员的参考用书。

图书在版编目（CIP）数据

石油石化工程 EPC 总承包项目进度管理 /《石油石化工程 EPC 总承包项目进度管理》编委会编. —北京：石油工业出版社，2020. 12

中国石油天然气集团有限公司统编培训教材

ISBN 978 - 7 - 5183 - 4299 - 0

Ⅰ. ①石…　Ⅱ. ①石…　Ⅲ. ①石油化工-化学工程-承包工程-工程项目管理-中国-技术培训-教材　Ⅳ. ①F426. 22

中国版本图书馆 CIP 数据核字（2020）第 208974 号

出版发行：石油工业出版社
（北京安定门外安华里 2 区 1 号　100011）
网　址：www. petropub. com
编辑部：（010）64256770
图书营销中心：（010）64523633

经　　销：全国新华书店

印　　刷：北京晨旭印刷厂

2020 年 12 月第 1 版　2020 年 12 月第 1 次印刷

710 × 1000 毫米　开本：1/16　印张：17. 5

字数：310 千字

定价：60. 00 元

《中国石油天然气集团有限公司统编培训教材》编审委员会

《工程建设业务分册》
编审委员会

《石油石化工程 EPC 总承包项目进度管理》
编审人员

主　　编： 潘钟跃

编写人员（按姓氏笔画排序）：

于　湛　刘志会　苏　烈　张乃斐

於　静　哈欣欣　彭福华　谭泽涛

审核人员（按姓氏笔画排序）：

于　湛　刘　昊　刘　镜　宋世鹏

林海涛　於　静　彭振河

序

企业发展靠人才，人才发展靠培训。当前，集团公司正处在加快转变增长方式，调整产业结构，全面建设综合性国际能源公司的关键时期。做好“发展”“转变”“和谐”三件大事，更深更广参与全球竞争，实现全面协调可持续，特别是海外油气作业产量“半壁江山”的目标，人才是根本。培训工作作为影响集团公司人才发展水平和实力的重要因素，肩负着艰巨而繁重的战略任务和历史使命，面临着前所未有的发展机遇。健全和完善员工培训教材体系，是加强培训基础建设，推进培训战略性和国际化转型升级的重要举措，是提升公司人力资源开发整体能力的一项重要基础工作。

集团公司始终高度重视培训教材开发等人力资源开发基础建设工作，明确提出要“由专家制定大纲、按大纲选编教材、按教材开展培训”的目标和要求。2009 年以来，由人事部牵头，各部门和专业分公司参与，在分析优化公司现有部分专业培训教材、职业资格培训教材和培训课件的基础上，经反复研究论证，形成了比较系统、科学的教材编审目录、方案和编写计划，全面启动了《中国石油天然气集团公司统编培训教材》（以下简称“统编培训教材”）的开发和编审工作。“统编培训教材”以国内外知名专家学者、集团公司两级专家、现场管理技术骨干等力量为主体，充分发挥地区公司、研究院所、培训机构的作用，瞄准世界前沿及集团公司技术发展的最新进展，突出现场应用和实际操作，精心组织编写，由集团公司“统编培训教材”编审委员会审定，集团公司统一出版和发行。

根据集团公司员工队伍专业构成及业务布局，“统编培训教材”按“综合管理类、专业技术类、操作技能类、国际业务类”四类组织编写。综合管理类侧重中高级综合管理岗位员工的培训，具有石油石化管理特色的教材，以自编方式为主，行业适用或社会通用教材，可从社会选购，作为指定培训教材；专业技术类侧重中高级专业技术岗位员工的培训，是教材编审的主体，按照《专业培训教材开发目录及编审规划》逐套编审，循序推进，计划编审300 余门；操作技能类以国家制定的操作工种技能鉴定培训教材为基础，侧重主体专业（主要工种）骨干岗位的培训；国际业务类侧重海外项目中外员工的培训。

“统编培训教材”具有以下特点：

一是前瞻性。教材充分吸收各业务领域当前及今后一个时期世界前沿理论、先进技术和领先标准，以及集团公司技术发展的最新进展，并将其转化为员工培训的知识和技能要求，具有较强的前瞻性。

二是系统性。教材由“统编培训教材”编审委员会统一编制开发规划，统一确定专业目录，统一组织编写与审定，避免内容交叉重叠，具有较强的系统性、规范性和科学性。

三是实用性。教材内容侧重现场应用和实际操作，既有应用理论，又有实际案例和操作规程要求，具有较高的实用价值。

四是权威性。由集团公司总部组织各个领域的技术和管理权威，集中编写教材，体现了教材的权威性。

五是专业性。不仅教材的组织按照业务领域，根据专业目录进行开发，且教材的内容更加注重专业特色，强调各业务领域自身发展的特色技术、特色经验和做法，也是对公司各业务领域知识和经验的一次集中梳理，符合知识管理的要求和方向。

经过多方共同努力，集团公司“统编培训教材”已按计划陆续编审出版，与各企事业单位和广大员工见面了，将成为集团公司统一组织开发和编审的中高级管理、技术、技能骨干人员培训的基本教材。“统编培训教材”的出版发行，对于完善建立起与综合性国际能源公司形象和任务相适应的系列培训教材，推进集团公司培训的标准化、国际化建设，具有划时代意义。希望各企事业单位和广大石油员工用好、用活本套教材，为持续推进人才培训工程，激发员工创新活力和创造智慧，加快建设综合性国际能源公司发挥更大作用。

《中国石油天然气集团有限公司统编培训教材》

编审委员会

前言

随着工程项目趋于大型化及复杂化，项目精细化管理的必要性日益凸显。项目进度管理作为项目管理的核心载体和关键抓手，其理论和实践体系经过多年的发展和应用日臻成熟，在项目执行过程中发挥的作用越来越显著。当前，我国经济已由高速增长阶段转向高质量发展阶段，促使国家对各行各业提出更高的提质增效要求，作为基础性经济活动的工程建设项目首当其冲。基于此了解，掌握并大力推动项目进度管理在工程建设中的深度应用十分紧迫。石油石化工程作为最具代表性的工程行业，其 EPC 总承包项目的综合管理为充分展现进度管理体系及其效能提供了优越的平台。

本教材结合多年工程项目进度管理实践经验，参阅国内外进度管理领域的经典著作，针对石油石化工程 EPC 总承包项目特点编制成书。从进度管理的特点、进度管理的基本原理和方法、进度计划编制过程、进度控制过程等多个方面，结合进度管理实例全方位地揭示了进度管理的要点、技巧及关键环节，为从事 EPC 项目进度管理及项目管理相关人员提供基础指导。

本教材编写单位为中国寰球工程有限公司北京分公司。本教材共分为七章，其中第一章由潘钟跃编写；第二章由潘钟跃、谭泽涛编写；第三章由谭泽涛编写；第四章由哈欣欣、於静、张乃斐、彭福华编写；第五章由於静、张乃斐、彭福华编写；第六章由苏烈编写；第七章由谭泽涛、于湛编写。全书由潘钟跃、於静、谭泽涛、于湛、刘志会校对和统稿。

感谢编写过程中有关领导的关心和支持，感谢评审专家对本教材内容的审阅并提出宝贵意见。

本教材涉及的内容较广，编者在学识视野、项目经验等方面的局限，使书中难免有不足之处，敬请专家和读者批评指正。

说 明

本教材可作为中国石油天然气集团有限公司内从事工程建设、总承包项目管理、工程监理等相关单位进度管理培训的专用教材。本教材主要针对从事项目进度管理的专业人员编写。教材的内容来源于项目管理的实际工作，其实践性和专业性很强，涉及内容较广。为便于正确使用本教材，在此对培训对象进行划分，并规定各类人员所应掌握或了解的主要内容。

培训对象主要划分为建设单位生产管理人员、总承包项目进度管理人员、总承包项目其他管理人员、工程监理人员。

各类人员应该掌握或了解的主要内容：

（1）建设单位生产管理人员，要求掌握第二章、第五章的内容，要求了解第一章、第三章、第四章、第六章、第七章的内容。

（2）总承包项目进度管理人员，要求掌握第一章、第二章、第三章、第四章、第五章、第六章、第七章的内容。

（3）总承包项目其他管理人员，要求掌握第一章、第二章、第四章、第五章、第六章、第七章的内容，要求了解第三章的内容。

（4）工程监理人员，要求掌握第一章、第二章、第三章、第四章、第五章的内容，要求了解第六章、第七章的内容。

各单位在教学中要密切联系生产实际，除课堂教学外，如能结合实际工程项目及增加现场实践环节，更有利于加深项目进度管理的理念理解和技术操作技能的提高。

目　录

第一章　绪论

第一节　项目的概念和特点

一、项目的定义

“项目是为创造独特的产品、服务或成果而进行的临时性工作”，这是众多定义“项目”一词中最经典、简洁、明晰的一段描述。即项目是为创造明确的成果（包括某一特定产品或某种特定服务），在一定的时间周期范围内，为达成该成果而发生的有组织、按步骤、临时的一次性工作过程。换言之，项目是由一系列独特的、复杂的并相互关联的活动构成。这些活动有着一个明确的目标或目的，必须在特定的时间、预算、资源限定内，依据规范执行完成。

二、项目的特性

项目有四大主要特性，即临时性、独特性、渐进性和制约性。

临时性是说每一个项目都有其自身明确的开始时间和结束时间。在项目目标实现后，或者由于需求已不复存在，或因某种原因无法继续进行时，都意味着项目的结束。即项目是一个“一次性”的过程。临时性还表现在项目组织的临时上，即项目结束，为项目实施组建的所有组织都会解散。

独特性是指每一个不同的项目，其用户不同、需求不同、目标不同、时间不同、组织不同、标准不同等。这些不同构成了一个单一项目的独特性，不会出现各方面完全一致的相同项目。

渐进性即项目在开始的时候除了对成果比较明确，对局部的目标和实现目标的过程是相对粗略而不确定的。随着项目的进展以及各种制约因素的影响，往往会出现偏差，需要对项目进行删减、补充等修改。通过不断地排除各种不利因素的影响，使目标更趋于明朗、过程更趋于精准，也就是项目渐进性的走向完成。

制约性是指每一个项目都会受到质量要求、时间进度、成本费用、人机资源、技术手段、信息传递、物资供给、自然环境、政策法规等条件的限制。这些条件会从不同层面对项目产生不同强度的制约。

三、石油石化工程项目的特征

石油石化工程项目具备项目的一般属性，更存在有别于一般项目的特征。大型化、复杂化、多元化是其特征。

大型化是指一个石油石化工程项目所要实现的成果往往是一个生产规模较大的工厂。项目投资数十亿元甚至几百亿元的工程比比皆是，所需要的土地、人力、机具、材料都非常大。同时，建设周期的时间跨度也很长。

复杂化是指一个石油石化工程项目产品多样，工艺流程复杂，控制系统自动化要求高，公用工程配套系统多，建构筑物、设备、管线等交叉重叠，设计工作量大而且繁复庞杂。石油石化工程中设备品种多、结构复杂、材料多样，加之管道材质品种和口径规格繁多、控制系统烦琐复杂，要投入到物资采购的工作量也很大。这些复杂的特点，给施工造成了很大难度，同时也对施工技术和质量提出了较高的要求。从管理的角度，对于一个EPC总承包项目，各种界面层层叠叠，各种关系分汇交织，会造成项目管理极大的难度和复杂性。

多元化是石油石化工程项目集大型化复杂化于一身的必然结果。从工艺包设计到详细设计，从设备、材料采购到运输保管，从地基处理到各工艺及电仪系统的安装调试，每项工作都会由一个或多个承包商负责完成，造成了项目运行组织的多元化。组织多元化必然导致出现不同承包商管理手段的多元化，以及管理体系界面的多元化。

因此，强力、高效的EPC总承包项目管理对石油化工工程至关重要。

第二节　项目管理及项目进度管理

管理是指一定组织中的管理者，通过实施计划、组织、领导、协调、控制等职能来协调他人的活动，使别人同自己一起实现既定目标的活动过程。

一、项目管理

项目管理则是不同层级的管理者在项目经理的统一领导和部署下，以项目为对象，通过一个临时性的专门的组织，对项目进行计划、组织、指导、协调和控制，实现项目目标的动态管理过程。具体来说，就是通过在项目活动中运用知识、程序、技能、工具、技术和手段，对所有活动进行有效的管理，使项目实施的过程更稳定、更高效，以期按计划、以最小化的偏差实现项目的最终目标。项目管理基本会渗透到每一项具体工作，并伴随项目的始终。

美国项目管理协会（PMI）编制的项目管理知识体系（Project Management Body of Knowledge，PMBOK）把项目管理划分为 9 个知识领域，即项目集成化管理、项目范围管理、项目进度管理、项目费用管理、项目质量管理、项目人力资源管理、项目沟通管理、项目风险管理和项目采购管理。而对于一个工程项目而言这 9 个领域之中项目的进度管理、项目的费用管理和项目的质量管理不仅是手段和过程，更有具体的目标。加上项目的安全目标并称为项目的四大刚性目标。

二、项目进度管理

项目进度管理是指在项目从启动到完成的整个实施过程中，对大到整个项目，小到每一个具体作业和工序，从开始计划到过程测量与监控，再到完工总结的进展程度进行的计划控制过程。具体来说就是，在一定的时间内，针对既定的项目工作范围，对项目的整体和局部在资源、功效、内外部条件等限制因素下，拟定出合理且经济的不同层级的进度计划。然后在该项目的执行过程中，不断检测、计算各层级工作的实际进度是否偏离计划的设定时间。若出现偏差，要及时找出原因，施以必要的补救措施或管理手段以挽回滞后的局面。必要时可在保证目标成果的基础上修改原计划，进而按新计划管控项目执行，直至项目最终完成。项目计划管理的目的是保证项目能在既定的内外部条件下最终实现项目的工期目标。

项目的质量控制、进度控制和成本控制被普遍认为是项目最核心的三大控制。这三大控制是相互关联的有机整体，既存在着矛盾也相互依存，而进度控制是其主线，这是因为在进度计划的编制过程中，除了具体地把工作范围、工作间逻辑的关系、资源、资金、内外部条件等因素作为基础之外，更重要的是在项目最高层面上把质量目标和成本目标作为进度目标必须保证的前提。简单地讲，如果项目按照一个高水平的进度计划按部就班的执行，项目就不仅能够实现进度目标，而且其他两个重要目标也可以基本得到保障。因此，进度控制就是项目控制的重中之重。

总之，项目的进度计划编制及进度追踪、预警、纠偏、报告是项目进度管理最重要的组成部分，是实现项目进度目标的方法和手段，是项目成功的基本保证。

第三节　项目进度管理的历史沿革

工程项目的进度管理既是项目管理的纲领也是项目管理的重要抓手。经过长期的摸索和实践，项目进度管理已从早先的懵懂尝试逐渐发展成保证项目顺利实施并取得成功的关键所在；而且其概念的更新、手段的改善，以及在项目执行中所起到的作用都在快速提升。

项目进度管理的概念是随着社会的进步、工业的发展，较大或大型项目的需求而产生的。早期，一个项目的计划编制可能就是列几个时间控制点，实施过程也只是根据这些分目标进行控制，以实现项目工期的目标。而项目大型化、管理精细化的发展对计划编制和进度控制提出了更高的要求。据资料记载，第一次世界大战期间美国法兰克福兵工厂的H.Gantt安排生产计划时，首先使用了横道图。用横道图展示的计划有各项活动文字描述，又有与之相对应的横道表示的起止时间，既简洁明了又便于跟踪控制，给项目计划提供了很好的思路。但最初的横道图计划存在明显的缺陷，即没有把活动之间的相互关系表述出来，每个活动的安排随意性较大。

20世纪50年代以后，随着科学技术的不断进步和生产力的快速提高，市场竞争也日趋激烈，工程建设规模达到了前所未有的水平，对工程项目的管理也提出了更高的要求。由此促进了人们对项目进行更细致、更严谨、更有效的计划管理需求的提升，加快了方法上的改变，网络计划技术在这种形势下应运而生。

网络计划技术是以网络图的形式反映整个工程所有任务内容和相互关系，具体可分为单代号网络计划、双代号网络计划、单代号搭接网络计划和双代号时标网络计划。一个项目工作范围之内的所有活动都是按逻辑关系的有机组合，是统一的整体，网络计划既反映了所有活动的起止时间、延续周期等具体个性，也勾勒出每一个活动与其他相关活动之间的前提以及制约关系。随着网络计划技术进步，其优势不断显现，从而成为项目计划管理的最重要的方法之一。

伴随网络计划技术的发展，一些由此衍生出来的进度管理方法也不断涌现。关键路径法就是其中之一。关键路径法（Critical Path Method，CPM）最早出现于1956年，当时美国杜邦（Du Pont）公司的主要负责人Morgan Walker、Remington Rand和公司的数学家James E.Kelly为了研究如何能够采取正确的措施，在减少工期的情况下能尽可能少的增加费用而提出的。1957年5月，Kelly借用了线性规划的概念来解决项目计划自动计算的问题，简单地说就是确定了每个活动的工期和活动间的逻辑关系，输入电脑后就能自动计算项目的工期。为了能让电脑计算，Kelly在活动间使用了节点来表示活动间的前后逻辑关系。同时Kelly绘制了图形来解释电脑所做的工作，图形以箭线表示活动，以节点表示活动间的逻辑关系，这就是最早的箭线图（ADM）。1959年，Kelly和Walker共同发表了“Critical Path Planning and Scheduling”论文。在这篇论文中，Kelly和Walker不仅阐述了关键路径法的基本原理，还提出了资源分配与平衡，以及费用计划的方法。今天所使用的计划编辑方法实际上就是Kelly和Walker理念、理论的延续。

与此同时，另外一个对关键路径法（CPM）的发展起到重要作用的是美国海军北极星计划开发的计划评审技术（Program Evaluation and Review Technique，PERT）。在1955年11月，美国海军北极星计划成立了一个特别项目管理办公室（SPO），管理其Fleet Ballistic Missile计划，负责人是Admiral Raborn。在1956年和1957年期间，他们研究了各种已经存在的项目管理技术，杜邦公司开发的计划管理技术，对其开发PERT起到了重要作用。1958年1月，SPO研究了在计算机上实现计划和控制的可行性，并在大约一年以后，将计划评审技术（PERT）完善成为一种可操作性的技术。计划评审技术（PERT）和关键路径法（CPM）概念上基本一致，唯一的区别是计划评审技术每个活动的工期不是确定的，而是包括了悲观值、乐观值和最有可能值三个值。

计划理念和计划编制手段的提高，以及通过项目计划提升项目管理而最终达到优化工期、提高效益的目的，使进度管理越来越受到重视并在工程项目实践中得到广泛应用。20世纪50年代，我国水利、建筑工程建设在安排生产和进度计划时，就开始采用横道图技术。20世纪60年代开始运用网络计划，著名数学家华罗庚教授结合我国实际，将CPM、PERT等方法统一定名为统筹法，并逐步在全国推广，取得显著成效。1992年我国颁布了《工程网络计划规程》（JGT/T 1001－1991）使工程网络计划技术在计划编制与控制管理的实际应用有了一个可供遵循的、统一的技术标准。2000年2月1日，新的《工程网络计划技术规程》（JGJ/T121－1999）颁布实施。

目前，网络计划已经被广泛应用到国内水利、核电、石油化工等大型项目建设的进度管理中。特别是一些与国外工程公司合作或由中国工程公司单独承揽的国际工程项目，科学严谨的计划管理已经成为高水准项目管理的重要组成部分。

第四节　国际项目进度管理的重要软件

前文提到，项目进度管理的科学化、精细化起源于欧美等工业发达的国家。经过长期的研究探索，目前西方发达国家在工程项目进度管理方面，已经形成了一整套完整的理论和技术。得益于电子技术快速发展，与项目精细化管理相配套的计算机软件，也应运而生。用于工程项目计划及进度控制的专用软件P3（Project Primavera Planner，简称P3）就是其中最突出的代表。

P3软件是美国 Primavera公司于20世纪70年代由从事工程计划管理的土木工程师开发创建的项目计划管理软件；运用最新的IT技术，在关系数据库上结合项目管理知识体系，以计划、协同、跟踪、管理、控制、积累为主线，是现代项目管理理论演变为实用技术的经典之作。经过几十年的改进完善，特别是在网络技术发展的支撑下，该软件已经从最初的DOS版本的P3小软件发展到2005年出现的网络版P3e/c（Project Primavera Planner for Enterprise/Construction），直至2008年10月Primavera公司被甲骨文（Oracle）公司收购后，对该软件重新定名为“Oracle Primavera P6”，即目前被工程界熟知并在计划控制中普遍应用的P6软件。该软件随着技术的更新和用户的需求一直在不断改进，每年都会有新的版本推出。截至2020年6月，已见最新版本为Version 19.12。

P3e/c允许多个用户在同一时间使用统一配置的安全权限来访问所有的项目信息。P3e/c包括了一个多项目计划编制核心组件和若干基于WEB的客户端计划获取进度反馈与进度控制分析查询的组件，几个组件整体集成形成项目计划管理解决方案。P3e/c为团队中的每个成员提供了符合各自角色身份的，满足各自职责和技能需求的功能。同时还可以提供所有进行中项目全面详尽的信息。从高级管理层需要的汇总信息到每个团队成员的详细工作分配信息，应有尽有。并且不断提供可视化的、及时的、准确的信息，为整个项目团队建立了清晰的职责划分。客户/业主在任何时间、任何地点均可以了解到他们的项目状态。P3e/c具有对项目计划进行检测的功能，可以检查出计划中存在的诸如逻辑矛盾、浮时过长、开口作业、限定起止时间的活动过多等缺陷，为计划的优化和改进提供依据。P3e/c被国际工程界推崇并被广泛采用，作为项目进度计划及控制工具在国际工程领域的市场份额已经达到80%。

近年来，甲骨文公司又推出Oracle Primavera P6 EPPM管理模块，该模块荟萃了P3软件20年的项目管理精髓和经验，采用最新的IT技术，在大型关系数据库Oracle和MS SQL Server上构架起企业级的、包含现代项目管理知识体系的、具有高度灵活性和开放性的、以计划—协同—跟踪—控制—积累为主线的企业级工程项目管理软件，是项目管理理论演变为实用技术的经典之作。P3只能管理单一的大型项目，而使用最新版本P6软件可以使企业在优化有限的、共享的资源（包括人、材、机等）的前提下来对多项目进行预算、确定项目的优先级、编制项目的计划并且对多个项目进行管理。它可以给企业的各个管理层次提供广泛的信息，各个管理层次都可以分析、记录和交流这些可靠的信息并且及时地做出有充分依据的符合公司目标的决定。P6包含进行企业级项目管理的一组软件，可以在同一时间跨专业、跨部门，在企业的不同层次上对不同地点运行的项目进行管理。

第五节　国内项目进度管理现状及存在的问题

随着项目管理知识体系的传播，国内越来越多的公司及项目管理者已经意识到，世界经济发展已由工业时代进入以知识经济、虚拟经济和网络经济为特征的信息时代，残酷的市场竞争对企业项目管理能力提出了很高的要求。项目实施环境的复杂性、不确定性，管理团队的综合实力及个人经验的局限性等因素都会给项目带来不同程度的风险性，对确保项目成功构成了极大的挑战。因此，借鉴国际工程公司积累的经验，学习其管理理念，同时掌握高水平的管理手段与工具就成了国内有远见、有实力的公司及管理者的共同追求。

P3（目前的P3e/c）计划及进度控制软件是在20世纪80年代引进中国，渗透其间的进度管理理念和监控手段在许多大型工程项目中广泛使用，整体上帮助中国工程项目管理水平上了一个新台阶。几十年来，随着项目管理需求的升级和软硬件能力的提升，该软件又增加了费用控制、文件控制、风险控制等模块，形成了项目管理的综合平台。此外，基于BIM理念的工程项目管理方法21世纪以来在国内工程建设行业，尤其是建筑行业得到了广泛的关注。与此同时，BIM技术在项目进度管理中的应用亦得到高校及科研院所日趋深入的研究，并在一些工程项目施工管理中实践，称其为BIM 4D（三维实体+进度）技术。通过该技术，可模拟施工过程，一定程度上提高了施工进度计划的合理性。然而，对于石油石化工程的EPC总承包项目而言，设计和采购进度计划仍然需要基于传统进度管理工具，其与BIM技术施工进度计划的衔接和耦合机制有待进一步开发。

但是客观地讲，国内项目进度管理从理念上和实际操作上还存在不少弊端，有很大的提升空间。部分管理者对计划及进度管理的作用认知不够，不重视用科学手段编制计划、控制进度。行政干预项目工期、搞献礼、抢进度、随意更改计划、人为调整进度数据等情况，在大小项目的实施中普遍存在。即便已被国际知名工程公司的具体实践证明了对项目进度、成本管理有非常巨大帮助的P6软件，在许多项目上也没有用武之地。而已经或正在使用的，由于上述人为因素对总工期变更的不确定性，往往其使用效果也大多表象多于实质。另外在操作层面，进度计划中逻辑关系连接不够严谨、不够全面，单一活动及整体与资源、费用的脱节等，使其未能充分发挥应有的作用。

进度是项目管理的核心要素之一，是管理者非常关心的一个核心业务，进度管理的好坏直接关系到项目是否能按期完工、项目成本是否在预算之内，进度计划管理主要包括施工进度管理、设计交付进度、设备交付安装调试进度、相关图纸资料提交进度、资源费用优化平衡等，其中进度管理是最重要的。设计交付、设备交货安装与图纸资料的提交也可以看作是一项工程，它的进度管理与施工进度管理在管理思想上、管理方式上是类似的。

随着工程项目平均利润率不断降低，加强施工过程的成本控制越来越被企业所重视。资源与费用的管理历来是P6的强项。角色的加入、资源分类码的加入，使得整个管理能力更加如虎添翼。此外，运用P6软件可以使用户对费用的管理视角更加开阔，让用户在投资与收益的管理、投资回报率始终在掌控之中。

科学的发展和社会的进步，尤其是信息技术的方兴未艾，更加使项目管理过程科学化、系统化、标准化成为可能。应该紧跟市场发展的节奏，与国家全面腾飞的脚步相适应，抓牢工程项目管理重中之重的项目进度管理这个纽带，迅速缩小与国际工程公司之间的项目管理差距。

第二章　石油石化工程EPC总承包项目进度管理的特点、任务及工作内容

第一节　石油石化工程EPC总承包项目进度管理的特点

一、石油石化工程特点

石油石化工程是关系国计民生和国家安全的关键基础设施，同时也是经济社会运行的神经中枢，促进了工农业的发展，是我国国民经济基础性行业，在国民经济中具有举足轻重的地位。石油石化工程涵盖上游石油生产工程、中游石油储运工程以及下游石油加工工程。在这条产业链上，通常可分为油气田地面工程、油气储运工程（长输管道、油气储库等）、炼化工程等业务板块，包含油气处理场站、炼化装置及各种配套设施（供水、供电、通信、道路、消防、环保等）等各类系统工程。

1. 各分支行业特点

油气地面工程是油气田开发生产大系统中的一个子系统，是油气开发生产中的一个必要环节，以建设油气田地面系统配套工程为目的，通过油气集输、处理等过程生产合格外输油气产品。油气田地面工程项目复杂、区域广阔、设施分散、系统多，施工点多面广战线长、作业条件差；工程为油气田开发服务，为实现早投产、早出油、早见效的目标，工期要求紧。

油气储运工程是连接油气生产、加工、分配、销售诸环节的纽带，它主要包括油气田集输、长距离输送管道、储存与装卸及城市输配系统等，典型的包括长输管道工程及油气储库工程。长输管道工程一般指长距离、大口径、高压力的输油（原油、成品油）或输气（天然气、煤气）管道建设工

程，包括线路、站场、通信、仪表及附属工程。长输油气管道因其站多、线长、面广的工程特点，几乎穿越了所有地质灾害类型区，其中包括山区、丘陵区、黄土分布区、岩溶发育区等，施工现场环境复杂多变，为勘察设计及施工带来极大的挑战。油气储库工程是指对长输管道或海上运输原油及天然气，以及成品油气进行存储及分配，包括原油及天然气储罐、成品油储罐、LNG储罐、地下储油及储气库等。相比于长输管道工程，油气储库工程占地集中，工程现场环境相对简单，但安全隐患较高。

炼化工程建设的产品是炼油厂和石化厂，是按炼油和化工工艺组成的一系列的装置、配套公用工程单元和储运设施，以加工原油生产成品油及化工产品为目标，各单元内部由紧密关联的设备、电气仪表、工艺管道等构成，每个单元之间通过工艺过程互相联系。炼化工程项目具有技术复杂、高投入、高风险的特征，是一个复杂的系统工程。炼化工程参与方多、利益相关方多，各参与方的权利、利益、责任与义务上的分配与制衡难度大；资源一次性需求种类多、数量大；工程单元多、实物量大，工艺过程复杂。协调不好，会影响项目的进度、成本与质量，大大降低项目的执行效果。炼化工程作为技术密集型工程，从设计、制造到施工专业性都非常强，需要大量的人力、物力和时间保障，管理稍有疏忽就有可能出现质量问题。同时，其作为高安全风险行业，特别是在现场施工阶段，现场设备布置密集，工艺管道布置紧凑，施工工序复杂，高处作业多等因素，大大增加了工程建设安全风险。

2. 各分支行业共性及差异

1）各分支行业共性

石油化工工程一般都具有规模大、周期长、不确定因素多、涉及相关方众多、对社会和环境影响较大等特点，且伴随石化工业的不断发展，其工程建设规模不断增长。由于其与国计民生息息相关，为确保国民经济稳定快速发展，通常石化工程的建设工期都很紧张，随着新技术、新工艺的不断应用，使得石油化工工程技术含量越来越高，进而给工程建设带来更大的挑战、压力和风险，对项目管理提出更高的要求。

2）各分支行业差异

石油石化工程中各分支行业之间的差异主要表现在以下几个方面：

（1）服务对象：油气田地面工程服务于油气田开发过程，其建设方案依据开发方案而定；长输管道工程及油气储库工程作为转运工程，其目标是将油气田产品输送至下游，其建设方案需要综合考虑上游油气田地面工程的产量以及下游炼化工程的需求量；炼化工程产品供应给消费者，其建设方案在匹配原油性质的基础上，依据市场对产品的需求结构和状态而定。

（2）工艺复杂程度：油气田地面工程及油气储运工程工艺相对简单，而炼化工程工艺复杂，建设方案一定程度上受制于工艺包的选择。

（3）工程现场环境：油气田地面工程及长输管道工程现场环境复杂、涉及地域广；炼化工程现场由于征地、资金等方面问题，现场占地面积通常有限，导致施工现场装置、管道等布置紧凑；油气储库工程则通常处于沿海区域，有其特殊的地形特点和建设要求。

二、石油石化工程EPC总承包项目管理模式特点

EPC（Engineering Procurement Construction）总承包即设计、采购、施工全过程的总承包，是指业主委托工程公司，按照合同约定承担工程建设项目的设计、采购、施工、试运行等工作，并对工程项目的工期、成本、质量、安全和环保等方面的工作全面负责。在此模式下，总承包商可以依据自身能力完成一部分设计、采购和施工工作，其余可分包给具有相应资质的分包商。各分包商只与总承包商签订分包合同。EPC总承包项目管理模式相对于传统承发包模式最大的特点在于，其最大限度发挥了设计、采购和施工的内在潜能，实现最大限度地减少成本、缩短工期，从而使项目效益最大化。具体特点如下。

1. 快速跟进特点

EPC总承包项目管理模式具有快速跟进的特点，即能够将项目的设计、采购、施工各阶段进行合理交叉并紧密融合，一定程度上解决了设计、采购、施工各阶段的冲突矛盾。在该模式下，可实现在设计阶段研究探讨施工方案，提前对施工过程可能遇到的问题进行分析并制定解决方案；同时可将采购工作纳入设计阶段，提前做好采购方案；充分发挥前期设计阶段的优势，减少工程设计变更。

快速跟进的特点，决定了项目管理参与方之间的沟通协调工作更加便捷顺畅。如果沟通协调不畅，有可能导致一些不必要的重复性工作，进而浪费资源、降低效率。因此，项目管理各专业、各工序之间搭接的合理性及深度不仅仅是技术问题，还涉及运筹、博弈的思想，考验着各级管理者的经验和能力。

2. 管理内容的多样性

EPC总承包项目管理内容主要包括工期、成本、质量、工作范围、资源、风险，以及相关方界面关系等，其中相关方包括政府部门、业主、PMC、监理、总承包商、设计分包商、供应商和施工分包商等。这些管理内容相互影响和制约，使得项目执行过程中沟通界面众多、信息庞杂，大大增加了项目管理的复杂性和协调难度。另外，项目专利商、分包商、设备供应商等参与方分布地域广泛，进一步增加了沟通协调的困难，对项目信息化和协同化提出了更高的标准和更严的要求。

3. 总承包商与业主的分工与协作

EPC总承包合同通常采用的是总价合同，在工程范围不变的情况下合同价格不变。在EPC总承包项目管理模式下，业主所关注的是项目在投资范围内尽早建成项目并达到预期生产性能，而EPC总承包商主要关注的是在按期完成合同工作内容的情况下，尽可能多地获取合理利润。同时，由于业主与总承包商签订总承包合同，而总承包商则与各分包商签订分包合同。因此，业主的项目管理内容相对简单，主要侧重于对项目的宏观管理，如整体工期、成本、质量等。而总承包商则需要对设计、采购、施工各阶段、各分包商的具体工作内容进行管理，总承包商需要利用自身的管理经验和能力，通过其高效的项目管理能力，节约项目管理成本、提高项目利润空间。

由于业主与总承包商管理侧重点的不同，两者之间在一些具体问题上难免会存在一些矛盾和冲突。另外，往往在项目执行过程中，业主可能会不断修改项目实施方案或者提出更高的要求，这就需要总承包商与业主建立良好的沟通机制，消除信息不对称，构建和谐关系，求大同存小异，通力合作，在互信互利的前提下共同推动项目进展，直至项目成功建成顺利产出合格产品。

4. 重视风险管理

EPC总承包项目管理模式下，项目管理的风险大部分都由总承包商承担，且合同价格固定不变，导致索赔机会小、难度大。总承包商必须强化项目风险分析，积极采取应对各种风险的措施，才能化险为夷或将风险转化为收益。在投标报价阶段充分评估风险，将风险费用纳入投标价格中。在项目管理过程中充分掌握业主要求；优化设计质量，减少设计变更及施工返工；时刻关注市场动态，适时采购质优价廉的物资；加强对施工分包商的管理，确保施工各项控制指标完成。

三、石油化工工程EPC总承包项目管理模式进度管理工作的特点

了解了石油石化工程的特点和EPC总承包项目管理模式的特点，就应该充分意识到石油石化EPC总承包项目在进度管理上的复杂性和挑战性。不同工艺流程、不同建设规模、不同项目管理模式下的石油化工工程项目的进度管理模式所面临的问题是多方面的，既有内部的复杂性，也有外部的多样性，更有大环境的不确定性。了解进度管理的基本原理和方法，编制详细的进度计划，并按照计划进行严格控制，出现进度偏差及时采取合理措施进行纠偏，项目的进度管理才能有初步的保障。

1. 工序繁多、逻辑关系复杂，设计、采购、施工专业差别大

一个大中型石油石化项目的设计、采购、施工各阶段都有着大量的工作内容，而且各阶段内部活动之间、不同阶段的活动之间存在着复杂的条件关系和逻辑关系。

项目进度管理的基础是项目的各级进度计划，要想编制好项目地进度计划，不仅要全面了解项目的所有工作内容，还要对所有工作中的每一项活动的特殊性、各种资源的需求、执行的前提条件、工作量、定额、功效，以及活动与活动之间的逻辑关系有充分的了解。项目进度计划中的每一个在现场完成的成品都与若干条乃至几十上百条设计、采购、施工的活动相关联。项目进度计划中的每一个活动是否合理，是否在项目执行过程中按计划进行，都关系到项目整体的成本和进度。

项目设计、采购、施工不同阶段、不同专业的活动错综复杂、相互交织，又各具特点、各有不同。它们不仅有工作内容、工作方式的不同，在计量方法、管理形式上也不尽相同。因此，在进度计划编制上要有足够丰富的工程经验和技术手段，在进度统计上要以严谨的工作态度去统计每一项工作进展。还要建立起行之有效的预警机制，及时准确地发现关系到工程进程的重要偏差。同时，在进度管理上针对不同阶段的工作，要有强有力的手段和措施控制好各项目活动的进展。

2. 不同执行地点，项目执行的同步性、及时性和准确性困难加大

一个EPC总承包的石油石化工程一经启动，对总工期的要求往往非常苛刻，来不得半点耽搁。在不同的项目执行地点（包括国内不同的地区、不同的国家、不同的地域）给项目执行在同步性、及时性和准确性方面会带来多重的困难。

比如，一个拉美项目现场，其时差大致和国内相差12小时。现场与总部（假定项目总部在国内）信息沟通、电话会议时间必然要占用某一边的非工作时间，邮件传递、文件确认往往比同在国内实施要耽误一天，从而影响双方工作同步性和及时性。而时间的延误势必造成准确性偏差，此类偏差又不得不通过更多的往复联络来弥补，从而造成准确信息到达的进一步迟滞。

类似的，一个现场在中东地区的项目现场，除了存在时差之外，宗教习惯、每周的休息日、节假日都有所不同。这些差异都会给信息交换带来或多或少的困难。

如果项目各方使用语言的不一致，其所造成影响就绝不仅仅是图纸、文件、传真、会议中翻译等工作所消耗的时间了。而文件翻译及流转过程中的信息损耗和误差影响更大。不同国家、不同地区的劳工政策、气候条件、法律法规等等都会对工程项目的执行造成或深或浅的影响。

因此，项目管理人员必须高度重视项目不同执行地对项目进度管理所造成的困难，从进度计划编制开始就充分考虑各种不利因素，找到解决这些困难的有效方法，采取对应的措施，以降低这些因素对于项目进度的不利影响。

3. 项目执行标准的作业差异和工时差异

不同工程项目的执行标准规范会有所不同。如果一个EPC总承包商的专业人员对各种可能被使用的标准规范都“了然于胸”，有熟练使用这些标准规范的人才储备，那这些不同的标准规范对项目执行的影响会比较有限。而比较现实的情况是，总承包商的专业人员并不具备如此“全能”的功力，能够较好地运用比较常用的标准规范已经是难能可贵了。因此，一旦出现不得不使用不够熟悉甚至不了解的标准时，与该标准规范相关的工作必然会提高了风险、增加了困难，从而导致工作量、人工时、费用和时间的增加。

4. 进度管理的工期时间管理

EPC总承包项目管理需要最终目标是项目的综合效益的最大化，项目进度管理是保障或提高综合效益必不可少的重要手段。特别是对于石油石化工程项目，其计划及进度管理的水平高低直接决定了项目的执行效率和效益，甚至关系到项目的成败。

项目工作范围内的所有活动，无论其大小轻重都必然有进度要求。但是进度管理不仅是简单的时间工期管理。项目的所有活动不仅需要消耗各种资源，被各种各样的前续活动所限制，还会受到外部环境甚至人为因素的干扰。因此，项目计划及进度管理从一开始就要既对项目的所有活动做到了如指掌，还要对执行和及时完成每一项活动的相关因素有所了解和控制。即从编制计划开始就要把多维度思维和全方位权衡的进度管理理念渗透到编制过程的每一个细节中；直到在项目执行过程中，在项目管理的各个层面上通过各种管理手段协调资源、捋顺关系、解决问题，推进项目按既定的计划运行。也就是说，进度管理的关注点是工期时间，而为保证所有时间节点的顺利实现，要利用一切有效的管理手段对所有活动进行管控。

5. EPC总承包项目执行时间和政策环境

一般来说，石油石化项目大多具有大型化、复杂化、周期长的特点，尤其是近年来，这类项目更加趋于大型化，一个项目的投资动辄几百亿甚至上千亿元人民币。而如此规模的项目其工期跨度少则两到三年，多则四到五年。在实施这些长周期项目的过程中，往往会遇到政策环境的变化。尤其是国际项目，可能出现诸如政府更迭、厂址变动、天灾人祸等不确定情况。

根据此类重大事件对项目的影响，从项目进度管理的角度，首先应该在项目策划及计划编制阶段就有所考虑，在项目执行阶段通过各种必要的管控手段和措施把负面影响降到最低。这类事件的发生偶然性很低，谁也无法预知什么时候、哪种问题会出现，也无法预测影响的严重程度。之所以说要在项目的前期策划及计划编制阶段就有所考虑，更多的是指要对进度计划的抗风险程度心中有数，在进度计划编制说明中，要阐述清楚保证计划正常实施的前提条件。而更重要的是，一旦出现了类似的情况，应有足够的管理协调手段把不利影响降到最低。

6. EPC总承包项目影响计划和进度的因素

EPC总承包项目参与的专业和单位多，进度计划需要多种表达方式，影响计划和进度的因素涉及多个方面。

首先，EPC总承包项目设计、采购、施工都会有多个乃至所有专业的参与。不同阶段的工作性质的不同，相同阶段不同专业的工作内容的差异，对进度计划编制和进度控制都会带来差异化的要求。

其次，EPC总承包项目的管理团队往往要面对业主、PMC\IPMT、工艺包承包商、设计分包商、设备材料供应商、施工分包商等多类组织或单位，还要向本公司的各级领导和上级单位请示汇报，甚至要和项目当地政府的一些部门，如建设审批、电力、环保、消防、安全监察等部门进行沟通协调。

最后，在整个EPC总承包项目的实施过程中，业主、PMC、监理等管理团队均参与项目的各项管理。这样，在设计、采购和施工各阶段参与管理的深浅与方式都会对项目进度管理产生不同程度的影响。

7. EPC项目不同合同模式进度管理的差异

对任意一个EPC总承包项目，单纯从项目计划及进度管理的角度，无论从工作的理念、性质、方法、手段上都没有本质上的区别。但对于不同模式下运行的项目，还是存在不小的差异。

在实践中，EPC总承包项目可以有多种合同模式。从大的分类上讲，一般有简单的EPC、EPC+PMC+业主、EPC+IPMT等模式。

简单的EPC合同模式下的总承包项目比较单纯，承包商只要有足够的相关行业的经验和类似项目的积累，只要不是工作负荷太大、人力机具等资源不足、不遇上重大特殊事件及不可抗力因素的影响，在计划编制和进度管理上都可以按部就班地安排工作和落实进度。

而EPC+PMC+业主、EPC+IPMT等合同模式下执行的总承包项目，由于加入了不同的管理部门，一方面肯定会提高管理水平，并且为最终用户提供更符合要求的产品，另一方面必然会增加了项目管理界面的进度管理难度。所以为实现包括合同工期在内的综合效益最大化目标，应该对各方的介入深度、管理权限、管理流程等尽早做出明确的、可执行性强的规定。在项目执行过程中，各方都严格遵守规定，严格履行自身的责任与义务。出现矛盾必须及时有效地沟通，以期尽快地解决问题，使项目的运作更加顺畅。

第二节　石油石化工程EPC总承包项目进度管理任务

一、五定的介绍

每一个石油石化工程EPC总承包项目的进度管理工作，都是项目管理团队要面对的一个复杂的系统工程，规划制定好项目进度管理的框架与执行方略，就必须首先确定好一些进度管理的关键要素。

1. 定项目分工

所谓项目分工，即是在明确了工作内容的基础上，把所有工作及基本的活动单元分类归集，并将其落实到责任单位和责任人。这里必然要引入项目进度管理的工作分解结构（WBS）和组织分解结构（OBS）两个名词概念。

1）WBS的概念

WBS（Work Breakdown Structure）：即项目工作分解结构，是以可交付物为导向，按既定原则对项目所有要素进行的层级划分、同级排列的拆解组合。它每下降一层代表对项目工作的更详细定义，从而归纳和定义了项目的整个工作范围。

在项目进度控制和项目管理过程中，WBS的定义既是项目管理和控制的关键，也是制定进度计划、资源需求、成本预算、风险管理等工作不可或缺的依据，更是项目成功执行的重要基础。编制WBS的原则是：

（1）结构合理、层次分明。

（2）同层级内容关系并列、深度一致。

（3）涵盖合同规定的完成项目管理所需的所有可描述的可交付物和工作内容。

（4）没有重复的所有项目的工作活动内容。

2）OBS的概念

OBS（Organization Breakdown Structure）：即组织分解结构，其描述负责每个项目活动的具体组织单元，将项目的各项活动按照组织内现有的部门、单位和团队进行分工负责的组织形式。

WBS与OBS是密切相关的。组织分解结构（OBS）关系到项目资源和组织机构/责任人，是对WBS结构的支持。OBS的定义作用是说明项目分解到最小单元也是可控的，有责任人的。在项目的责任矩阵中，也应当明确在项目的不同阶段或不同区域都有对应的组织机构。

2. 定项目目标

一般意义上讲，项目管理主要有进度、费用、质量三大主要目标。而这三个目标之间总是相互交织、相互制约的。某一方面的加强往往就意味着其他方面的让步。从项目进度管理的角度，就是在兼顾其他两个目标的同时，把进度目标作为关注及控制的绝对重心。

进度目标一般是指最终项目完成的日期。但为保证这个最终目标的实现，在整个项目的生命周期内还需要设定一些重要里程碑和关键节点。为了顺利完成项目的进度管理，应基本实现每一个里程碑的正点到达，才能保证正点达到项目的最终进度目标。里程碑和关键节点多少可根据项目的具体情况和进度要求而设定。

3. 定工作顺序

相关的工作间的先后顺序关系通常被称为逻辑关系。确定所有相关工作间的逻辑关系，不仅是确定了相关工作的先后次序，在计划整体形成后，也基本确定了每项工作大致的起止时间。这项工作是编制项目计划的必由之路。确定这些逻辑关系不仅需要丰富的工程经验，同时还需要对项目全盘的了解和掌控。

4. 定资源投入

工程项目建设离不开资源的投入。项目资源是项目执行过程中所需要的人力、设备、材料、能源（水电气等）以及各种设施。

从大局上讲，一个项目的顺利实施必须有充足的人、材、机等各方面资源支持。从细节上讲，每一项工作也必须有对应的资源相匹配。没有资源的保障，任何一项工作都无法顺利进行。从上到下、从大及小地确定资源的投入是项目得以顺利实施的保障。

5. 定费用预算

项目费用（成本）控制除了做好费用估算外还要做出详细的费用预算。费用预算的目的就是在费用估算的基础上，将费用分配到基于WBS的每一项具体工作上，而每一项具体工作的时间安排在进度计划中都有所体现。据此，项目的从下到上的支出与收入就与进度计划紧密地联系在一起，费用预算也就随之形成了分配和流转的构架与细节，所以费用预算也被称为费用计划。

费用预算计划的执行情况，基本确定了资金在项目实施过程中的流入、流出状态。良好的现金流状态是项目正常运行的保障。由此不难看出，项目进度控制的成效是维持现金流状态良好的措施。

二、四控的介绍

合理、全方位地确定了上述要点，就基本完成了项目在进度管理方面的执行构架与细节。要保证项目的顺利实施无疑就是把控好这些要素高效运作。

1. 控时间节奏

每一项具体活动无论大小、关键与否，控制其按计划执行都是项目进度管理的组成部分，控制它们如期开始和结束不仅仅需要对活动时间的严格控制，还要在人、材、机及外部条件的充分保障下掌控好各项活动的时间节奏。

2. 控逻辑关系

项目大到各个阶段，小到每一项具体活动一般都有着基本的先后顺序。

有些顺序相对松散或可松动，多数顺序绝对严谨不可逾越，在项目进度管理过程中，掌控好这些逻辑关系也是项目进度管理的重要工作。

按时开展关键线路上的活动是非常重要的，而前续工作的如期结束是启动该项工作的重要因素，有时甚至是决定因素。所以，控制好活动间的顺序，按计划筹划布置好相应的工作，才能将进度管理达到较高的效果。

3. 控资源投入

有了充足的资源储备并不意味着所有工作都可以顺利展开。合理及时的资源调配是绝不可忽视的。例如，大型吊装设备的动迁及时与否，不仅关系到重要施工活动的进程，同时也与项目费用紧密相关。同样，人力的调遣分派、材料的及时到位、机具的完好投用，包括水、电、气的供给等，都是资源控制的重要工作。

4. 控现金流

现金流是保障项目顺利运作的重要条件。控制好项目的现金流是项目管理的重要关注点，也是衡量项目经理及项目进度管理团队水平高低的标准之一。项目管理过程中长时间出现负值的现金流不仅会阻碍项目的进行，还会给承包商带来较大的成本风险。

三、三协调的介绍

协调沟通是项目管理的灵魂，因为协调沟通是传递信息、交流感情、解决矛盾的重要手段之一。对于日趋大型化、国际化的石油石化工程项目，良好的协调沟通会对项目运作起到的积极推进作用。而协调从某种意义上讲就是通过有效的沟通、协商以期达到明确分工、分清责任、通力合作、调解矛盾、提高效率的目的。项目管理离开了高效的协调是很难顺利进行的。

1. 信息沟通协调

信息的获取或输出都是通过口头和书面两种方式完成的。而在现代管理理念中记录清晰、信息准确、便于追索的书面信息沟通不仅得到越来越广泛深入的应用，也为项目管理、进度推进、数据积累等方面起到不可或缺的作用。

有了对项目沟通的足够重视，就要将内外部的各类信息及时、恰当、准确地生成，搜集、输出，收集、整理、传播、存储、检索和最终处置等工作做好，使信息所承载的内力充分发挥出应有的作用。但仅仅做到了这些还不够，因为信息在输出、输入的过程中都会或简单或复杂、或积极或消极或正面或负面地反馈。而把这些初始信息和反馈信息，甚至多次往返的沟通过程施以有效的管理就是充分发挥沟通效能、有力提高沟通效率的协调过程。

在项目执行的过程中，随时会在出现各种问题，其中会有相当一部分是因人与人之间、团队与团队之间的矛盾而产生的。而在这些矛盾产生的过程中，信息的不够透明和双方对信息的理解偏差扮演着重要的角色。因此，加强沟通交流与协调管理是增进相互理解、解决问题甚至冲突的重要措施和方法。

2. 界面关系协调

对于任何一个工程项目建立好界面关系都是非常重要的。而对于日趋大型化、复杂化、国际化的石油石化工程的EPC总承包项目，建立起全方位行之有效的界面关系是项目管理团队的重要任务。

界面关系可分为内部界面关系与外部界面关系两类（在第七章第二节对此做了详细的描述和解释）。建立恰当的界面接口，可以减少沟通阻碍，但并不意味着工程项目中各参与方的沟通交流就会全面的顺畅起来，还需要各参与方有为实现共同目标而精诚合作的愿望，通力协作、相互包容。利用好既定的界面关系，协调好内部、外部关系和需求，不仅考验项目经理以及项目团队的管理能力，也是保障项目顺利执行的重要管理工作。

3. 工作交叉协调

正如上面所讲，协调好内外部关系对项目运作举足轻重。工程项目的复杂性、参与管理组织的多样性都决定了各项工作会出现多界面、多层次、多环节的交叉。项目管理团队不仅要面对内部各部门、各专业在人力配置、条件关系、进度幅度等方面大量协调管理的工作，还要做好与业主、供应商、分包商，甚至工程建设当地政府各部门的协调，只有做好工作上如此多的交叉协调，项目管理的各项工作才能顺利地开展。

四、二统一的介绍

这里要强调的是一个石油石化工程EPC总承包项目的管理团队在进度管理方面必须做到目标统一、思想统一。

1. 目标统一

任何一个项目团队不管大小、无论形式，都必须有一个明确的目标。否则就会人心涣散、各自为政，不可能有合作共赢的向心力。只有有了明确统一的目标，组织的各个部门和全体成员才有合作的基础，才有共同的行动方向。对于执行一个工程项目，总体目标无疑是明确的，但参与项目的各个单位乃至于每一个成员是否都有为实现该目标的统一的意识和坚定的信念却不十分确定。出于个人、小团体自身的利益，出现各行其是的现象是在所难免的。对此，项目经理及项目管理团队必须有充分的思想准备，要通过积极的沟通、正向的引导，制度的约束、管理的强制，强化整个团队的凝聚力和向心力，尽量克服和避免项目管理目标不统一问题发生，使整个团队团结一致为共同的目标携手共进。

所以，确定项目的统一目标是关键，但不是难点。让整个团队团结一心为着这个统一的目标凝心聚力、共同奋斗，充分发挥团队的战斗力，提高工作效率，以期保质保量按期完成项目建设才是项目管理的中心任务。

2. 思想统一

在强调目标统一的重要性时，已经涉及了项目团队需要整个团队的思想统一，因为这二者是有机相连的。这里需要进一步说明的是统一思想不仅限于对项目共同目标的认同，更多的是要让每一个参与项目的人员都要拥有全局一盘棋的理念。不仅要有保证质量的前提下完成自己工作的责任，同时还要保证按项目进度计划完成工作的责任。只有每一个人、每一个小组、每一个专业、每一个单位都要思想统一，都要以实现项目的进度目标为已任，全力以赴、通力协作，才能使整个项目运作平稳，按计划达到既定的目标。

第三节　石油石化工程EPC总承包项目进度管理的工作内容

一、项目进度计划的编制

1. 建立计划与进度控制管理体系

工程项目的进度管理工作不是随意无序开展的，需要建立基准进度计划以及一系列计划及进度控制的管理规定和程序。在此基础上，通过定期、及时、准确地收集，汇总、跟踪、监控、分析、评价、预警、报告实际计划及进度完成情况等一系列控制活动。在不同时间节点计算进度赢得值并预测项目下一步进度情况，当项目进度出现偏差时，项目进度管理人员应及时为项目负责人提供进度滞后的改进措施。建立计划与进度控制管理体系，目的是为项目计划及进度的精细化管理提供参考依据，以便掌握项目各相关方的各项活动不超出进度计划控制范围，实现项目进度管理的目标。

工程项目执行过程中，许多工作在操作层面上完成之后即可测量物理进度，但取得相应证明文件并履行请款程序后才能取得付款进度，所以物理进度和付款进度的时间差是切实存在的。因而，在EPC合同的谈判过程中以及在计划与进度控制管理体系制定时，总承包商应充分考虑项目对外付款的节点、向业主请款等因素之间的协调关系，尽量缩短物理进度和付款进度之间的差距。

2. 进行WBS/OBS分解及WBS的权重分配

为对项目进度做出定量的分析和评价，需要建立进度计划的测量体系，该进度测量体系建立在项目WBS分解基础上。根据EPC总承包合同范围将整个项目活动内容进行工作分解（WBS）：首先按专业分成设计、采购、施工（含试车）三个主要部分；再根据项目活动的具体情况给这三个部分分配以适当的权重，权重的确定需考虑工作范围、付款要求、类似项目经验和业主意见等因素。WBS总的划分原则需依据项目的具体情况和要求，并考虑方便项目的进度费用支付和费用结算等费用管理要求。WBS的分解结构应合理清晰，能直观看到所需了解的项目各阶段、工区和层级的计划安排和进度情况。

项目WBS分解结构确认后，还要建立项目的OBS分解结构，即项目的组织机构体系。把大到项目各阶段，小到项目的工作包/工作项乃至最小的活动任务分解和分配到具体执行管理、实施操作组织单元或个人，以实现项目所有活动的任务责任落实、管理落实的目的。

3. 参与项目执行方案编制

项目执行方案的编制是项目初期一项非常重要的工作。对于EPC总承包项目，设计、采购、施工等专业都需要参与项目执行方案的编制工作，在各专业分别做好各专业执行方案的同时，还需要协调好其他专业彼此间相互影响的活动内容，是编制项目执行方案的必不可少的工作。

作为项目管理非常重要的进度计划管理工作，在执行方案的编制中起到了举足轻重的作用。详细了解设计、采购、施工的执行方案和工作内容、逻辑关系、上/下游条件等是编制进度计划的基础。了解项目内部、外部界面关系，清楚参与项目管理的各个组织之间的关系，方能保证所编制的项目执行方案和进度计划具有很好的可操作性。

4. 搜集项目计划与进度控制相关信息

搜集与项目计划编制与进度控制相关的所有信息，如各类合同要求及相关附件、工作范围、业主要求、内部/外部界面条件、现场情况、项目所在地的气候条件、工作时间日历、项目分包策略等等信息，以此作为编制项目进度计划的基础和参考条件。

5. 编制项目计划与进度控制方案

基于收集到的项目初步的基础信息，结合项目管理的初步要求、进度计划管理的执行经验和进度风险分析等，编制项目计划与进度控制的规划方案和总体计划。

6. 编制项目进度计划

根据项目合同包含的工作范围进行工作分解（WBS），按照业主的要求及项目管理的需要，考虑不同阶段和层次，适时编制出项目管理所要求的各级进度计划。

进度计划编制中需主要考虑到以下几点。

（1）工期时间（包括所有活动间的逻辑关系）。

（2）资源加载及计划优化（根据项目要求）。

（3）确定项目进度控制基准（包括进度检测方法、曲线）。

进度计划编制人员应参加EPC总承包与设计分包商、供货商和施工承包商的合同谈判，并根据谈判结果对已有的进度计划进行适当的调整。项目进度计划编制完成后，需提交业主审批确认后作为项目基准目标计划。

二、实施项目进度控制

1. 项目进度数据的检测和统计

项目计划工程师需根据执行的计划进度检测数据对项目进展进行跟踪，并定期测量统计所有工作包（或工作项）的实际进度数据，依据项目测量体系（WBS权重），自下而上汇总整理出项目各WBS层级的进度情况以及项目的总体进度情况。

2. 项目实际进度数据与计划进度数据的对比

将更新状态后的项目实际进度数据与批准的计划基准数据进行比较，以确定实际进度与计划进度的偏差。

3. 进度偏差分析及纠偏措施制定

项目实际进度数据与基准计划进度数据对比后，得到进度偏差，通过对进度偏差进行分析，确定进度趋势，并对此分析，对未来关键活动及进度偏离提出预警，针对分析结果采取必要的纠偏措施，来保证项目进度，确保项目计划目标的实现。

三、进度管理报告的编制

在项目的执行过程中，总承包商需根据业主或项目部的要求，周期性的编制项目的执行进度报告，以便项目部、业主和相关方了解当前项目的执行状态、存在问题及可能的发展的趋势等。

四、组织进度协调会议

在项目的执行过程中，定期召开项目进度协调会议，向业主及相关方报告项目的进度管理情况，分析项目进度发展趋势，反映进度管理中出现的关键问题，提出具体的纠偏措施；也可根据项目在进度管理上随时出现的问题，不定期召开协调会议，沟通协调项目实施各单位，积极推动项目进度的顺利执行。

五、编制进度管理总结

项目执行完成后，应编制项目进度管理总结报告，对项目执行过程中进度管理的经验及不足之处进行整理、总结和积累，供未来其他项目参考借鉴，以期在未来其他项目的执行中予以关注和改进，使项目进度管理的能力和水平得到不断的改进和提高。

第三章　进度管理的基本原理和方法

项目进度管理，是依据制定的进度计划对项目执行过程开展的综合性、整体性的管理工作，是对项目作业的日程安排及其执行情况进行管理的过程，以使项目按期完成同时符合质量和成本要求。项目进度管理是开展其他项目管理工作的前提和基础，根据其实施程序和方法，又可表述为项目进度计划及进度控制，从该表述可直观的了解项目进度管理的开展步骤和程序，即先编制“项目进度计划”，后开展“项目进度控制”的过程。

第一节　项目进度计划的基本原理和方法

项目进度计划，包含进度计划策划及计划编制两部分内容。进度计划策划，是在项目执行初期，基于项目合同及技术附件、投标文件、项目的可行性研究报告、总体设计、初步设计、历史项目数据等，对项目进度管理的特点和难点、项目关键路径、资源消耗等进行分析和预测，同时对WBS、OBS、计划编制方法和工具、进度测量体系等内容进行定义。项目进度计划编制，是依据计划编制原则，编制科学、完整、统一、合理的进度计划，为实现项目进度控制提供基准。

一、工作分解结构（WBS）

工作分解结构（Work Breakdown Structure，WBS）是编制项目进度计划和进度控制的基础，同时也为项目费用估算、费用控制、质量控制和文件控制等提供便利。WBS是以可交付物为导向按既定原则对项目所有要素进行层级划分、同级排列的分解结构，归纳和定义了项目的工作范围，该结构每下降一层级代表项目工作的更详细内容。直至将项目工作内容逐级分解成较小的、较易控制的管理单元或工作包，以便于项目进度计划的编制与控制、以及工作责任的更好落实与监控。

WBS的层级划分通常的划分顺序为：项目—阶段—装置（区域）—工段—专业—工作包—交付物。根据项目的复杂程度和项目管理方式不同，也存在其他划分方式，如按现场地域分布和项目分包商进行划分。在WBS编制初期，首先需要收集项目相关信息，如：项目执行策略、合同类型、工作范围、设计文件（如工艺流程图、总平面布置图等）、采购订单、施工分包划分、报告体系、项目组织机构、合同进度和请款要求，以及业主其他要求等。在此基础上，在WBS编制过程中，还应参考项目部、设计、采购、施工、费用等各方的相关信息和要求，以使其全面而细致，从而为顺利实现对项目的进度、质量和费用进行更好控制奠定基础。

WBS的编制应满足以下基本要求：

（1）某项任务应该且只应在WBSS结构中出现一次。

（2）WBS中某项任务的内容是其下层所有任务项的总和。

（3）建立包括工作任务包描述、进度、成本和人员等信息的WBS词典，以规范WBS的使用。

WBS通常可用树形列表或树形结构图来体现，表3-1和图3-1分别为典型的WBS列表和树形图。

表3-1　按执行阶段划分的表格型WBS示例

WBS 代码	WBS 名称	备注
L3.SHXM	××项目	
L3.SHXM.1	设计	
L3.SHXM.1.1	装置（区域）1	
L3.SHXM.1.1.1	工艺	
L3.SHXM.1.1.1.1	设计文件	
……	……	
……	……	
L3.SHXM.1.2	装置（区域）2	
L3.SHXM.1.2.1	工艺	
L3.SHXM.1.2.1.1	设计文件	

续表

WBS 代码	WBS 名称	备注
……	……	
……	……	
……	……	
L3.SHXM.2	采购	
L3.SHXM.2.1	全厂性	
L3.SHXM.2.1.1	设备	
L3.SHXM.2.1.1.1	询价文件	
……	……	
……	……	
L3.SHXM.2.2	区域	
L3.SHXM.2.2.1	设备	
L3.SHXM.2.2.	询价文件	
……	……	
……	……	
……	……	
L3.SHXM.3	施工	
L3.SHXM.3.1	装置（区域）1	
L3.SHXM.3.1.1	土建	
L3.SHXM.3.1.	工段 / 工序	
……	……	
……	……	
L3.SHXM.3.2	装置（区域）2	
L3.SHXM.3.2.1	土建	
L3.SHXM.3.2.	工段 / 工序	
……	……	

续表

WBS 代码	WBS 名称	备注
……	……	
……	……	

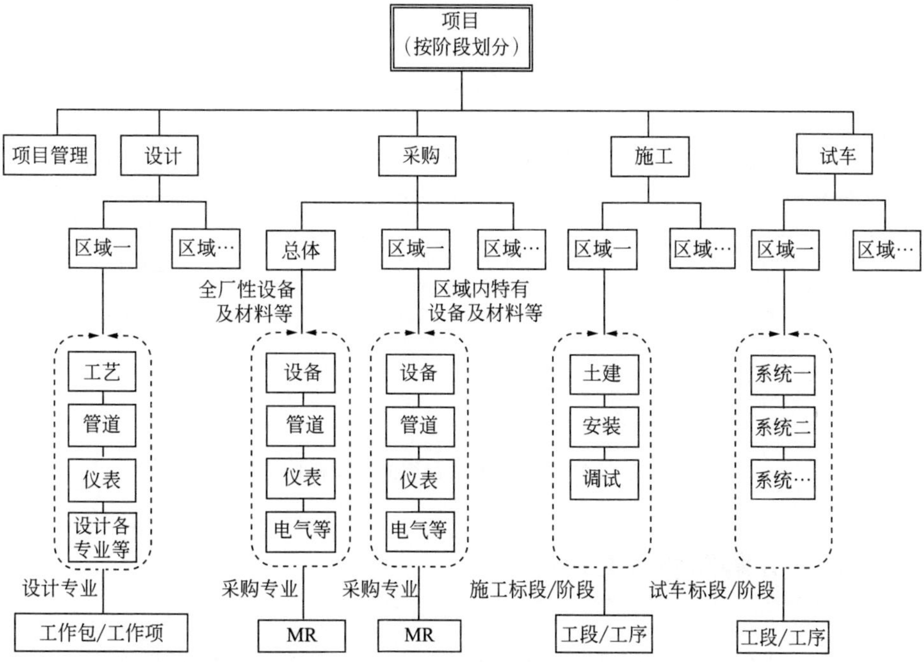

图3-1　按执行阶段划分的树型结构WBS示例

二、组织分解结构（OBS）

组织分解结构（Organization Breakdown Structure，OBS），是描述负责项目活动的具体组织单元和部门的层次结构，它将WBS中最底层的工作包与项目相关部门或单位分层次、有条理地联系起来。OBS与WBS类似，其关键区别在于前者是按照组织内既有的部门和团队进行划分的，以确保WBS底层的每项工作包在OBS中都能有相应的责任人。

对于项目不同参与方，其项目目标、内部组织不尽相同，故而OBS也不相同。图3-2为EPC总承包方的OBS示意图。

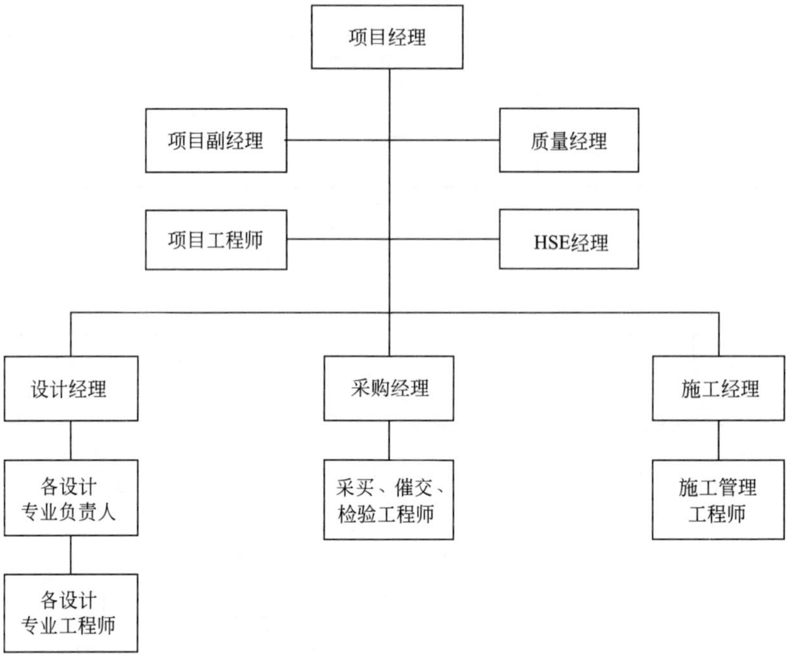

图3-2　EPC总承包方项目组的组织机构示例

三、成本分解结构（CBS）

成本分解结构（Cost Breakdown structure，CBS），是依照预算或成本核算体系建立的一种费用体系，该体系将项目预算或成本分配至WBS中各元素。CBS用于持续对项目预算和实际费用进行比较，也是项目费用控制体系的一部分。

四、甘特图

甘特图（Gantt Chart），又称为横道图或棒条图（Bar Chart），是最早的项目进度管理工具之一。由于其直观简洁且易于理解的特性，使其成为展示项目活动顺序及时间安排的最常用的进度管理工具。但是，当项目活动条目较多时，甘特图随即失去其直观性。因此，其常用于编制活动数较少的进度计划，如小型设计项目三级计划或者EPC总承包项目的里程碑计划。

经典的甘特图由三部分组成，即时间横轴、活动名称纵轴以及表示活动进度的棒条，如图3-3所示。包含的信息包括：活动的名称、各项活动开始和结束日期、每项活动的持续时间、活动并行、交叉情况等。随着项目管理软件的开发和应用，以及项目管理水平的提高，现今出现许多改进型或变形的甘特图，以适应不同项目需求，如用于成本、质量控制的甘特图。

序号	活动名称	开始时间	结束时间	第一周							第二周							第三周						
				8	9	10	11	12	13	14	15	16	17	18	19	20	21	22	23	24	25	26	27	29
1	活动1	19/7/8	19/7/9																					
2	活动2	19/7/10	19/7/11																					
3	活动3	19/7/10	19/7/12																					
4	活动4	19/7/12	19/7/13																					
5	活动5	19/7/13	19/7/15																					
6	活动6	19/7/13	19/7/13																					
7	活动7	19/7/14	19/7/16																					
8	活动8	19/7/14	19/7/17																					
9	活动9	19/7/17	19/7/18																					
10	活动10	19/7/18	19/7/19																					
11	活动11	19/7/20	19/7/20																					
12	活动12	19/7/21	19/7/24																					
13	活动13	19/7/20	19/7/21																					
14	活动14	19/7/25	19/7/27																					
15	活动15	19/7/25	19/7/27																					

图3-3　典型甘特图示例

五、双代号网络图

双代号网络图（Activity on Arrow，AoA），又称为箭线图（Arrow Diagram Method，ADM），是网络计划技术的一种。它用箭线表示活动，节点表示事件即活动的开始或完成，只能表示结束—开始（Finish to Start，FS）逻辑关系。每项活动必须用唯一的紧前事件和唯一的紧后事件描述；同时，为正确反映活动间的逻辑关系，必要时需采用虚箭线以完善网络图。

双代号网络图编制过程中，为了获得合理而有效的网络计划，需满足以下基本要求：

（1）双代号网络图必须正确表达已定的逻辑关系。

（2）双代号网络图中严禁出现循环回路。所谓循环回路是指从网络图中某一个节点出发，顺着箭线方向再次回到了原出发点的线路。

（3）双代号网络图中，在节点之间严禁出现带双向箭头或无箭头的连线。

（4）双代号网络图中，严禁出现无箭头节点或箭尾节点的箭线。

（5）当双代号网络图中的某些节点有多条外向箭线或多条内向箭线时，可以使用母线画法（但应满足一项活动用一条箭线和相应的一对节点表示）。

（6）绘制双代号网络图时，箭线不宜交叉。当交叉不可避免时，可用过桥法或指向法。

（7）双代号网络图中应只有一个起点节点和一个终点节点（多目标网络计划除外），而其他所有节点均应是中间节点。

（8）双代号网络图应条理清楚，布局合理。例如，网络图中的活动箭线不应画成任意方向或曲线形状，尽可能用水平线或斜线；关键线路、关键活动安排在图面中心位置，其他活动分散在两边；避免倒回箭头等。

典型的双代号网络图如图3-4所示，具有最长工期的线路即为关键路径。

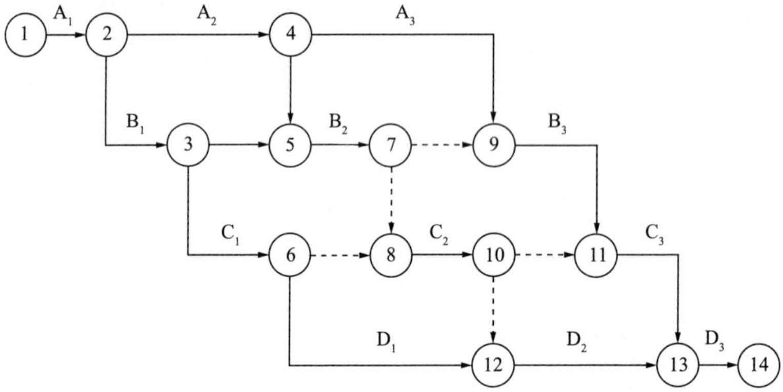

图3-4　双代号网络图示例

六、单代号网络图

单代号网络图（Activity on Node，AoN），又称为前导图（Precedence Diagramming Method，PDM），它是以节点及其编号表示活动（通常以矩形或圆形表示），以箭线表示活动之间逻辑关系的网络图。与双代号网络图强调节点（事件）相比，单代号网络图强调的是活动本身。

单代号网络图绘制原则和方法与双代号网络图基本一致，但与后者相比，前者的活动逻辑关系更加丰富，除FS关系外，另有开始—开始（Start to Start，SS）、完成—完成（Finish to Finish，FF）、开始—完成（Start to Finish，SF）三种逻辑关系，从而让单代号网络图应用相对更灵活，如图3-5所示。

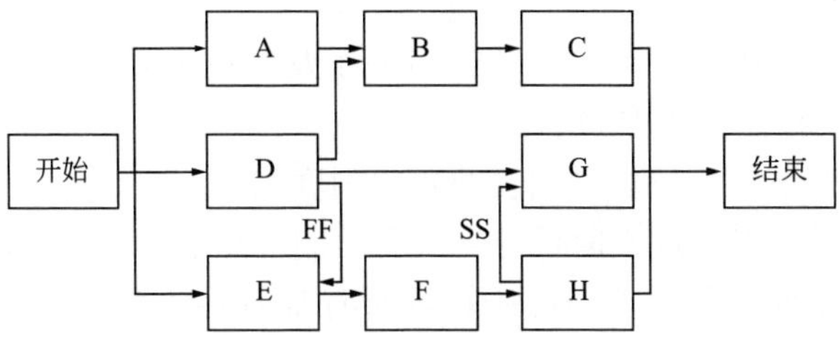

图3-5　单代号网络图示例

七、双代号时标网络图

双代号时标网络图，简称时标网络图，是在双代号网络图的基础上增加了时间标尺的网络图。它以实箭线表示活动，以虚箭线表示虚活动，以波形线表示活动的自由浮时（不影响紧后活动前提下，某项活动的富余时间），其特点有：

（1）时标网络图兼具网络计划与横道计划的优点，它能够清楚地表明进度，使用方便。

（2）时标网络图能直接显示出各项活动的开始与完成时间、活动的自由浮时及关键路径。

（3）在时标网络图中可以直观的统计每一个单位时间对资源的需要量，以便进行资源优化和调整。

双代号时标网络图编制中应注意：

（1）必须以水平时间坐标为尺度表示活动时间，时标的时间单位应根据需要在编制网络计划之前确定。

（2）时标网络计划中所有符号在时间坐标上的水平投影位置，都必须与其时间参数相对应。

（3）时标网络计划中虚活动必须以垂直方向的虚箭线表示，有自由浮时时加波形线表示。

时标网络计划宜按各项活动最早开始时间编制，活动的最早开始时间由其所有紧前活动中最晚完成的活动的最早完成时间决定。在编制时标网络计划前，应先按已确定的时间单位绘制出时标计划表，随后可分别按直接法或间接法绘制。

1. 直接法

根据网络计划中各活动之间的逻辑关系及其持续时间，直接在时标计划表上绘制时标网络图。步骤如下：

（1）将起点节点定位在时标表的起始刻度线上。

（2）按活动持续时间在时标计划表上绘制起点节点的外向箭线。

（3）其他活动的开始节点必须在其所有紧前活动都绘出以后，定位在这些紧前活动最早完成时间最大值的时间刻度上。当活动的箭线长度不足以到达该节点时，用波形线补足，箭头画在波形线与节点连接处。

（4）重复上述步骤，从左至右依次确定其他节点位置，直至网络计划终点节点定位，绘制完成。

2. 间接法

首先确定网络计划，并计算各项活动的最早时间，再根据最早时间在时标计划表上确定节点位置，随后完成各节点连线，当活动的箭线长度不足以到达该活动的完成节点时，用波形线补足。

如图3-6所示为典型的双代号时标网络图示例。

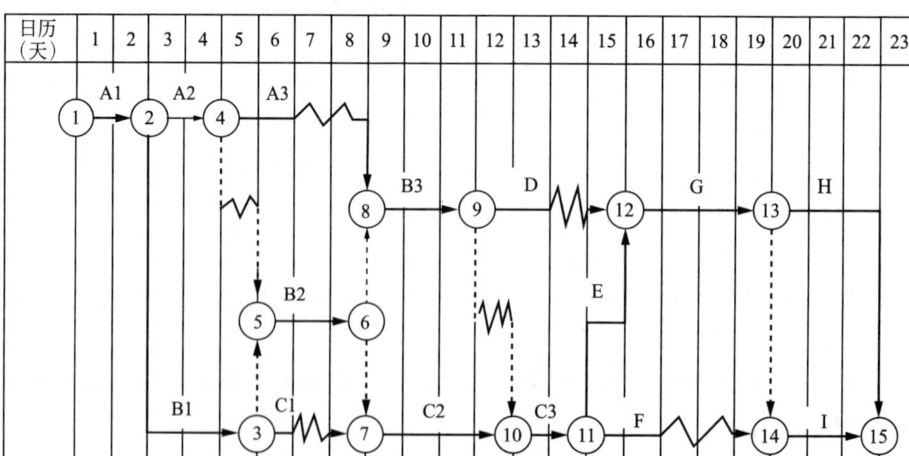

图3-6　双代号时标网络图示例

3. 关键路径法

关键路径法（Critical Path Method，CPM），又称关键路径分析（Critical Path Analysis，CPA），是网络计划技术的一种，通过其蕴含的算法安排项目活动的开展。关键路径法将项目分解成各项活动，估算各项活动的工期并将其按严格的逻辑顺序排列，经过计算得到项目的工期以及项目的关键路径。关键路径通常是项目中从开始到结束工期最长、具有明确逻辑关系的一系列活动。

如前文所述，关键路径法是网络计划技术的一种，其产生之初是基于双代号网络图进行分析和计算。由于单代号网络图能体现更丰富的活动逻辑关系，目前关键路径法的应用更倾向于使用单代号网络图。

关键路径法的核心任务是通过计算得到项目的关键路径，其基本步骤有：

（1）绘制网络计划图。

（2）识别网络图中所有活动路径。

（3）获得每条路径的工期。

（4）具有最长工期的路径即为关键路径。

此外，根据关键路径法的原理，关键路径总浮时为零，这表明关键路径既是最长工期路径，也代表了项目所能实现的最短完工时间即项目最短工期。当网络计划中活动的逻辑关系复杂时，采用寻找总浮时为零的活动相比于寻找最长工期路径更易获得关键路径。计算总浮时时涉及的时间参数有：

（1）最早开始时间（Early Start，ES）：活动最早开始时间，由所有前置活动中最后一个最早结束时间确定。

（2）最早结束时间（Early Finish，EF）：活动最早结束时间，由活动的最早开始时间加上其工期确定。

（3）最晚结束时间（Late Finish，LF）：某项活动在不影响整个项目的结束时间的情况下能够最晚结束的时间。它等于所有紧后工作中最晚完成活动的最晚开始时间加上当前活动的工期。

（4）最晚开始时间（Late Start，LS）：某项活动在不影响整个项目的结束时间的情况下能够最晚开始的时间。它等于活动的最晚结束时间减去活动的工期。

（5）总浮时（Total Float，TF）：某项活动在不影响项目整体工期的情况下所具有的最大的浮动时间。

（6）自由浮时（Free Float，FF）：某项活动在不影响其紧后工作的最早开始时间的情况下可以浮动的时间。

以上时间参数中，最早时间采用正推法（Forward Pass）由项目起始节点开始往后计算，最晚时间采用逆推法（Backward Pass）由项目结束节点开始往前计算。如图3-7所示为经过计算各项时间后的基于单代号网络图的关键路径法示意图，图中粗实线表示关键路径。

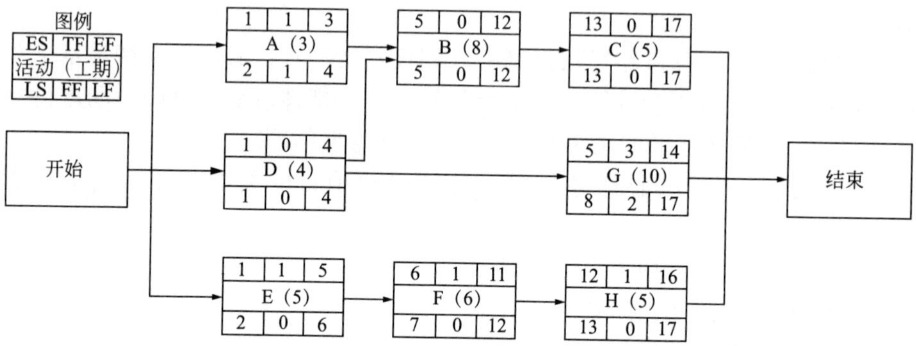

图3-7　关键路径法示例

通过网络图，各个活动的六项参数都可以计算出来，具体表达和计算方式见表3-2。

表3-2　活动参数说明表

名称	符号描述	计算方式	解释
T_i	T_i	ES_i=Max（EF_{i-n}）	活动 i 完成需要的时间
最早开始时间	ES_i	ES_i=Max（EF_{i-n}）	活动 i 的最早开始时间是其所有紧前活动最早完成时间的最大值
最早结束时间	EF_i	$EF_i=ES_i+T_i$	活动 i 的最早完成时间是其最早开始时间加持续工期之和
最晚开始时间	LS_i	$LS_i=LF_i-T_i$	活动 i 的最晚开始时间是其最晚完成时间减持续工期
最晚结束时间	LF_i	LF_i=Min（LS_{i+n}）	活动 i 的最晚完成时间是其所有紧后活动最晚开始时间的最小值

续表

名称	符号描述	计算方式	解释
总浮时	TF_i	$TF_i=LF_i-EF_i$ $=LS_i-ES_i$	活动 i 的总浮时等于其最晚完成时间减去最早完成时间，也等于其最晚开始时间减去最早开始时间
自由浮时	FF_i	$FF_i=\text{Min}(ES_{i+n}-EF_i)$ $=\text{Min}(ES_{i+n}-ES_i-T_i)$	活动 i 的自由浮时等于其紧后活动最早开始时间减去活动 i 最早完成时间之差的最小值，也等于其紧后活动最早开始时间减去活动 i 最早开始时间再减去活动 i 持续工期之差的最小值

采用关键路径法进行进度管理的优点主要有：

（1）通过网络图清晰呈现项目。

（2）通过重点关注关键路径，实现高效项目进度管理。

（3）通过对活动浮时的管理来实现项目进度管理。

（4）清晰展示实际进展与计划之间的偏差，以及需要采取纠偏措施之处。

关键路径法需要注意的主要有：

（1）关键路径法认为项目所需资源充足，不考虑资源受限。

（2）缺少对非关键活动的关注，这些活动有时会变成关键活动。

（3）容易造成对浮时的滥用。

（4）关键路径工期为可实现的最短工期，因此采用关键路径法进行进度管理的项目工期时常滞后。

八、PERT技术

PERT（Program/Project Evaluation and Review Technique），即计划评审技术，以数理统计理论为基础的网络计划技术，用于对活动持续时间不确定（无历史数据参考），但活动之间逻辑关系确定的项目进行进度管理。PERT与CPM作为应用最广的两种网络计划技术，不同之处在于：

（1）CPM以活动为导向，而由于PERT中活动持续时间的不确定性，因此它以事件（里程碑）为导向。

（2）CPM采用单代号网络图，而PERT采用双代号网络图为基础进行网络分析。因此，CPM中有四种逻辑关系，而PERT图中仅有FS逻辑关系。

（3）CPM中活动持续时间是确定的，而PERT中活动持续时间是不确定的。

PERT假设各项活动的持续时间服从β分布，通过三时估计法估算出每项作业的乐观持续时间t_o、最可能持续时间t_m以及悲观持续时间t_p。为通过网络计划实现对项目的控制，需为每项活动确定一个肯定的持续时间。通常通过以下公式对上述三时进行加权计算获得预期时间：

$$t_e=（t_o+4t_m+t_p）/6$$

此外，为评价上述对预期时间估算的偏差程度，引入标准差：

$$\sigma=（t_p-t_o）/6$$

采用PERT时需要注意的是，三时估计过程的准确性对项目计划的可靠程度十分关键。

第二节　项目进度控制的基本原理和方法

在进度计划执行过程中，由于组织、管理、经济、技术、资源、环境和自然条件等因素的影响，往往会造成实际进度与计划进度产生偏差。如果偏差不能及时被纠正，必将影响到进度目标的实现。进度控制，是在项目实际执行中，依据所编制并确定的目标计划（即进度基准计划）对项目各项活动的进展状态进行监测、对项目进展进行更新、对实际进度进行测量、对实际进度与计划进度之间的偏差进行预警及采取纠正措施，并根据偏差情况对进度基准计划做出必要的变更。简而言之，进度控制的主要目的是开展实际进度的测量、分析进度偏差的原因及程度、有针对性的调整进度计划。为了实现以上目的和任务，需要采用一系列的进度控制技术和方法，其大体可分为三类，分别为进度绩效评估及偏差分析相关技术、进度纠偏相关技术以及进度计划变更。

一、进度绩效评估及偏差分析

进度绩效评估及偏差分析，是通过将进度绩效与计划值进行测量、对比和分析以确定项目进展，这些可对比的绩效可以是开始时间、完成时间、工期以及完成百分比。通常在进度对比时关注的内容有：关键活动进度；非关键活动的进度及浮时利用情况；实际进度对各项活动之间逻辑关系的影响；资源利用状况以及存在的其他问题等。进度绩效评估及偏差分析不仅需要确定进度偏差，更应判断产生偏差的根源（资源短缺、工期估算过短、工作范围增加等），从而确定是否需要采取纠偏或者预防性措施。

进度绩效评估及偏差分析过程既需要查看当前状态，也需要关注未来绩效变化趋势。如有必要，还应召集业主、供应商、分包商等各方共同参与绩效评估过程。常用的进度绩效评估及偏差分析技术有赢得值评估技术、前锋线跟踪技术、S形曲线法、香蕉曲线法、横道图比较法等。

1. 赢得值管理技术

赢得值管理技术（Earned Value Management，EVM），是一种综合考虑进度和成本数据、全面衡量项目进度和成本状况的集成体系，其核心是采用费用代替工作量来获得项目的进度，基本原则是工作的价值等于完成该项工作的预算费用。

赢得值管理包含三种基本参数，即：

（1）已完工作预算费用（Budgeted Cost for Work Performed，BCWP）：又称为赢得值（Earned Value，EV），是指在某一日期已经完成的工作，以批准的预算为标准所需要的费用总额，是项目承包商向业主请款的依据。其公式为：BCWP（EV）=已完工作量×预算单价

（2）计划工作预算费用（Budgeted Cost for Work Scheduled，BCWS）：又称为计划费用（Planned Value，PV），是指根据进度计划，在某一日期应该完成的工作，以批准的预算为标准所需要的费用总额。故此，在合同范围不变，即目标计划不变的情况下该值固定。其公式为：BCWS（PV）=计划工作量×预算单价

（3）已完工作实际费用（Actual Cost of Work Performed，ACWP）：又称为实际费用（Actual Cost，AC），是指在某一日期已完成的工作所实际花费的总金额。其公式为：ACWP（AC）=已完工作量×实际单价

在赢得值法中，用于评价进度和费用绩效的指标有四种，即：

（1）进度偏差（Schedule Variance，SV），指的是已完工作预算费用与计划工作预算费用的差值，即：SV=BCWP−BCWS。当偏差为0时，项目如期进行；当偏差为负时，项目进度滞后；当偏差为正时，项目进度超前。

（2）费用偏差（Cost Variance，CV），指的是已完工作预算费用与已完工作实际费用的差值，即：CV=BCWP−ACWP。当偏差为0时，项目按预算进行；当偏差为负时，项目实际费用超出预算；当偏差为正时，项目实际费用未超预算。

（3）进度绩效指数（Schedule Performance Index，SPI），指的是已完工作预算费用与计划工作预算费用之比，即SPI=BCWP/BCWS。当进度绩效指数小于1时，表示进度滞后，即实际进度比计划进度落后；当进度绩效指数大于1时，表示进度超前，即实际进度比计划进度提前。

（4）费用绩效指数（Cost Performance Index，CPI），指的是已完工作预算费与已完工作实际费用之比，即：CPI=BCWP/ACWP。当费用绩效指数小于1时，表示项目超支，即实际费用高于预算费用；当费用绩效指数大于1时，表示项目节支，即实际费用低于预算费用。

在使用以上四种指标进行绩效评估时，会出现四种情况：

（1）当发现费用增加且工期滞后时，必须采取措施纠正偏差。

（2）当发现费用增加但工期提前时，需要考虑工期提前带来的效益是否超过费用增加量。

（3）当发现工期滞后但费用节省时，需酌情考虑是否采取纠偏措施。

（4）当发现工期提前且费用节约时，无须纠偏。

赢得值绩效评估示例，如图3-8所示。

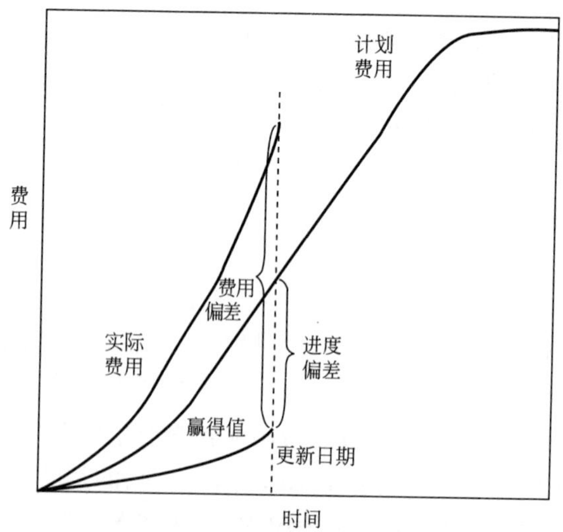

图3-8　赢得值绩效评估示例

2. 前锋线比较法

前锋线比较法，是通过在进度计划中绘制实际进度前锋线以判断活动实际进度与计划进度的偏差，进而判断该偏差对后续活动及总工期影响程度的一种方法，该方法通常基于时标网络计划。所谓前锋线，是指从评估时刻的时标点出发，用点划线依次连接各项活动的实际进展位置所形成的线段，其通常为折线。

前锋线比较法的基本开展步骤：

（1）绘制时标网络计划图。为便于进度比较，可在时标网络图中下方增加时间行。

（2）绘制实际进度前锋线。通常从时标网络计划图上方时标的评估日期点开始绘制，依次连接各项活动的实际进展位置点，最后止于时标网络计划图下方时标的评估日期点。实际进展位置的确定方法有两种：

①对于匀速进展的活动，可按已按该活动已完工作量比例来确定；

②否则，可按活动的尚需工作时间来确定，即估算完成活动仍需要的时间，从右节点往左寻找实际进展位置。

（3）对比实际进度与计划进度。通过绘制得到的前锋线，可以直观地看出评估日期有关活动实际进度与计划进度之间的关系。对某项活动而言，其实际进度与计划进度之间的关系在时标网络图中有以下三种可能：

①活动实际进展位置点处于评估日期的左侧，表明该活动实际进度滞后；

②活动实际进展位置点与评估日期重合，表明该活动实际进度与计划进度一致；

③活动实际进展位置点处于评估日期的右侧，表明该活动实际进度超前。

（4）预测进度偏差对后续活动及总工期的影响。从时标网络图中，除确定各项活动的实际进展情况之外，还可根据各项活动的自由浮时、总浮时及项目关键路径，预测其进度偏差对后续活动及项目总工期的影响。如图3-9所示，在第六天结束时，活动A3滞后一天，活动B2超前一天，活动C1按计划完成。由图可知，活动A3的滞后对后续活动B3及项目总工期都无影响，可暂不予处理；活动B2处于关键路径上，其超前一天将使项目提前一天完成。

3. 横道图（甘特图）比较法

横道图比较法，是基于横道图计划，在项目执行过程中将实际进度检测时获得的数据，用横道条平行绘制与原计划的横道处，从而实现实际进度与计划进度的对比。依据项目各项活动进展速度匀速与否，可分为匀速进展横道图比较法和非匀速横道图比较法两种比较方法。

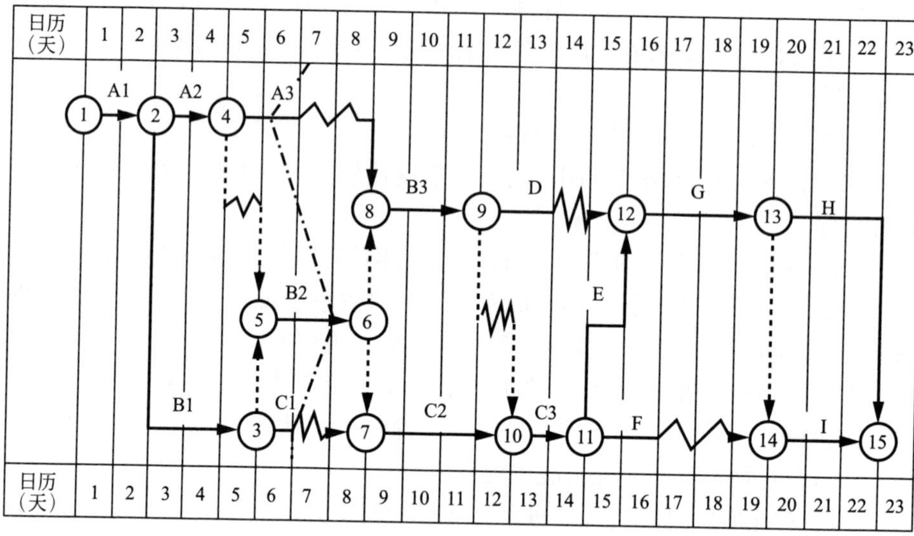

图3-9　前锋线比较法示例

1）匀速进展横道图比较法

匀速进展是指项目中的每项活动在单位时间内完成的工作量相同，即活动进展速度均匀，活动完成量与时间呈线性关系。该方法执行步骤如下：

（1）编制横道图计划。

（2）在进度计划中标示检测日期。

（3）将检测到的实际进度数据按比例用新横道标于原横道下方。

（4）若新横道右端处于检测日期左侧，则进度滞后；若处于检测日期右侧，则进度超前；若重合，则实际进展与计划进度一致。

如图3-10所示为横道图比较法示意图，图中活动5、6滞后1天，活动7超前1天。

2）非匀速横道图比较法

非匀速横道图比较法，是用来解决匀速进展横道图比较法无法处理非线性进展活动的问题，与后者相比，非匀速横道图比较法在横道上方和下方分别标出每统计周期内该项活动的计划完成百分比和实际完成百分比。通过对比某一检测日期，活动的实际完成百分比与计划完成百分比的偏差，以判断实际与计划进度的关系。该方法执行步骤如下：

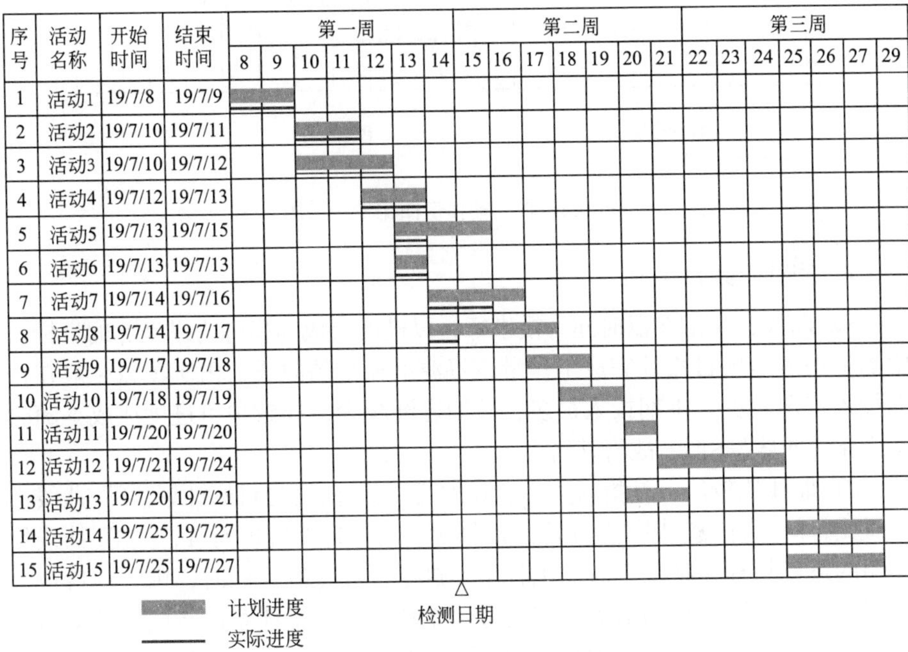

图3-10　横道图比较法示例

（1）编制横道图计划。

（2）在横道上方标出各统计周期内该活动的计划完成工作量百分比。

（3）在横道下方标出各统计周期内该活动的实际完成工作量百分比。

（4）在计划横道下方、实际完工百分比上方用新横道标出该活动的实际进度，从开始之日标起，同时反映出该活动在进展过程中或连续或间断的情况。

（5）若某一检测日期横道上方累计百分比大于其下方累计百分比，则实际进度滞后；若前者小于后者，则实际进度超前；若两者相等，则实际进度与计划进度一致。

如图3-11所示，图中给出了采用非匀速横道图比较法对项目中某活动进行计划和实际进度对比的情况。从图中可以看出，活动N实际比计划晚一天开始，后续逐渐追赶进度并在检测日期与计划完成工作百分比一致。

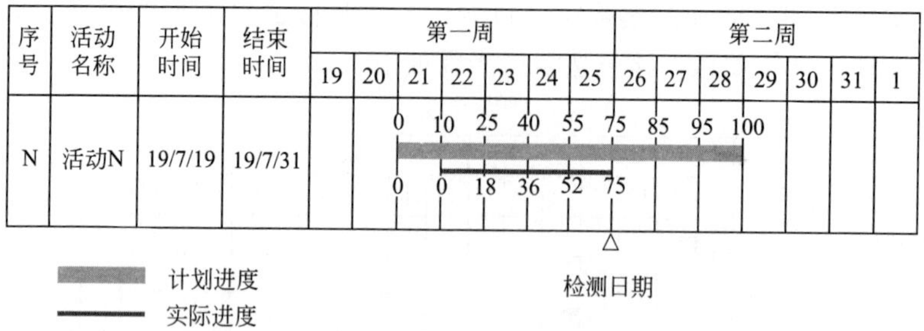

图3-11　非匀速横道图比较法示例

4. S形曲线比较法

S形曲线，是指在以时间为横坐标，以进度或成本指标为纵坐标的坐标图中的一条表示项目累计完成工作量或资源消耗量的曲线。由于项目一般在初期投入资源较少，中期投入最多，后期逐渐减少，导致项目进度或成本随时间变化的曲线呈S形，故得其名。

S形曲线比较法，是指通过将实际进展“S”曲线与目标计划“S”曲线进行对比，从而直观掌握项目实际进展情况。对于进度管理而言，“S”曲线的使用的进度指标包括人工时、工程量、进度百分比等。同时，由于项目包含不同专业、不同类型的活动，需通过建立科学的测量体系以将底层活动的进度逐层汇总从而获得项目总体进度数据。“S”曲线比较法的基本步骤如下：

（1）确定目标计划。

（2）确定“S”曲线使用的进度指标。

（3）建立进度测量体系。

（4）根据目标计划计算并绘制目标计划“S”曲线。

（5）根据收集的实际进展绘制实际进展“S”曲线。

（6）对比两条曲线，获得对项目实际进度与计划进度的偏离情况。

目标计划“S”曲线与实际进展“S”曲线的对比，“S”曲线比较法的示例如图3-12所示。

5. 香蕉形曲线比较法

香蕉形曲线，是由两条S形曲线组合而成的曲线。这两条曲线分别是以目标计划中各项活动的最早开始时间和最晚开始时间为基准进行计算，并以计算结果绘制得到的，即ES（Early Start）曲线和LS（Late Start）曲线。对同一个项目，ES曲线和LS曲线的起止时间分别相同，即两条S形曲线首尾闭合，图形形似香蕉，故称为香蕉形曲线（图3-13）。

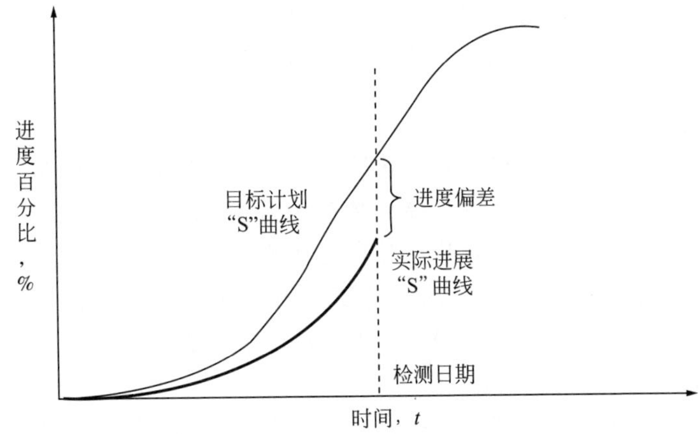

图3-12　"S"曲线比较法示例

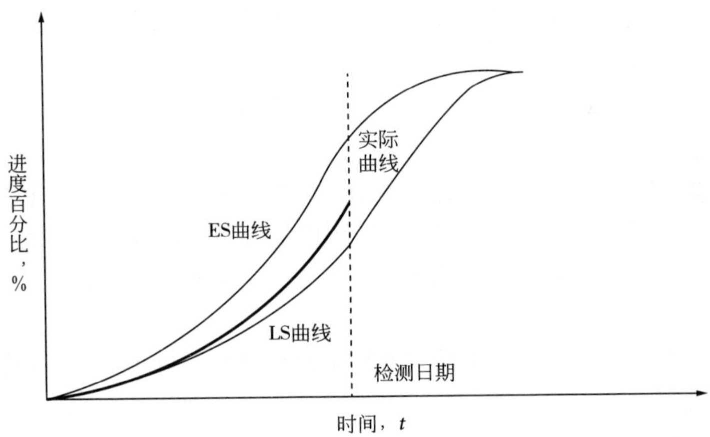

图3-13　香蕉形曲线法示例

香蕉形曲线法绘制步骤与S形曲线法的大抵相同，不同之处在于前者多一条S形曲线，因此需要首先确定目标计划中各项活动的最早开始时间和最晚开始时间。具体如下：

（1）确定目标计划以及各项活动的最早开始时间和最晚开始时间。

（2）确定香蕉形曲线使用的进度指标。

（3）建立进度测量体系。

（4）根据目标计划计算并绘制ES曲线、LS曲线，即香蕉曲线。

（5）根据收集的实际进展绘制实际进展S形曲线。

（6）若实际进展S形曲线处于香蕉曲线内部，则进度处于可控状态，若处于ES曲线左侧，则进度超前，若处于LS曲线右侧，则进度滞后。

6. 进度检测技术

以上方法都是运用不同的技术手段，在项目计划编制阶段建立进度检测基准，在执行阶段通过对实际进度的数据计算和图形模拟来检测项目局部及整体的实际进度状况。用实际进度数据与检测基准比较，以达到对项目进展进行绩效评估及偏差分析的目的。进度检测的基础一是建立在项目WBS基础上的权重体系，二是对项目中每一项活动的实际进度的科学计量。

1）权重体系的确定

进度检测权重体系的建立过程，即是确定进度检测层级中的每项元素对其上一级元素进度的影响程度，通常用百分比表示，逐层往下直至确定底层活动的权重。权重的确定方法主要有：

（1）估算人工时：按各元素估算消耗工时量，通常用于设计工作以及施工工作的权重确定。

（2）预算费用：按各元素预算费用，通常用于采购工作及施工工作的权重确定。

（3）工程量：按各元素预计工程量，通常用于施工工作的权重确定。

（4）综合因素：对于进度检测层级中的上层结构，如阶段层级或装置层级，确定其中各项元素的权重需要综合考虑预算费用、人工时、工期、历史经验等。

权重体系确定之后，只需确定底层活动的进度，即可向上逐层汇总获得项目总体进度。

2）项目活动进度检测方法

根据活动所具有的不同进度属性，进度检测层级底层各项活动的实际进度检测方法主要有：

（1）加权里程碑法：将活动划分为若干个可检测的里程碑，每个里程碑都被赋予一个具体的权重。只有当完成一个里程碑时才能获得相应的进度完成百分比，故活动进度呈现间断增长。

（2）固定任务公式法：只监测活动的开始点和结束点，即项目开始即获得一定的进度，其余进度只有在活动结束时获得。开始点和结束点可赋予的进度百分比都在0～100之间，如50/50、20/80、0/100等。该方法通常适用于工期较短的活动。

（3）完成百分比法：活动的实际工作量与预算工作量之比。该方法主观性较强，适用于绩效易于检测的重复性工作。

（4）投入水平法：用工作时间来检测活动的绩效。通常用于没有明确交付成果的活动或者工作范围明确且工效稳定的活动。

（5）以里程碑为控制点的完成百分比法：结合加权里程碑方法的客观性以及完成百分比法的易操作性，对划分后的每个里程碑范围内的子活动采用完成百分比法检测进度。与加权里程碑法相比，该方法可获得连续的活动进度。

（6）其他方法：如加权里程碑法与固定任务公式法结合、等价单元法等。

确定各项活动的进度检测方法后，即可计算得到某一检测日期各项活动的实际进度。同时，按进度检测层级结构逐层向上汇总，即可获得项目实际总体进度。

二、进度纠偏

当对项目执行进度绩效评估以及偏差分析后，为保证项目按期完成，需对进度偏差执行纠偏措施，即修改未完成工作的进度安排。进度纠偏过程采用的相关技术和方法主要有：进度压缩技术、资源优化技术、设置提前量和滞后量重新估算工期。

1. 进度压缩技术

进度压缩技术，既可用于主动调整计划工期，亦可用于应对项目工期延误。通常包括两种技术，即赶工法（Crashing）和快速跟进法（Fast Tracking）。

（1）赶工法：通过增加资源（人力、机具、材料、资金等）投入以实现工期压缩。首先，应分析判断对一系列相关活动增加不同类型资源可达到的缩短工期的效能差别，然后选取能以较小成本获取较大工期压缩效果的方案实施赶工法。由于关键路径的系列活动更直接的影响项目的完工时间，赶工法通常更多的应用于关键路径上的活动。对关键路径上活动实施赶工法有可能会改变项目的关键路径，对此必须高度重视，并制定相应对策。

（2）快速跟进法：通过调整活动之间的逻辑关系，将关键路径上，原本先后实施的活动改为并行或部分并行实施的方法。该方法不增加成本，但由于有并行活动存在，会出现活动相互干扰、资源冲突，甚至返工的风险。

从上述介绍可知，赶工法增加成本，快速跟进法增加风险。因此，通常在风险可控的情况下，先选择快速跟进法作为进度压缩手段，而后根据进度需求再考虑是否采用赶工法。

2. 资源优化技术

资源优化技术用于调整活动的开始和完成日期，进而调整计划使用的资源，使其等于或少于可用的资源数量。资源优化技术主要有资源平衡、资源平滑两种。

（1）资源平衡（Resource Leveling）：基于资源制约对开始和完成日期进行调整，从而使得资源需求与资源供给实现平衡。若所需资源只在特定时间可用，且数量有限，或者被过度分配，就需进行资源平衡。同时，当某项资源同时被分配给两项以上活动时，或者为保持资源使用量处于均衡水平时可进行资源平衡。资源平衡往往导致关键路径改变，且通常会拖长关键路径。

（2）资源平滑（Resource Smoothing）：同样是基于资源制约情况，对进度计划中的活动的开始和完成日期进行调整从而使资源需求符合资源制约。相对于资源平衡而言，资源平滑技术只针对具有自由浮时和总浮时的活动，故而资源平滑技术可能无法实现所有资源的优化，且资源平滑不会改变项目关键路径。

通常在实施资源优化时，先进行资源平衡后再进行资源平滑。两者相比，资源平衡主要是使得所有活动的关键资源符合资源制约条件。资源平滑顾名思义，则是让项目各项活动的资源消耗相对均匀，避免出现资源需求波动过大。此外，在进度纠偏过程中，可以运用资源优化技术，将某些非关键路径上的资源分配到关键路径上，从而可加快项目进度。

资源优化技术示例如图3-14所示。

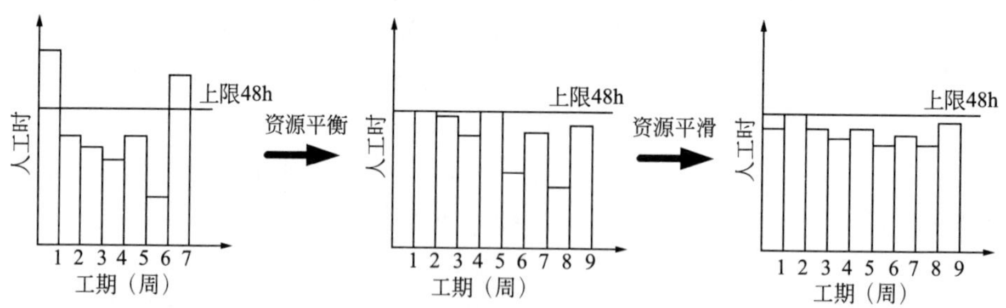

图3-14　资源优化技术示例

3. 提前量和滞后量

提前量（Lead），指的是后续活动相对于紧前活动可以提前的时间量，它使得后续活动提前开始或完成。滞后量（Lag），指的是后续活动相对于紧前活动而言需要延迟的时间量，它为后续活动施加强制滞后。以FS逻辑关系为例，如图3-15所示为提前量及滞后量的示例。

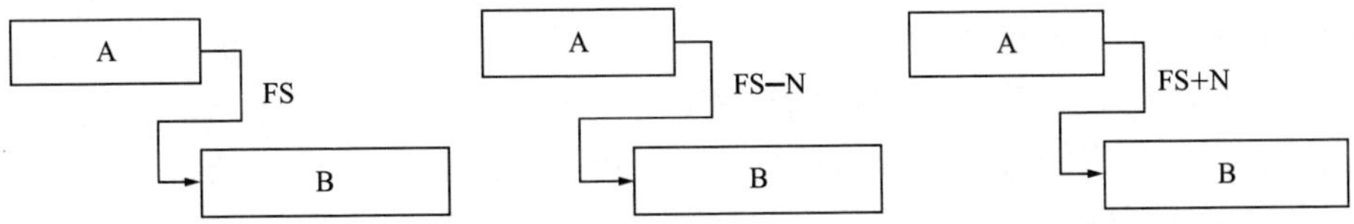

活动A与B为FS关系　　活动A与B之间使用提前量　　活动A与B之间使用滞后量

图3-15　提前量和滞后量示例（以FS关系为例）

当发现实际进度与计划进度存在偏差时，可重新审视未完工作各项活动之间的逻辑关系，通过修改、调整或增加活动之间的提前量和滞后量以实现进度纠偏。

4. 重新估算工期

随着项目的执行，对项目内外部信息掌握程度与项目初期相比通常会发生变化，此时若重新估算项目各项活动的工期，可能会得到与计划工期不同的结果。当发生进度偏差时，通过重新评估未完工作的工期，结合偏差情况调整相应活动工期从而消除偏差。

三、进度计划变更

项目的目标计划是用于具体指导项目各项活动开展的基准，在项目实际控制过程中，有时即使采取措施对进度偏差进行处理，仍出现实际进度与计划进度偏差过大，致使目标计划失去其实际指导效用。此外，项目执行过程中由于各种原因，可能会导致项目工作范围发生变化。当发生以上情况时，需要对目标计划提出变更请求。进度计划的变更请求包含纠正和预防性措施，用于确保项目进度符合业主要求。

第三节　进度管理的常用工具

本章前两节介绍了进度管理的主要技术。这些技术的实践可以通过手动实现，但更多时候是结合计算机技术，形成相关工具和软件后加以应用。由于项目进度与项目成本、资源、质量和风险等因素相互作用和影响，因此执行进度管理的工具和软件通常融合在项目管理工具和软件当中。在各类项目进度管理软件中，有采用传统项目管理方法的，也有采用敏捷项目管理方法的；有采用单一进度管理技术的，也有综合多种进度管理技术的；有仅仅采用进度指标的，也有采用进度指标和成本指标相结合的。对于石油石化工程项目而言，常用的进度管理软件主要有：P6、Project、Excel、Visio、广联达斑马进度计划软件。

一、Oracle Primavera P6（甲骨文公司项目管理软件）

P6软件由是由P3发展而来的项目管理软件，可用于单项目、项目群的管理以及项目整合管理，并集成了合同管理、风险分析、赢得值管理等功能，这些功能的实现是围绕并依托进度管理这个核心功能。P6具有强大的进度计算引擎，能够管理具有几十万条活动的大型复杂工程项目，且具备企业级的资源库管理功能，可实现资源在不同项目之间的分配和平衡。P6是目前项目进度管理领域最专业的软件之一。

P6综合运用了多种进度管理技术，即进度计算基于关键路径法，项目各项活动的进度通过横道图来表现，同时通过前锋线来直观反映各项活动实际进度。P6可用于各级进度计划的编制，以P6中单项目进度管理的过程为例，其基本流程分为计划编制阶段以及进度控制阶段，分别如图3-16和图3-17所示。

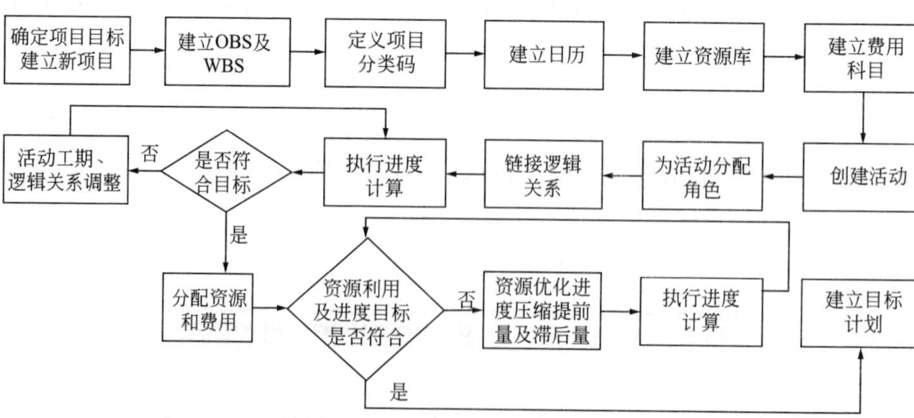

图3-16　采用P6进行计划编制的流程图

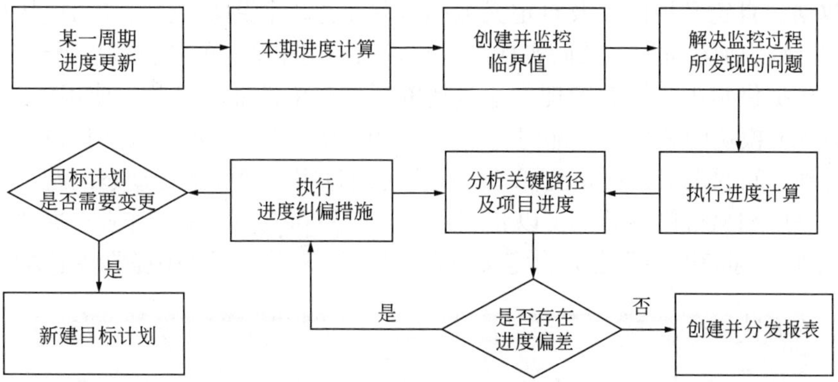

图3-17 采用P6进行进度控制的流程图

P6进度管理过程特有的主要功能特性有：

（1）P6网络版，可实现多用户协同作业。

（2）通过建立企业项目结构（Enterprise Project Structure，EPS）及企业资源库，可实现企业内各项目之间资源的均衡分配。

（3）使用关键路径法进行进度计算时，可基于两种方法确定关键路径，即最小浮时法和最长路径法。

（4）可通过同时设置多个浮时阈值，来实现同时监控最关键路径、次关键路径等多条关键路径。

（5）每次进度计算后，都可通过查看计算记录来检查计划中存在的错误和不足之处。

（6）丰富的视图和报表功能。

图3-18展示了使用P6编制的进度计划截图。

图3-19是获取并录入了每项活动实际开始时间、结束时间和实际进度后的计划和实际进度截图。图中锯齿形纵线表示了不同活动与计划相比的正常或滞后情况。这条线在用计划软件编制进度计划的甘特图中通常被称为前锋线。

实际上，P6是一个综合的项目组合管理（Project Portfolio Management，PPM）解决方案，包括各种特定角色工具，以满足项目的各种需求。上述介绍的进度管理功能即属于项目管理（Project Management，PM）模块，也是P6最核心的模块。本模块是一个具有进度时间安排与资源控制功能的多用户、多项目系统，支持多层项目分层结构、角色与技能导向的资源安排、记录实际数据、自定义视图以及自定义数据。除了进度管理功能外，PM模块可在进度计划中加载资源，从而实现进度与费用控制相结合的项目管理平台。PM模块还提供集中式资源管理。这包括资源工时单批准，以及与使用Progress Reporter 模块的项目资源部门进行沟通的能力。此外，该模块还提供集成风险管理、问题跟踪和临界值管理。用户可通过跟踪功能执行动态的跨项目费用、进度和赢得值汇总。可以将项目工作产品和文档分配至作业，并进行集中管理。“报表向导”创建自定义报表，此报表从其数据库中提取特定数据。

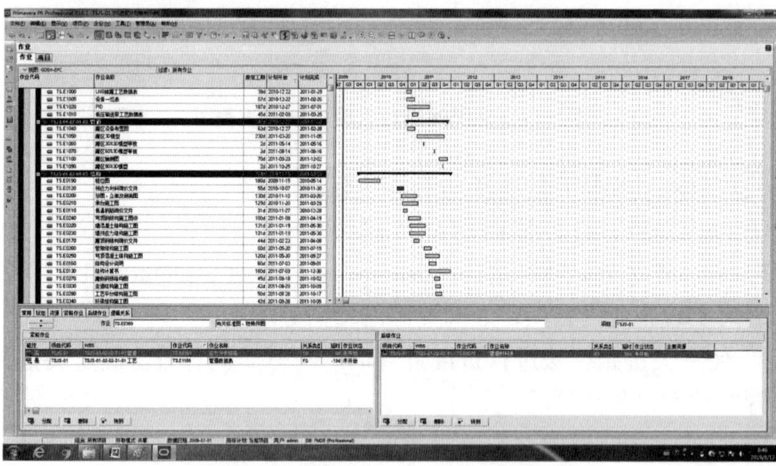

图 3-18　使用 P6 编制进度计划示例图

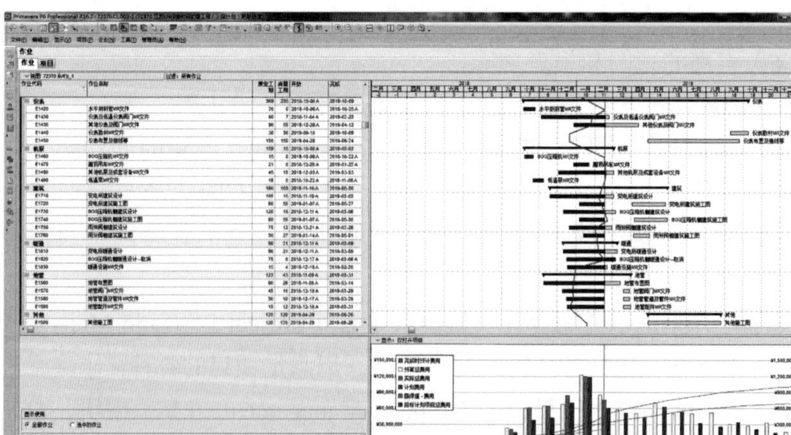

图3-19　使用P6进行进度更新示例图

此外，P6套件还包括以下软件组件：Methodology Management（MM）模块，Progress Reporter、P6 Web Access、P6 Web Services等功能。基于以上模块和功能，用户可实现跨项目、多成员之间的项目管理协作。

二、Microsoft Project（微软公司项目管理软件）

Microsoft Project（MSP），是微软公司office系列办公软件之一。该软件是当前最受欢迎的项目管理软件之一。在进度管理方面，Project软件同样以关键路径法为计算基础，辅以横道图形式直观反映活动的进度，但是Project软件中计算关键路径时只采用最小浮时方法。

Project软件的进度管理功能大体上与P6软件相同，进行进度管理的流程也大同小异，只是在专业化程度上、深度上不如后者，如进度计算相关功能弱于P6。但是Project软件更易操作，初学者用易上手，且基本能满足绝大部分的项目进度管理需求。

如图3-20所示展示的是使用Project软件编制的进度计划。

三、Microsoft Excel（微软电子表格软件）

Microsoft Excel，和Project一样同属于微软公司office系列，是一款电子表格软件。Excel以其强大的数据计算和图表处理功能闻名。对于进度管理过程，Excel可用于项目总体进度检测、高层级进度计划编制两类工作。

1. 项目总体进度检测

项目总体进度检测过程，需要统计项目各项活动的进度，并且沿着进度统计层级逐级向上汇总，经过一系列复杂的数据处理和计算后获得项目总体进度值。使用Excel执行该过程的示例如图3-21所示。

2. 高层级进度计划编制

项目一级、二级进度计划，通常用于向公司高层及业主汇报。为了更加形象、生动、有效的向高层反应项目进展情况，通常采用Excel编制项目的高层级计划。相比于使用P6、Project等软件，采用Excel可体现出比简单的横道图更加多样、丰富的进展信息。如图3-22所示展示的是使用Excel编制的项目里程碑进度计划。

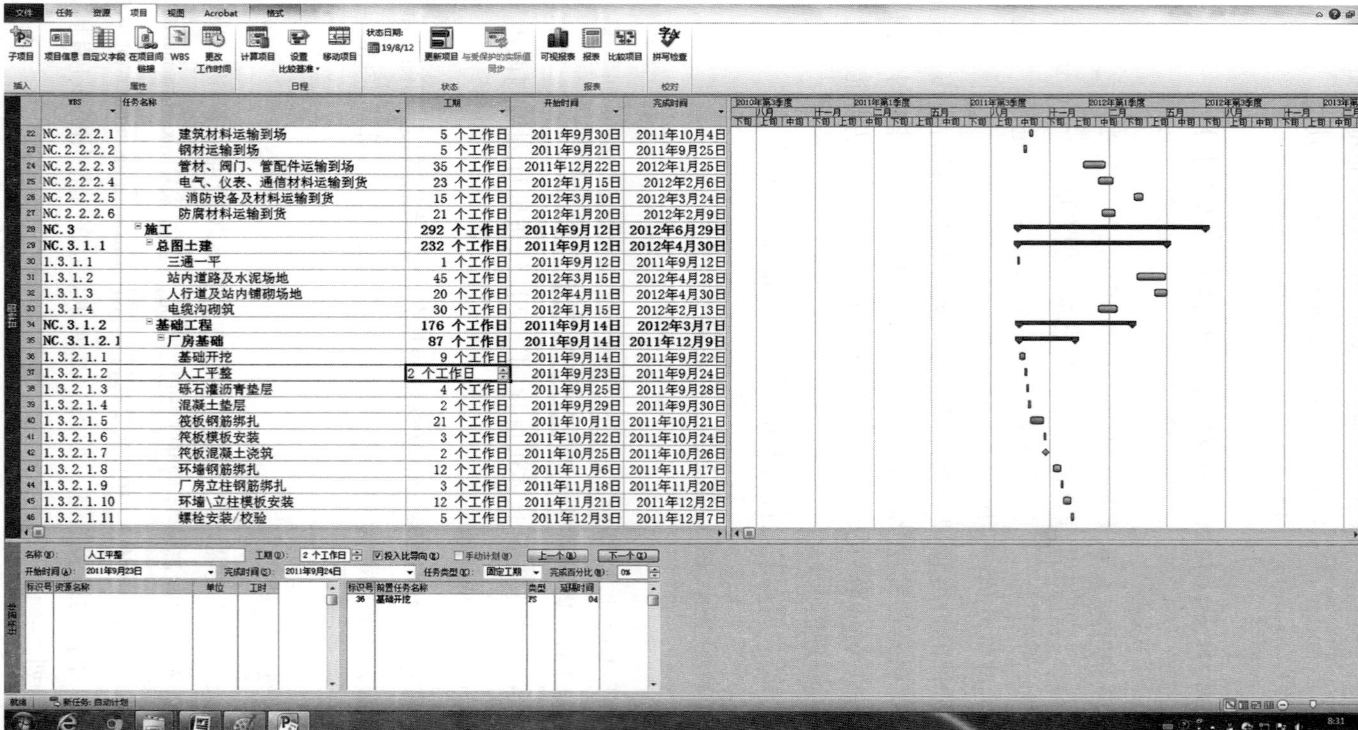

图3-20　使用Project软件编制进度计划示例

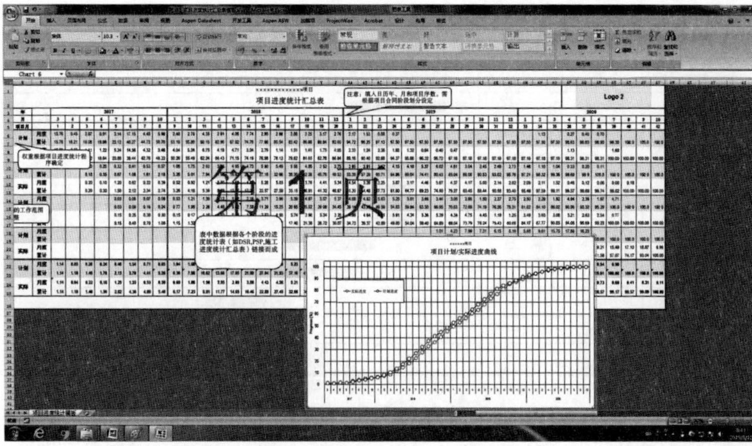

图 3-21　Excel 进度统计表示例

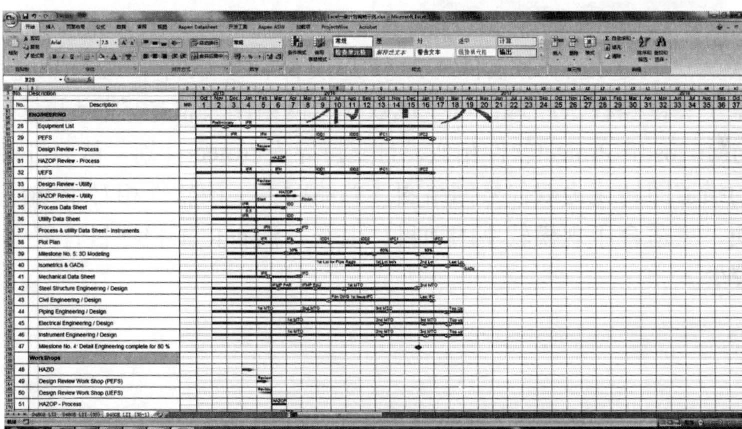

图3-22　采用Excel编制里程碑计划示例

四、Microsoft Visio（微软流程图绘制软件）

Microsoft Visio，是微软公司office系列中用于的流程图绘制的软件。该软件中内置了一项横道图绘制模块，可用于快速生成横道图。此外，基于Visio的绘图功能，可在生成的横道图基础上进行二次加工，以更深入的反映项目进展信息，如图3-23所示。

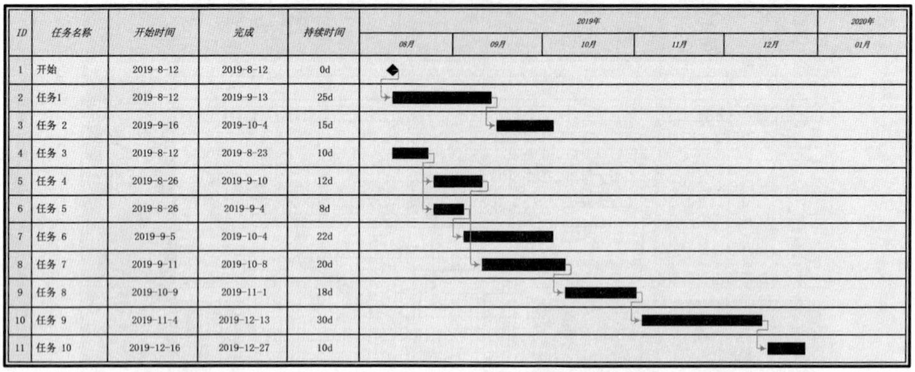

图3-23　采用Visio绘制横道图示例

五、广联达斑马进度计划软件

广联达斑马进度计划软件（原梦龙项目管理软件、斑马梦龙网络计划），基于关键路径法原理，可生成双代号网络图及横道图计划。该软件操作界面与Microsoft Project软件相似，且支持导入Project计划，从而可将Project计划中的横道图转化为双代号网络图。总体而言，该软件相对于P6易上手、操作简便，更适合于规模较小的项目，但在石油石化工程项目管理中，该软件应用较少。

第四章 EPC总承包项目进度计划编制

第一节 进度计划编制的原则

一、时间为主线、综合效益最大化原则

一个工程项目，包含了许多大到一个阶段（如设计、采购、施工）、小到一项活动（如一张图纸、一个订单、一条焊口）分布于不同层级的海量工作内容。通常，根据项目的具体情况可以将工作内容划分为不同的工作阶段。每个阶段包含一系列工作包、工作项、活动等，从而建立起一整套工作分解结构（WBS）（本章第五节将详细介绍）。项目进度计划就是在工作分解结构（WBS）的基础上，对项目中各工作阶段、工作包、工作项、活动等工作单元所做出的一系列时间进度安排，并同时赋予各项活动相应的资源。其中时间进度计划规定了组成上述所有工作单元的起止时间安排，并且将各工作单元分解为更细致的作业，同时规定每项作业之间相互关联、相互制约的逻辑关系。

由于每项作业的完成，都需要伴随着相应的人力、机具、材料资源的消耗，而资源消耗与成本相联系，所以，项目进度计划并不仅仅是在空间、时间上对项目工作活动的组织安排，也决定着资源和成本的投入。在项目进度计划中，安排作业起止时间的目的包括：

（1）保证项目按期完成并投产，确保业主客户的投资回收。

（2）有计划进行资源和资金的投入，确保项目最终投入控制在批准预算内。

（3）确保资源的可用性和经济性，在编制计划的过程中要考虑作业对资源地占据情况，通过加载资源、分析资源的使用情况来分析计划的可执行性。在工作实际开展前，将所需资源投入到位，及时预测发现可能的

工作延误，通过有计划地进行资源投入或采取进度纠偏措施使工作按期开展，减少资源浪费。当资源的可投入情况与计划发生冲突时，要及时进行计划调整。

（4）检测实际进度和资源投入情况，为管理层平衡项目的进度、资源、费用，提供可供参考的量化数据。

（5）加强公司管理层对各总承包项目的统筹安排。预测在不同时间点上各项目对资源和资金的需求情况；根据项目特点，综合考虑公司资源和资金情况；赋予项目不同的优先级，统一安排分配资源和资金。

以上5个目的中，（1）是最为重要的，这是项目管理存在的最终意义。（2）（3）则其次重要，强调项目效益目标的关键性和进度目标保障的关键因素。（4）（5）则是（2）（3）的变种，分别强调项目上各项绩效指标应总体平衡，以及总承包方公司对不同项目投入应当统筹兼顾，符合公司的发展战略和经营状况。

因此，项目进度计划既要满足工期上的要求，同时项目资源、成本也是项目团队和计划管理人员需要考虑的重要因素。项目进度计划的编制，应当首先遵循时间满足、资源平衡、费用经济的原则，依据计划进行进度控制，最终目的是实现项目综合效益的最大化。在实际项目执行过程中，资源、资金并不是可以无限投入的。基于资源、资金这些制约因素，在进度计划被批准前，编制项目进度计划的过程必须反复进行，即时间估算、资源估算和费用估算过程交叉并行，从而在计划层面上，使项目在满足工期要求的前提下达到项目综合效益最大化。

好的开始是成功的一半，进度计划的编制就是一个工程项目初始阶段的最重要工作之一。进度控制的实质是使每项工作乃至项目整体能够按照计划日期有序开展。而工程项目实际进程中进度控制的效果，撇开不可抗力、外部条件、资源、资金等重要的制约因素外，进度计划的合理性和可操作性起着至关重要的作用。因此，对于总承包项目，合理、完备的项目进度计划能起到关键的引领作用，是实现时间满足、资源平衡、费用经济、项目综合效益最大化目标的基础。

二、满足安全质量要求的技术方案为基础编制原则

在工程项目中，安全、质量、进度三者密不可分：安全第一、质量为本、进度唯先。这三者是一个有机的整体，缺一不可。计划的编制要以合理

可行、安全可靠的技术方案为前提，以保证达到质量安全环保要求。

安全生产的目标是通过危险识别和管控来治理隐患及减少事故，是施工质量和进度计划能够顺利实现的保证。在HSE管理中最重要的海因里希法则（Heinrich’s Law），是由美国著名安全工程师海因里希（Herbert William Heinrich）提出的300：29：1法则。这个法则意为：当一个企业有300起隐患或违章，非常可能要发生29起轻伤或故障，同时很可能会有1起重伤、死亡事故。海因里希法则是美国人海因里希通过分析工伤事故的发生概率，为保险公司的经营提出的法则。这一法则完全可以用于企业的安全管理上，即在一件重大的事故背后有29件轻度的事故，还有300件潜在的隐患。海因里希法则的原理是基于事故因果连锁论，用以阐明导致伤亡事故的各种原因及与事故间的关系。该理论认为，伤亡事故的发生不是一个孤立的事件，尽管伤害可能在某个瞬间突然发生，但其往往是一系列事件相继发生的结果。即安全事故的发生的原因是：人的不安全行为、物的不安全状态的叠加。而任何一个成功的工程项目都不能接受重大安全事故的发生。为了避免人身、财产事故的发生，工程技术方案的编制首先应考虑安全问题，做到安全第一。通常，需要专门编制HSE方案，来贯彻国家的安全法律法规和公司HSE管理标准。

质量是工程价值的核心。一个工程项目，从可行性研究、设计采购、施工安装、试车投料到生产运营的全生命周期中，真正发挥其价值的阶段是生产运营。投入生产运营前的项目执行，是围绕构建工程价值的过程，也是保障工程质量的过程。没有质量的工程，是一个毫无价值的工程，甚至是一个高危工程，无论是在建设中还是交付使用后，都有可能危害到人身和财产安全。对待这些存在严重问题的工程，人们往往只能忍痛强制拆除，或是长期搁置，但无论哪种方式，都无法让其发挥应有的使用价值，造成对资源、资金的无谓浪费。

工程技术方案，作为项目质量安全要求的载体，对执行过程和最终项目成品极为重要。项目进度计划的编制，应以保障项目质量安全要求的技术方案为基础。

首先，项目进度计划中工作的具体实施方案，应当符合技术方案的有关规定，与相关质量安全要求保持一致。质量安全专业的程序文件、专项方案是依据国家有关法律法规的要求，围绕着公司和项目的质量、安全和环保目标来编制的。进度计划中具体工作的实施，无论是工序步骤、工作方法，还是其采取的质量标准、安全体系，都应当与技术方案一致。对EPC总承包项目，通常来说进度都非常紧张，进度计划中往往需要采取对作业的并行搭接来达到压缩工期的效果，但这种搭接需按照技术方案规定的工序步骤为前提，不能突破或违反技术方案中的规定。

其次，项目进度计划中的工作内容和作业周期，应与技术方案中的质量安全部分内容相符合。在编制项目进度计划过程中，必须考虑质量安全措施的准备时间、必要的质量安全检查点。此外，采购、施工作业的周期，需要注意质量检验所需的时间。例如，混凝土的养护、关键设备出厂前的检验及调试等。

另外，完成每项作业的环境也必须满足其技术要求。超负荷加班，条件不具备的施工（例如夜间照明不够、雨天防护欠缺、冬季保暖不足等）都必须严格禁止。

最后，项目进度计划中落实到工作上的资源，应满足技术方案的具体要求。为确保达到工程的质量安全目标，技术方案中对具体工作或作业需投入的人力、机具规格数量有一定的规定，并经过一定严谨细致的认证，作为基本的要求，这是计划专业人员在编制进度计划时需要考虑的。

三、工作分解全面细致、一体化系统协调原则

工作分解结构——WBS是工程项目管理的基础。创建WBS，是将项目可交付成果分解为较小的、更易于管理的组件。WBS最底层的基本单元，被称为工作包，这是项目识别进度、费用、安全、质量、风险等管理内容的基础，也是项目各方面目标分解的前提。WBS有两个分解要素，一是底层工作包，决定了项目工作的完整性，避免由于计划内容缺失导致对项目进度的影响；二是工作包向上的层级结构，决定了工作包的分类归属，为计划作业的衔接提供指导。

项目WBS的分解，既要考虑项目本身特点，也要从设计、采购、施工、试车各阶段工作特性出发。EPC总承包方，可利用项目前一阶段的设计文件作为输入信息，结合设计、采购、施工各阶段的客观过程，创建符合项目总体计划需要的WBS。

与WBS工作分解结构划分原则相匹配，EPC总承包项目进度计划的结构、幅度和深度应当符合对最小可控单元定期监控的原则。由于EPC总承包商项目往往参与单位众多，各单位涉及领域不同且项目管理水平或有差异，由此导致各自编制的计划主观性较强，最终会降低全项目整体计划的可实施性，甚至可能带来各家单位各拿各的计划，从而出现缺乏整体性、协调性的

混乱失控情况。因此，EPC总承包商在项目启动前应明确制定统一的计划结构，为各参与单位深入编制各自工作范围的进度计划提供指导。EPC总承包项目的计划结构以WBS工作分解结构为基础，在扩展分解的过程中，应参考项目阶段、工作范围、参与专业的分类。

典型的石化/炼油项目用于计划的WBS结构如图4-1所示。

项目计划体系的覆盖应该是全面的。从广义上讲，项目所有的工作都应涵盖到项目进度计划之中，并能够通过项目计划体系进行监控。因此，在项目进度计划编制过程中，需要满足全面细致的原则。WBS工作分解结构具有全局性和全面性的特征，即项目所有工作都必须包含在WBS工作分解结构下的工作包中，且每一项工作只被唯一的工作包所涵盖。因此，项目进度计划应以WBS工作分解结构为基础编制，并向下深化扩展，使计划达到全面细致的要求。

无论对业主，还是对总承包方来说，计划进度控制都应满足一体化系统协调的原则。作为项目管理体系的一部分，项目计划体系应该是一体化的，根据项目进度计划分级管理的原则，处于底层的分散计划和进度信息，通过项目信息系统和项目计划体系向上汇总整合到项目总体计划中，并在项目管理层内部统一发布，项目管理人员根据实际进度的反馈，分析决策，协调采取相应的进度控制措施，又通过一体化的项目计划体系，把指令体现在各级计划中，逐层传达到项目执行层和作业层，确保进度目标受控。

四、分级编制原则

对项目管理团队，通过一体化协调的原则，由下而上进行集成化、统一化的计划控制与管理是十分必要的。但是对整个项目团队而言，计划进度管理和控制却是通过由上而下的分级管理来实施的。EPC总承包项目，往往参与单位众多，涉及设计、采购、施工、试车各个阶段，同时在各参建方下还有非常多的专业，涵盖工艺、成套设备、动静设备、结构、管道、电气、仪表等。由于各方各专业工作特点、专业领域和水平不同，一份单一的进度计划，难以满足进度控制的需要。这就要求项目管理团队在计划控制与管理中采取分级编制的原则，通过建立项目计划体系来实施项目进度控制。

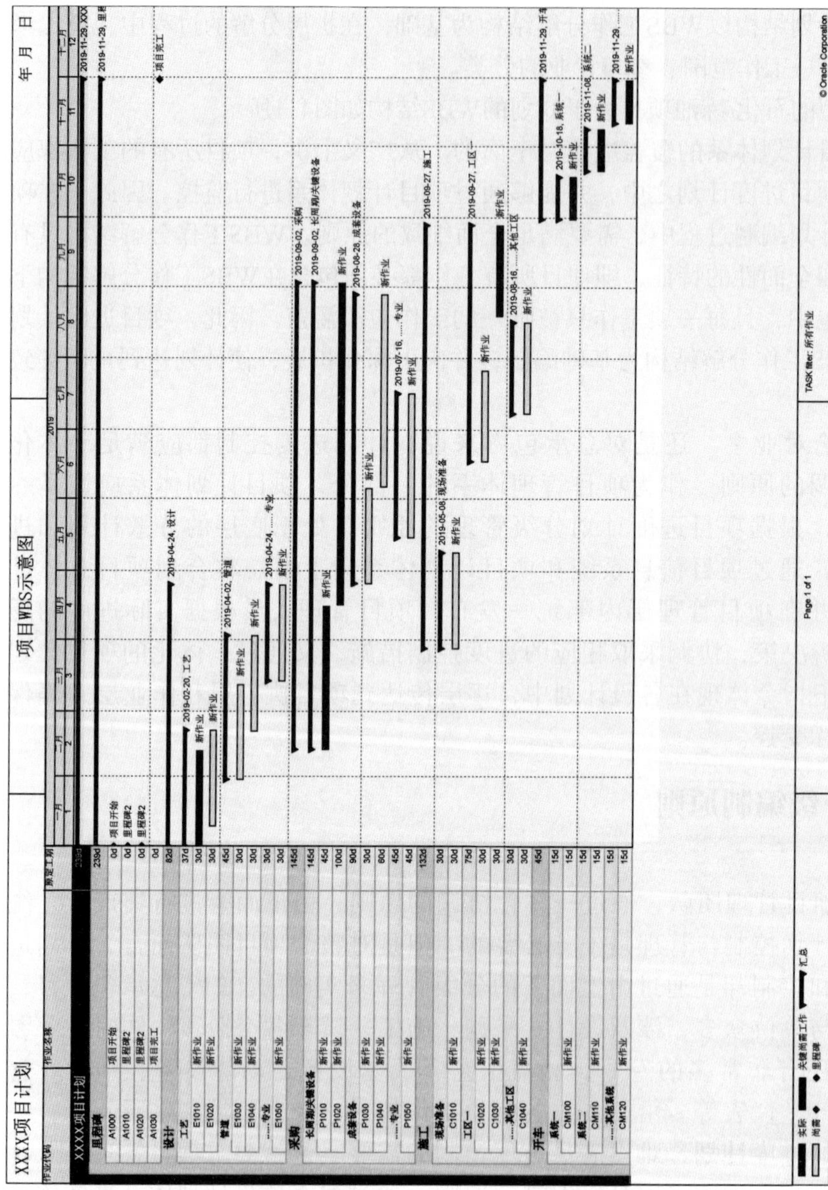

图4-1 典型石油石化项目WBS（简图）

项目计划体系围绕项目的进度目标来建立，由计划的体系、层次和内容组成。项目总体进度目标，依据WBS工作分解结构和通过项目计划体系分解为不同级别的具体进度目标。总体进度目标是构建具体进度目标的前提，具体进度目标是实现总体进度目标的保障。项目计划体系根据项目团队中不同的项目管理人员和不同层次的用户需要掌握的项目信息来确定。在EPC总承包项目管理中，一般含有四个层次的计划数据用户，分别是：决策层、管理层、执行层和作业层。针对这四个层次的计划数据用户，可以把EPC总承包项目的项目计划体系分为四个层级：

（1）一级计划，即里程碑计划。

（2）二级计划，即总体进度计划。

（3）三级计划，即详细进度计划。

（4）四级计划，即专业详细进度计划。

一级计划用于描述项目各阶段以及关键里程碑的时间安排，二级计划既是对一级总体统筹计划的进一步展开和确认，同时又是对三级执行计划的指导，四级计划是通过更具体的工作进度控制来确保三级计划的实现。计划分级体系如图4-2所示。

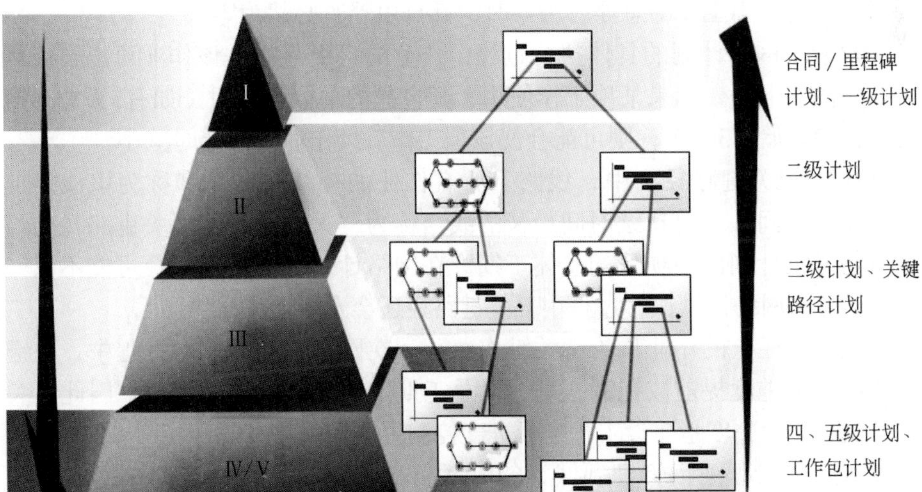

图4-2　计划分级体系

项目各级计划在具体编制过程中要坚持下一级计划保障上一级计划的原

则。计划的编制程序及流程将在本章第三节详细介绍。

五、CPM关键路径原则

CPM关键路径法应用的前提是在项目中创建网络计划图，网络计划图又分为双代号网络图（又名节点式网络图AON，Activity on Node）和单代号网络图（又名箭线式网络图AOA，Activity on Arrow）两种表现方式。项目工作的作业在网络图中被箭线或节点表示，并赋予所需工期，任务彼此相连构成了项目中的线路，作业彼此间的逻辑关系在网络图中体现出来。在网络计划图中，两项作业彼此直接连接，作业A完成后才能开始作业B，那么作业A是作业B的紧前作业，作业B是作业A的紧后作业。

通常，根据各项作业之间的关系，作业计划可以通过最早开始时间、最晚开始时间、最早结束时间、最晚结束时间、总浮时、自由浮时等六项进度参数来描述。通过网络图，各个作业的六项参数都可以计算出来，具体定义、表达和计算方式，详见第三章第一节项目进度计划的基本原理和方法，此处不再赘述。

从总浮时和自由浮时的定义可知，对于同一项作业而言，自由浮时不会超过总浮时。当工作的总浮时为零时，其自由浮时必然为零。

对应于网络计划的具体执行过程，作业的自由浮时是该作业可以自由利用的时间。但是，如果某项工作使用了其自身的部分总浮时（如有5天总浮时的工作晚开始的3天），则可能会使该项工作后续作业的总浮时减小。

在CPM关键路径法中，线路上所有作业的持续时间总和称为该线路的“总持续时间”。总持续时间最长的线路称为“关键路径”。关键路径的长度就是网络计划图中项目的总体工期。在网络计划中，关键路径可能不只一条。而且在网络计划执行过程中，关键路径还会发生转移。

关键路径上的作业称为“关键作业”。在网络计划的实施过程中，关键作业的实际进度提前或拖后，均会对总工期产生或利或弊的影响。因此，关键作业的实际进度是建设工程项目进度控制工作中的重点。

在当今工程项目管理领域，CPM关键路径法是用于进度控制的基本方法。编制完成的网络计划，可以在确定项目开始时间和整体工期的条件下，通过CPM关键路径法得到该计划的关键路径。首先，确定计划中每项任务的最早开始时间和最早结束时间、最晚开始时间和最晚结束时间，以及总浮时。然后，可通过以下标准之一确定关键路径：

（1）在一条路径中，每项作业的总浮时都是零，这条路径就是关键路径。

（2）在一条路径中，每项作业的时间之和等于项目总工期，这条路径就是关键路径。

因此，采取CPM关键路径法来编制进度计划，是实施有效进度管理与控制的基本原则。要采用网络计划的形式来管理项目进度计划，应将不同层级的进度目标分解到各个可控可测量的作业。还要确定各个作业在合理资源和工效基础上的工期，以及相关作业间彼此的逻辑关系。基于这些因素和条件，才能充分利用和发挥项目进度计划的计划、优化、预测、分析、控制功能。项目管理人员才能了解整个计划，进而能有效地组织和控制项目工作的执行。

除了CPM关键路径法，还有PERT（Program Evaluation and Review Technique）计划评审法和CCM（Critical Chain Method）关键链法。

PERT计划评审法是1958年洛克希德马丁公司和美国军方在研制北极星导弹项目中提出的。基于PERT计划评审法，项目中各个作业的逻辑关系是确定的，但每项作业的工期变数较大，根据概率分布在一定的区间范围。利用PERT计划评审法计算网络计划的总体工期，是一系列非常复杂的运算过程，需要依靠计算机信息化系统，将各作业的概率/工期分布，叠加汇总到一起，最后运算得出的总工期结果，也是按一定概率分布在一个确定的范围中。

CCM关键链法出现于1997年，由高德拉特博士将约束理论运用于项目管理领域得出。关键链法相对于传统的进度管理方法创新之处，在于充分考虑了约束因素对于项目的影响，并提出应合理地分配安全时间。此外，关键链法的出现对于解决传统计划管理方法所面临的“学生综合征”（在目标截止日期前几天才开始干活）和“帕金森定律”（即便可以早完成工作也要故意拖到截止日期才报告）所带来的阻碍也起到了积极的作用。该方法通过设置缓冲时间并分解到各项作业中去，来提高项目进度目标的可行性。利用关键链上不同作业缓冲的正负多少，来平衡进度不确定性所带来的波动。通过缓冲来保护关键链上相关任务所需时间的方式，就有可能预测项目的时间长度，而且确定性相当高。

由于应用难度大并且较复杂，PERT计划评审法和CCM关键链法在国内工程项目管理领域应用并不多。但在应用传统CPM关键路径法实施项目进度管控的过程中，也可以参考另外两种方法的原理进行一些辅助分析，从而帮助项目管理人员对计划进度状态有更全面的认识了解。

六、标准化与差异化相结合原则

进度计划编制，需要考虑标准化与差异化相结合的原则。对于总承包商而言，没有两个项目是完全相同的，即便是同一规模的相同装置，因为项目所在地点、气候环境、地理条件、生产原料、工艺路线、业主要求等诸多因素的不同，建成装置成品和建设过程会在各方面有诸多差异。计划控制管理人员既要考虑到这种绝对而客观存在的差异，也要注意利用已有项目计划经验作为参考。可以在标准化模板对照文件基础上，依据项目自身特点和数据信息，采取裁剪的方式编制项目进度计划。这样能够提高工作效率，从而使计划管理人员有更多的时间精力与项目团队人员进行交流沟通。

进度计划编制的标准化体现在软件系统配置、工作内容和作业流程上，主要包括以下几点。

（1）软件系统周边环境设置。以P6为例，作业码编制规则、工作日历、所需加载资源、带有过滤筛选功能的视图、资源曲线图都可设置为标准，在不同项目中继承使用。

（2）工作内容标准化。与WBS具有可继承性标准化一样，进度计划中的作业内容可以从以往类似项目进度计划中复制裁剪，需要明确工作范围是否匹配，来确定复制内容的级别和范畴。以聚丙烯装置为例，在确定专利商、装置范围、规模、总图布置后，即可查找以往类似的计划进行复制，一些特征，如规模、总图布置，并不要求精确一致，可在复制后，再根据项目特征调整完善。

（3）作业流程标准化。项目中绝大部分作业的流程都是相对固定的，可以按照一系列逻辑关系和标准作业来组织的。例如设备的采购，都要经过“询价文件准备—询价—评标—合同签订—图纸评阅—主材到场—出厂检验—离岸港发货—抵达到岸港—抵达现场”或相似的过程。因为项目中几大部分作业都属于这种标准化流程，复制裁剪标准化的作业，可以极大地提高编制进度计划的效率。编制的主要工作就是修改作业描述、输入工期、连接固定作业流程中第一项和最后一项作业与其他相关工作的逻辑关系。

进度计划编制的差异化则需要计划编制者通过综合对项目自身特性、外部条件的了解，根据个人工程经验，以及与项目内外部方方面面沟通协调的信息有效的组织进计划之中。

此外，应注意对项目工作经验的积累总结，在项目接近尾声时，要注意做好进度计划、报告、数据报表的存档工作，把重要的计划文件、计划信息有组织地存储在信息系统中，方便以后的使用。积累以往的知识经验，重视已完项目的知识管理，加强知识库、数据库的建设，可以为公司、项目创造不可估量的价值，也可以提高计划管理人员的工作效率、工作水平，给总承包商企业在投标报价及项目执行上都带来巨大的帮助。

七、计算机信息化 / 互联网 + 原则

进度计划的编制过程，应满足计算机信息化/互联网+原则。大型EPC总承包项目工作内容多且复杂，往往进度计划的作业数量就达到几千甚至上万条。在计算机普及之前，用纸媒体手绘编制和应用网络计划来实施进度控制，按照当时的工具水平和处理能力，是不可能实现的。而现在，拥有高效运算能力和存储功能的计算机非常普及，安装并应用P6、MS Project或其他进度软件系统来编制进度计划和进行进度控制，极大地提高了项目管理水平，也改进了项目执行效果。可以说，计算机的普及和进步，是推动进度控制与管理发展的决定因素。

以较为主流的P6软件为例，可以实现编码设定、日历设置、计划编制、进度计算、任务下达、查询分析、报表编制等多个进度管控功能，为项目进度管理提供了技术性支持，对完成合同工期目标控制起到了关键性作用。更重要的是，EPC总承包商搭建完善的通信网络，应用P6软件平台网络版，在一个局域网和广义局域网间进行数据传递共享，实现了多地点多人协同编制、更新计划的功能。业主、分包单位也可以通过Web、远程虚拟桌面登录等方式来访问平台，了解项目进展，分析预测项目前景。从而及时发现问题，有的放矢地实施管控手段，以更有效的实现进度目标。

八、表达形式多样化原则

编制不同项目、不同阶段、不同层级的计划可以用不同的方法或软件，形成不一样的进度计划。进度计划的成品可以是简单到只由若干条文字罗列的里程碑描述（最高层级的计划），可以是集成了大量信息的以作业活动描述与横道相结合的甘特图，也可以是数据表与曲线相关联的系列图表。但总的宗旨是相同的，即成品计划要一方面满足业主及项目的要求，同时也要有充分的指导执行的可操作性、发现问题的可追溯性、进度控制的可测量性。

第二节　项目进度计划的分类与分级

一、进度计划的分级分类结构图

为满足EPC总承包项目中各参与方及不同层级用户的管控需要，进度计划采取分级编制的原则，项目进度计划通常分为四个层级。事实上，根据应用范围、功能，在层级之下，进度计划还分为若干不同的类型。具体划分情况请见表4-1。

表 4-1　计划分级分类结构表

计划级别	计划描述	项目整体	设计	采购	施工	试车
一级	里程碑计划	●				
二级	总体进度计划	●				
三级	详细进度计划	●				
四级	专业详细计划		●	●	●	●
四级	设计协作表		●			
四级	90 天计划	●				
四级	分包商工作计划		●		●	●
四级	施工机具动迁计划				●	
四级	人力资源计划 *	●				
五级	交付物计划		●	●	●	●

1. 一级计划

项目一级计划，即里程碑计划，是项目计划中的最高层级，主要用于与利益相关方和上层管理人员沟通，亦使项目参与人员对于项目主体进度要求一目了然。一级计划在项目投标和定义研究阶段开始编制，通常以市场部门为主导，其他技术、管理专业配合完成，作为投标和研究工作的最终交付物，一级计划在这些阶段的末尾完成编制。在编制完成更低层级的计划后，一级计划通过低层级计划汇总来获得，不再独立编制。

2. 二级计划

二级计划，即总体进度计划，是在一级计划的指导下，以项目下各个单项工程（单元）为单位进行编制的，用以描述各单项工程内的重要里程碑和设计、采购、施工等阶段的计划安排。

二级计划在项目投标、定义研究阶段、启动阶段开始编制，通常以市场部门（投标、定义研究阶段）或项目经理（启动阶段）为主导，其他技术、管理专业配合完成，作为投标、研究、启动阶段工作的交付物，二级计划在对应阶段的末尾完成编制。在编制完成更低层级的计划后，二级计划通过汇总低层级计划来获得，不再独立安排编制。

3. 三级计划

项目三级计划是项目的详细进度计划，是在二级计划的框架之下，根据各阶段主要工作内容以及工作任务分解（WBS）中的工作包、合理周期和逻辑关系编制出可操作的进度安排。三级计划是建立项目进度基准、控制项目进度的主要依据。该计划的基础是项目二级计划。三级计划一般在项目启动后开始编制，通常在2～3个月内完成三级计划基准来指导项目执行。三级计划用于指导以下层级计划的编制，但是随着项目执行不断深入的过程，对与进度计划的调整与变更，将按照四级、五级计划、三级计划的次序来操作。

关键路径将反映在“详细进度计划”中，使项目管理者对所有关键路径上的活动做到重点关注、心中有数，并在项目的执行过程中抓住重点、控制全面，确保项目按计划正常运行。

4. 四级计划

项目四级计划是各专业负责人用来指导本专业详细工作的进度计划，是建立项目进度基准、进度测量及控制项目进度的主要依据，其表现形式通常为Excel表格和相应的S曲线，即进度曲线。

通常，项目四级计划是指设计、采购、施工及试车各专业根据三级计划及本专业所有工作内容，以本专业的工作包/交付物为基本对象，做出的具体进度安排，并配置相关资源及费用。四级计划的基础是三级计划。作为三级计划的深化，四级计划中各项活动的时间周期不得超出其所从属的三级计划活动的时间框架。四级计划按照各阶段下的各个专业展开（包括设计、采购、施工及试车），根据三级计划及本专业所有工作内容，对本专业的日常工作活动做出具体的进度安排，并将资源及费用分配到进度计划中。四级计划包括但不限于：

（1）专业详细计划：按照设计、采购、施工、试车等各专业编制的详细进度计划。

（2）设计协作表：针对各工程单项，在项目设计阶段，为控制各专业间提交的设计输入条件而进行的进度安排。旨在保证各专业设计工作按时开展和完成，从而保证设计进度。

（3）90天计划：指在项目三级计划（详细进度计划）完成之前，计划安排好合同生效后前三个月各个方面的活动。该计划应细化到具体活动，其详细程度不应低于四级计划，该计划的主要作用是在项目三级计划编制期间，用于指导项目进度计划安排和进行进度控制，以使项目始终处于受控状态。

（4）分包商计划：在项目有分包工作的情况下，项目部将按照进度控制原则，要求设备材料供应商、分包商编制其所承担工作的进度计划。该计划不得超出项目前三级计划定义的时间范围，需经项目部批准之后，方可执行。同时项目部要指定人员监督、控制并报告分包商的工作进展情况。

（5）施工机具的动迁计划：根据项目三级计划的安排和对内外部条件的统筹考虑，对各类施工机具的数量、调遣和撤离时间做出具体安排。

（6）人力动员计划：项目为保障设计、采购、施工和试车各阶段的人力需求，在项目初期根据项目合同进度的要求，对整个项目周期的人力资源进行预测与安排。

5. 五级计划

项目五级计划指各阶段各专业要交付的文件、图纸、设备、材料及施工成品的进度安排，需要配置相关资源及费用，又称为交付物计划。鉴于四级计划、五级计划都以交付物作为监控检测对象，彼此之间差别不大，四级计划、五级计划通常作为统一的概念放到一起，专业负责人将其用于安排、组织和监控本专业工作。

二、各级各类计划特点和编制要求

1. 一级计划特点和编制要求

一级计划主要包括项目大的里程碑点，以及项目执行阶段的概括性活动。

一级计划采用里程碑形式，可用计划软件或Word或Excel编制，一般采用表格、横道图、网络示意图等方式输出。通常单装置EPC项目的一级计划控制在一张A4纸竖向排版，以旗帜表示项目总周期的开始和结束，以里程碑表示重要节点，以横道表示活动持续周期。不同项目的一级计划编制，可根据项目要求适当细化。

典型一级计划见本书附件1。

2. 二级计划特点和编制要求

二级计划，即项目总体计划，是一级计划的进一步细化，将一级计划中的关键活动进行拆分。根据项目组对项目执行的策划，充分考虑项目启动、设计、采购、施工安装、试车，以及分包等各阶段的工作内容和制约关系，确保项目计划和进度的可靠。

通常情况下，应把项目关键路径（根据经验明确的情况下）、关键工作、对施工进度影响比较大的图纸，长周期设备所在路径，关键施工活动所在路径，试车活动及外部关键节点包含在二级计划中。

二级计划中要对上述提到的关键设计图纸按类型分区域进行分解；对采购工作中的关键/长周期设备、大宗材料等进行分解；对施工可按区域、分专业进行分解，还应包括临设、大件吊装等重要活动。

二级计划应同时能体现其他关键活动。如工程许可、现场准入、环境许可及关键停工日期（冬休以及当地重大宗教活动、假期等）。如项目没有特殊要求，项目二级计划通常使用P6或微软的PROJECT软件完成，以横道图方式输出。EPC项目单装置的二级计划一般为1到2张A3纸横向排版内容。如果业主要求比较细致，作为高层级计划，二级计划也不应包含超过120条活动/日历年。关键路径上的所有活动要用明显区别于一般活动的颜色表示，通常表现为红色。

二级计划关键之处在于应体现出良好的逻辑性及尽量少的进度约束。由于还没有逻辑严谨的三级计划作为参考，二级计划的编制者必须根据经验并综合项目组各方人员的集体智慧，使计划具有充分的内在合理性，从而避免出现误导性的关键路径。

受作业、逻辑关系的详细程度制约，通常，二级计划不加载工作量、资源和费用。

二级计划应能过滤出项目里程碑计划用于高层级报告。典型二级计划参见本书附件2。

3. 三级计划特点和编制要求

三级计划是项目的控制级进度计划，是建立项目进度测量基准、进行项目进度控制的主要依据。该计划的所有控制节点须和二级计划保持一致。三级计划活动的工期不得与一级计划、二级计划活动所限定的时间范围冲突。

三级计划应包括一级计划、二级计划的所有控制节点，最低层级活动的深度限定在设计、采购、施工的各可测量、可控制的工作包。除个别限定的活动外，所有活动的起始时间都应该由上游活动的逻辑关系决定。

三级计划的编制由项目计划经理组织，设计经理、采购经理、施工经理密切配合，由计划工程师具体操作。针对编制完成的初版三级计划，项目经理要组织所有相关专业经理一起参加交叉评审。计划工程师根据审查意见进行必要的修改调整，项目经理批准后发业主审批。如业主提出改进要求，项目经理需在与业主充分沟通后再组织项目组内部协商，结合业主的意见对计划进行调整完善，直至获得业主的批准。获批后的三级计划将作为项目实施的基准进度计划。基准进度计划一旦批准发布，在未有新的合同变更情况下，除非获得业主批准，一般不进行变动。项目执行期间，三级进度计划根据项目要求按周期进行进度更新，将当前实际进度与基准计划进行对比，分析偏差产生的原因。如项目没有特殊要求，三级计划通常使用P6或PROJECT 软件编制，以横道图形式表示。根据项目内容、复杂程度和管控要求，EPC项目单装置的三级计划作业数量在几百至几千条都有可能。关键路径上的所有活动要用明显区别于一般活动的颜色表示。

根据项目需要，三级计划可加载工作量、资源、费用，形成“S”曲线，以供进行资源、费用方面的分析，并输出相关报告。

三级进度计划中的每项活动作业持续时间不宜过长，在编制的过程中可以考虑将周期较长的工作进行细化分解，以缩短每项作业的周期，从而达到好控可控的目的。

4. 四级计划、五级计划特点和编制要求

四级计划、五级计划属于专业详细进度计划，是在项目专业层级及以下，用于指导具体工作执行的进度计划，是建立项目进度基准、测量进度数据、控制项目进度的主要依据。通常，四级计划指设计、采购、施工及试车各专业根据三级计划及本专业所有工作内容，以本专业的交付物（工作包级别）为基本单元，做出具体的进度安排，并配置资源及费用；而五级计划，通常控制到最小的可交付项。例如设计的每张图纸，即所谓的图纸计划；采购的每台设备，每批散材，以及施工的每个最小安装单位。四级计划、五级计划的基础是项目三级计划。四级计划、五级计划由各专业负责人主编，由计划工程师和各专业经理审查并提出修改意见，项目经理批准后发布实施。

专业详细进度计划根据项目涵盖工作阶段包括：

（1）设计详细进度计划：设计文件状态表DSR。

（2）采购详细进度计划：采购状态表PSR。

（3）施工详细进度计划：施工状态表CSR。

（4）试车详细进度计划。

四级计划、五级计划通常可采用Excel编制。除此之外，总承包方也通常开发使用一些内部系统平台来编制和管理四级计划、五级计划。四级计划、五级计划一般采用报表、曲线图形式输出。计划中工作项的数量要大于对应的三级计划，根据项目特点和要求，可能会有几百条至上万条不等。

四级计划、五级计划需要加载工作量、资源、费用，并可生成“S”曲线，实现实际进度检测、进度预测、进度偏差分析等功能，并输出相关报告报表。

随着项目各阶段相关工作的启动、开展，四级计划、五级计划可能存在变化调整，但不应影响基准进度曲线和权重体系。在总承包项目中，设计、采购的四级计划、五级计划通常在三级计划批准后一个月内完成；施工、试车阶段的四级计划、五级计划，在主要工作开始前一个月以内完成。

第三节　EPC总承包项目进度计划编制工作程序和工作流程

一、编制项目计划的工作程序

编制进度计划是项目启动初期的一项重要工作。虽然整个项目的工作范围在签订合同时就已经确定，但在这个时间点，详细的工作内容和计划安排尚未明确，其中包括：

（1）组成工作范围的交付物、工作活动。

（2）负责完成各个具体工作内容的组织及个人。

（3）各项工作内容的计划安排，即开始、结束日期。

以上部分内容可能在合同计划中体现，但合同计划深度较浅，不足以作为EPC总承包项目指导工作开展的控制级计划。通过编制执行阶段的进度计划，项目工作内容和计划安排逐渐明晰。为了使进度计划合理准确，项目按期完工，EPC总承包项目计划编制工作需要按照一定的工作程序展开。国际先进的工程公司，都有专门的管理程序规定来描述进度计划工作程序和流程，并且通常这些程序是类似的，包括：确定计划要求、建立项目工作分解结构（WBS）、收集合同信息、确定关键因素、收集其他所需要的信息、确定项目日历、编制计划初稿、收集意见并调整计划、审批并调整计划、最终发布计划。

1. 确定计划要求

业主对计划制定的要求主要体现在以下几个方面：

（1）项目的总工期、各阶段工期、关键里程碑节点日期，这部分内容往往根据业主在招标前已经进行的研究工作得到，按照开工日期是否确定，可分为绝对工期（可提出具体的年月）和相对工期（以开工为零点，按照相对的年月来统计）。

（2）各类工作的定义，用于确定进度计划中各项工作、关键工作节点的定义，包括各类项目术语的含义。

（3）项目合同中关于进度计划和编制过程的规定要求，用于规定各级进度计划的定义、深度、编制方法、编制过程、更新周期、变更过程等，此外还包括PMC的管理要求。

（4）项目进度计划变更要求，包括合同内调整和合同变更两种，通常在主合同中有所规定。其中合同内调整是由于进度滞后提出的，不改变整体工期，常见形式是赶工要求、纠偏要求；而合同变更是在原工期已经不可能通过调整计划实现的情况下，对进度计划的变更，将作为合同变更的一部分。

2. 建立项目工作分解结构（WBS）

根据合同工作范围及项目的需求，由项目经理组织，设计经理协助，计划经理负责建立项目的WBS。WBS 建立后需获得项目经理及业主批准，作为计划编制的基础。根据项目需要，必要情况下建立WBS与OBS之间的关系。

3. 收集合同信息

在项目合同签订后，收集有关项目进度的要求和信息，包括合同范围内的所有工作内容、条件关系、大致工期、资源需求、项目及业主的要求等。

同时还要从项目经理处获得项目的报价文件和工作量、设计各专业的预算工时、设备材料的估算费用等信息。

对于一些不确定的因素，项目团队须提供风险分析报告、限制性条件及假设条件，以使计划更加合理可行。

业主及当地政府对项目的支持力度、施工现场的水文气象信息、当地的政治文化环境等许多外部条件也是计划编制时需要充分考虑的因素。

4. 确定关键因素

依据项目的一级、二级进度计划，确定进度计划中的关键因素。比如工艺包提交时间、关键设备MR 完成时间、关键设备的供货周期、施工现场移交时间、施工现场的气候条件等。

5. 收集其他所需要的信息

与设计经理及设计各专业负责人、采购经理、施工经理、项目经理沟通以获取具体编制三级计划过程中所需要的参考信息。如交付物清单、主项表、装置总图、设备一览表、采购长周期设备及MR 清单、全球化采购方案、施工分包计划、施工组织设计等技术文件。

6. 确定项目日历

三级计划是项目执行的控制计划，对所有活动的工期及起止时间都需要精确。而对于不同的项目，特别是涉外的 EPC 项目，在设计、采购、施工及试车的不同阶段，每周 / 每月的工作日、国内 / 国外的作息时间、不同国度的公共节假日都有所不同。所以，必须为项目制定几套不同的工作日历，以对应不同的工作阶段和地点。在编制计划的过程中，要给所有活动选择合适的日历。

7. 编制计划初稿

在二级计划和WBS 的框架下着手编制项目三级计划。所有活动的工期、活动间的逻辑关系都应建立在合理、严谨的基础之上，切忌只求形式、不顾内容的做法。编制的过程中需要与设计经理及设计各专业负责人、采购经理、施工经理、项目经理保持沟通，不断完善细节内容。

这一步形成整个进度计划超过80%的内容，但实际上决定进度计划的关键工作是在前面准备中完成，包括确定计划要求、建立WBS和收集输入信息。

编制计划初稿这步工作还可以向下分解成若干个子步骤。例如建立计划结构、编制作业描述、填入作业工期、连接作业间逻辑关系、加载作业日历、加载作业资源、进行进度计算、完善作业编号、完善作业分类码、编制保存作业视图、打印可浏览版计划。事实上，编制计划初稿这一步的工作，也会在调整计划、计划变更过程中出现，下文中会有提及。

8. 收集意见并调整计划

三级计划初版完成之后，要在项目内部收集意见。还要对关键路径上的所有活动进行认真的分析研究，权衡各方面的意见，进一步优化、调整计划。

对于大型EPC总承包类项目或公司重点项目，项目计划负责人应将优化、调整完成的初版项目三级计划提交计划控制部门，由计划控制部门负责从技术和风险的角度进行评审，并将部室评审意见返回项目部进一步完善项目三级计划。

9. 审批并调整计划

首先在项目部内部发布优化、调整好的计划，供项目经理审批。

对于EPC总承包项目，项目经理须组织设计、采购、施工、试车经理以及计划编制人员共同参加交叉审核会，以使各专业经理清晰了解为完成本专业的工作所需要的图纸、数据、文件、材料等输入条件及其合理的时间周期。如审核未能通过，收集各方意见，重复前述工作，直至各专业经理基本达成一致并由项目经理批准。批准后的计划根据项目人员组织结构提交业主/PMC 审批。如未能通过，则收集业主/PMC 意见，做出相应的调整完善。如意见有不合理的地方，应与业主/PMC 进行沟通，从而达成一致，直至获得批准。

10. 最终发布计划

三级计划获得业主/PMC 批准后，正式发布给各相关部门及人员，作为整个项目进度执行的指导，及更低层级计划的编制依据。

已发布的三级计划，就成为项目进度的基准，通常被称作基准计划（Baseline schedule）。在追踪项目进展、更新实际进度前，计划专业人员要注意将基准计划进行保存，用于在项目进展过程中，与项目当前实际进度进行对比，从而进行偏差分析及进度预测。

二、编制项目进度计划的工作流程

总体来说，编制项目各级进度计划的工作流程基本相同，主要过程如图4-3所示。

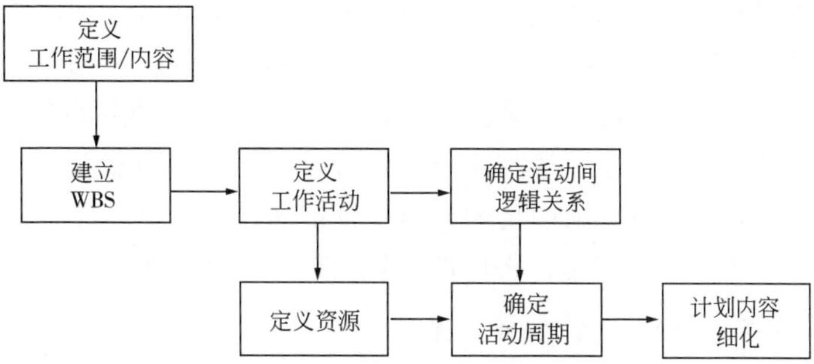

图4-3　项目进度计划编制基本流程图

第四节　EPC总承包项目进度计划编制准备工作

一、建立进度计划编制组织机构

在项目初期，由控制或计划经理主导，项目经理协调，基于已成立的项目团队，确定进度计划编制组织结构、角色、职责，以及项目进度计划编制工作流程，是进度计划编制准备工作的重要环节。

EPC总承包项目的进度计划体系包括不同层级的多类计划，计划编制组织结构的成员在各个计划中的角色、职责也不尽相同，其原则应与计划编制的分级原则相符。

1. 全员参与、共同编制、分工负责

EPC 总承包项目由业主、PMC、监理、总包商、分包商等各方协同工作来完成，其进度计划由总承包项目团队参考各参与方意见编制而成。进度目标是落实总承包企业与业主在项目合同上的承诺，通过编制项目进度计划，进度目标根据 WBS 工作分解结构，分解到独立简单的工作单元（工作项 / 工作包 / 工序步骤）上。与之相对应，项目参与组织根据 OBS 组织分解结构和分工，落实确认各自工作范围内的工作单元（工作项 / 工作包 / 工序步骤），参与计划编制时对分解的进度目标做出响应，确定能够按计划安排完成工作。在上述过程中，项目进度目标得到分解落实，完成计划编制工作后，项目团队按照计划实施合同范围内的工作，并对具体的进度目标负责。

项目团队中的具体负责人通过参与编制计划，可以发现项目执行的风险。在编制计划过程中，一定要避免单方编制计划的情况。虽然编制计划过程中涉及协调确认的工作较为烦琐复杂，但是仅依靠计划人员的经验，忽视与项目团队相关专业的协调沟通，将增加计划实现的风险，影响项目按期完成。

2. 高层级计划以计划人员为主

一级至三级的进度计划，属于EPC总承包项目整体集成计划，由计划人员为主进行编制、维护、跟踪和更新。

3. 低层级计划以专业人员为主

四级及以下级别的专业进度计划，属于具体阶段、专业的操作级计划，由具体负责人为主进行编制、维护、跟踪和更新，计划人员对其工作进行支持，并将该部分计划汇入项目计划进度统计工作范围，以此为基础进行进度计算和统计，生成进度曲线，进行进度偏差分析。

二、获取计划历史数据

为增强进度计划的可靠性，提高编制项目计划的效率，在编制计划工作开展前，应收集以往相关项目的数据作为参照。这些信息包括但不限于以下内容。

（1）以往同类或类似项目的进度计划，包括已更新的实际日期、实耗资源种类及数量、计划编制说明等。

（2）以往同类或类似项目的进度报表，包括关键节点日期、进度数据、工效数据、人力机具投入种类数量等。

（3）同类或类似项目建设地点的气候条件。

三、收集项目相关资料

1. 项目合同信息

在编制计划前，需要从项目团队内部，包括相关参与组织，收集项目相关资料，作为开展计划编制的基础。项目合同是编制计划最为重要的基础，通过研读项目合同、合同附件、会议纪要及其他具有法律效力的项目文件，可以获得以下资料信息。

（1）项目合同中关于合同工期的相关章节及条款。

（2）项目关于一级计划编制策略及特殊要求。

（3）总承包方与外部单位之间的工作界面。

（4）项目工作范围。

（5）项目的总工期。

（6）设计周期。

（7）长周期及超限设备采购周期。

（8）施工及试车周期。

（9）现场移交日期等关键控制节点。

2. 项目合同文件资料

除了项目合同文件，在项目执行期间，项目团队内各方还需提供各自过程或成品文件资料，作为计划输入条件。

（1）与项目管理团队相关的有（包括但不限于）：

①项目执行策略。

②项目执行计划。

③项目开工报告。

④文件控制程序规定。

⑤文件编号程序规定。

⑥文件版次与评阅程序规定。

（2）与设计团队相关的有（包括但不限于）：

①总平面布置图。

②设备一览表。

③设备布置图。

④设计文件清单。

⑤MR 清单。

⑥重要厂商文件和交货计划，包括指导施工的设备总装配图、材料表、安装指导书等图纸文件。

⑦材料表MTO。

⑧工程量清单BOQ。

（3）与采购团队相关的有（包括但不限于）：

①关键设备及长周期设备清单。

②关键设备及长周期设备的供货、运输周期。

③超限设备采购方案及其运输安排。

④关键材料（地管、工艺管道、钢结构）初步采购方案及采购周期。

⑤各设计专业提供的MR清单中，其他重要设备/材料的采购方案及周期。

（4）与施工团队相关的有（包括但不限于）：

①施工执行计划。

②施工重点、难点描述及建议措施。

③大型设备吊装初步安排。

④各主要施工阶段周期（临时设施、桩基、基础、地下管道、建构筑物、设备、工艺管道、电仪安装、预试车、试车等）。

⑤施工分包方案。

⑥各施工分包商的工作范围及初版的施工方案。

（5）与试车团队相关的有（包括但不限于）：

①试车工作所需要的联动试车以及公用工程各节点时间，如供电、供气、消防安全验收时间点等。

②试车初步方案。

3. 项目合同中计划专业的交付物

除上述文件资料，编制计划应收集的项目资料还包括计划专业的交付物，即上级进度计划、计划工作程序规定等。这些文件包括但不限于：

（1）已编制完成的上级进度计划。

（2）人力动员计划。

（3）施工机具动迁计划。

（4）项目进度控制程序。

（5）项目计划编制规定。

四、了解业主进度管理的有关要求

业主方是项目产品的最终用户，在项目大部分生命周期阶段，业主的意见和要求，是项目执行的基本遵循。作为指导和组织项目工作开展的进度计划，应在熟悉并了解业主计划制定有关要求后组织编制。在计划编制前，需深入准确地了解业主对于项目进度，特别是试车方面的要求，以此作为开展计划编制的基础。上文已经提到，项目合同作为最基本的项目资料，是编制计划最为重要的基础，除了合同以外，业主对计划制定要求也体现在项目招标文件及附件（ITB招标指导文件）、签订合同前的来往澄清文件、经业主审批的有关管理程序文件、执行过程中的重要信函和会议纪要等。业主对计划编制的要求主要体现在四个方面，具体可参见本章第三节关于“计划编制工作程序”。

五、编制项目计划及进度控制程序

项目计划及进度控制程序，也可称为项目计划控制管理计划，是项目管理控制策划及实施过程控制措施的一部分，是实现项目计划及进度控制目标的重要文件，也是实施项目计划及进度控制工作和活动所依据的指导性文件。项目计划规划的关键工作、活动和实施方案将是项目团队编制《项目管理策划/管理计划》《项目执行计划》以及《开工报告》中有关项目计划及进度控制内容部分的重要参考。计划规划将结合项目实际，对项目启动、设计、采购、施工、试车、询价招标、竣工结算、图纸归档等各个阶段的主要控制工作和活动进行梳理，对计划专业工作存在的风险进行辨识以及应对，做出满足项目计划及进度控制工作的实施方案。

项目计划及进度控制程序规划包括以下几个方面内容：

（1）项目概述，包含项目简述、工作范围、项目合同模式及相关内容。

（2）项目经验借鉴，描述以往类似项目经验，包括参考项目名称、借鉴内容、项目团队人员以往类似项目经验、需关注及改进的经验教训。

（3）项目管理，包含项目执行方式、项目关键里程碑进度计划、项目管理目标、项目管理团队对项目进度计划控制的要求。

（4）项目计划控制难点、重点与解决方案，包含项目计划控制特点、项目计划控制难点与重点、对难点重点的解决方案和考虑。

（5）项目计划控制风险，从设计、采购、施工、试车、费用、人力等各方面识别影响进度的风险因素，分析风险并制定风险应对措施。

（6）项目计划控制的关键活动和方案策划，规划项目计划控制工作范围及流程，提出适用于项目团队内外各方在进度控制中的角色。

（7）项目管理建议，借鉴以往项目经验和本项目实际，对项目管理团队提出有利于进度控制的建议，如加强促进计划输入条件深度、进度信息共享、分包满足计划要求、计划交底等。

第五节 EPC总承包项目工作分解结构（WBS）

创建项目工作分解结构WBS是把项目可交付成果和项目工作分解成较小的、更易于管理的单元的过程，这一过程的主要作用是，对所要交付的内容提供一个结构化、可视化的视图。WBS可采用提纲式、组织结构图或能说明层级结构的其他形式。

WBS是项目团队为实现项目目标、创建可交付成果而实施的针对全部工作范围的层级分解。WBS组织并定义了项目总范围，代表当前项目合同文件中定义规定的项目工作范围。WBS最底层的单元被称为工作包。工作包对相关工作进行归类，以便对工作进行进度安排和估算，开展监督与控制。在WBS工作分解结构这个词中，“工作”是指活动的可交付成果，而不是活动本身。

基于创建好的项目WBS，计划人员可以深化建立进度计划结构，并在各个底层工作单元下添加活动作业/工序，编制形成进度计划。

一、WBS工作分解结构制定原则

1. 结构合理、层次分明

在建立WBS工作分解结构前，应明确各个层级的定义和标准。单一装置EPC项目，其WBS最顶层是项目，下一级通常按设计、采购、施工、试车工作阶段划分。WBS应作为公司的知识经验存储在知识库中，故常常是以WBS模板为基础，为新的项目编制WBS，而在项目完成后，将项目使用的WBS归档到公司知识库中，形成组织过程资产，为后面的项目做储备。

2. 同层级内容关系并列、深度一致

典型EPC总承包项目的WBS通常按照以下层级划分：

（1）项目群（如需要）。

（2）项目。

（3）工作地点（国内/国外、总部/现场，如需要）。

（4）阶段。

（5）装置（区域）。

（6）专业。

（7）工段（根据工作范围）。

（8）系统/工作包。

根据不同特点项目的要求，WBS各层级的排序方式并不是统一的，还存在其他方式，比如还有项目—装置（区域）—阶段—工段—专业层级划分方式。利用Primavera P6计划软件分类码和作业分组功能，可以在进度计划中，体现不同层级排序方式的WBS。

（1）炼化工程EPC总承包项目典型WBS结构（以项目阶段划分），参见“第三章 进度管理的基本原理和方法 第一节”中图3-1。

（2）长输管道工程线路工程典型WBS结构（以项目阶段划分），如图4-4所示。

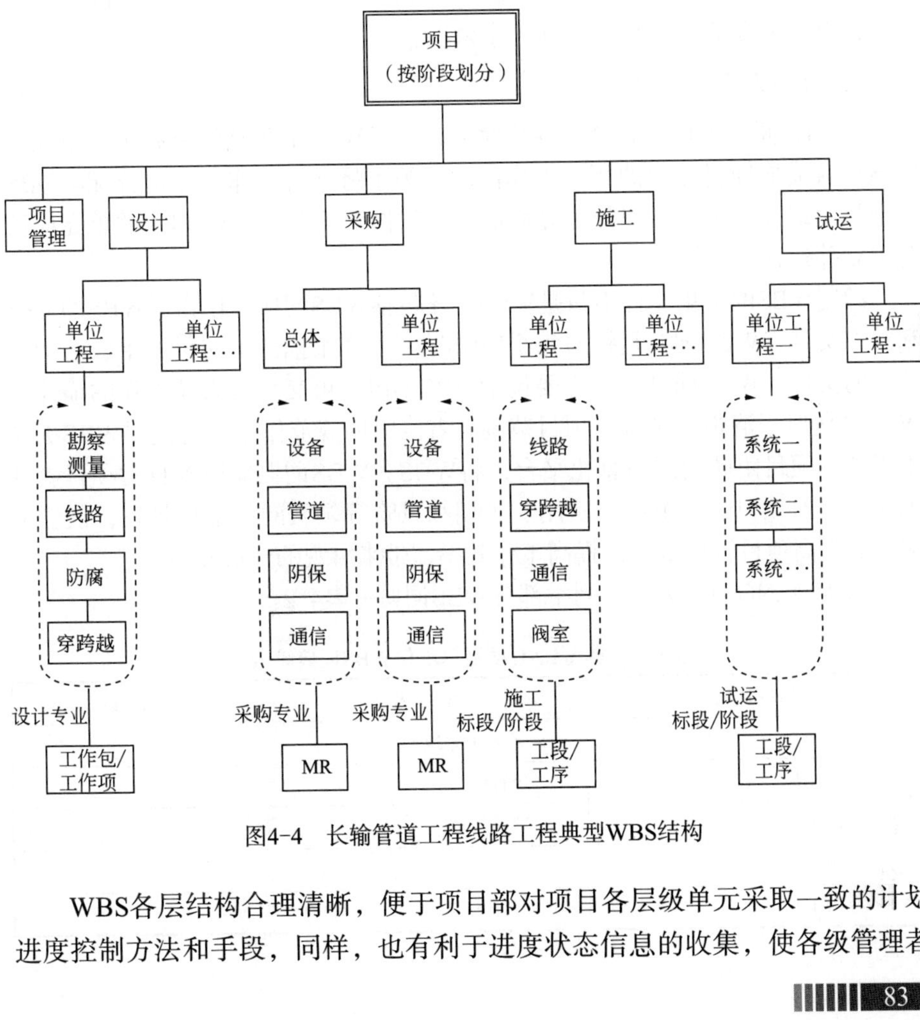

图4-4　长输管道工程线路工程典型WBS结构

WBS各层结构合理清晰，便于项目部对项目各层级单元采取一致的计划进度控制方法和手段，同样，也有利于进度状态信息的收集，使各级管理者依据权限，直观地查看和了解各自主要负责的不同层级的项目工作状态，以便分析采取有效的进度纠偏措施。

3. 涵盖工作内容全面

WBS是项目管理的重要组成部分及核心内容，是制定进度计划、资源需求、成本预算、风险管理、变更与索赔管理的重要基础。由于WBS不只是编制项目进度计划的基础，也是CBS费用分解结构的编制基础，同时还是应用OBS组织分解结构进行项目工作分工的依据。基于这个特性，WBS应该能够全面准确地描述项目所有的工作范围。为了确保WBS的全面性，需要按照项目合同文件（包括附属的技术文件），从工艺系统、物理界区、功能特性、质量安全要求等多个方面来考虑编制项目WBS，并以项目工作范围作为标准，检查WBS是否有缺项、漏项、多余项。

4. 活动无重复

与WBS涵盖工作内容全面性相对应，项目WBS下包括的所有工作单元，应该包含完成项目需要的所有工作活动。为了将项目工作有序地分配给OBS的项目组织及人员，实现分工界面清晰、工作管控有效，WBS中的单元应彼此独立并列且无重复。

编制WBS的成果文件不只是WBS，还包括WBS词典。作为对WBS的支持和补充文件，WBS词典是针对每个WBS单元，详细描述可交付成果、活动和信息的文件。WBS词典内容主要包括WBS编码、可交付成果及工作的描述。WBS词典对于清晰定义解释项目范围有着巨大的规范作用，它使得WBS更易于理解。项目团队利用信息化平台，将WBS和WBS词典应用到日常项目管理工作中，对项目进行范围、费用、工期和风险等领域的精细化管理，能够从多方面提高项目管理水平，提高工作效率，带来可观的经济收益。

以典型LNG项目为例，列举部分WBS词典见表4-2。

表4-2　典型LNG项目总承包WBS词典略表

WBS 代码	WBS 名称	备注
L3.EE1	××× LNG 项目	
L3.EE1.1	里程碑	
L3.EE1.2	项目管理	
……	……	
L3.EE1.3	设计	

续表

WBS 代码	WBS 名称	备注
L3.EE1.3.1	详细设计	
L3.EE1.3.1.1	LNG 罐区	
L3.EE1.3.1.1.1	工艺	
L3.EE1.3.1.1.2	管道	
L3.EE1.3.1.1.3	结构	
……	……	
L3.EE1.3.1.2	接收站	
L3.EE1.3.1.2.1	站场	
L3.EE1.3.1.2.2	建筑物	
……	……	
L3.EE1.4	采购	
L3.EE1.4.1	LNG 罐区	
L3.EE1.4.1.1	预应力	
L3.EE1.4.1.2	内罐材料	
L3.EE1.4.1.2.1	9%Ni 板	
L3.EE1.4.1.2.2	吊顶铝板	
……	……	
L3.EE1.4.1.3	罐绝热材料	
L3.EE1.4.1.3.1	泡沫玻璃	
L3.EE1.4.1.3.2	膨胀珍珠岩	
……	……	
L3.EE1.4.1.4	罐其他材料……	
L3.EE1.4.2	接收站	
L3.EE1.4.2.1	机泵	
L3.EE1.4.2.1.1	BOG 压缩机	
L3.EE1.4.2.1.2	空气压缩机	
L3.EE1.4.2.1.3	海水泵	
……	……	
L3.EE1.4.2.2	成套设备	
L3.EE1.4.2.2.1	海水过滤器	

续表

WBS 代码	WBS 名称	备注
L3.EE1.4.2.2.2	海水加氯装置	
……	……	
L3.EE1.4.2.3	仪表	
L3.EE1.4.2.3.1	DCS 集散控制系统	
L3.EE1.4.2.3.2	SIS 安全仪表系统	
……	……	
L3.EE1.5	施工	
L3.EE1.5.1	LNG 罐区	
L3.EE1.5.1.0	桩	
L3.EE1.5.1.1	T−1201 储罐	
L3.EE1.5.1.1.1	桩基	
L3.EE1.5.1.1.2	承台	
L3.EE1.5.1.1.3	罐体	
……	……	
L3.EE1.5.1.2	T−1202 储罐	
L3.EE1.5.1.2.1	桩基	
L3.EE1.5.1.2.2	承台	
L3.EE1.5.1.2.3	罐体	
……	……	
L3.EE1.5.2	接收站	
L3.EE1.5.2.0	地基处理	
L3.EE1.5.2.0.1	地基处理	
L3.EE1.5.2.1	全厂性工程	
L3.EE1.5.2.1.1	土建构筑物	
L3.EE1.5.2.2	工艺生产装置	
……	……	

以典型长输管道工程线路工程为例，列举部分WBS词典见表4-3。

表4-3　典型长输管道工程总承包WBS词典略表

WBS 代码	WBS 名称	备注
×××PL	××× 管道项目	
PL1	里程碑	
PL2	项目管理	
……	……	
PL3	设计	
PL3.1	线路工程	
PL3.1.1	某标段线路工程施工图设计	
PL3.1.1.1	勘察测量	
PL3.1.1.2	线路	
PL3.1.1.3	穿跨越	
PL3.1.1.4	防腐	
PL3.1.1.5	通信	
PL3.1.1.6	土建	水工保护、水土保持、伴行路等
……	……	
PL3.1.2	某标段线路工程阀室施工图设计	
PL3.1.2.1	总图	
PL3.1.2.2	机械	
PL3.1.2.3	工艺	
PL3.1.2.4	防腐	
PL3.1.2.5	电力	
PL3.1.2.6	通信	
PL3.1.2.7	仪表	
……	……	
PL4	采购	
PL4.1	某标段采购（或整体工程）	
PL4.1.1	设备	
PL4.1.2	管道	
PL4.1.3	阴保材料	
PL4.1.4	光缆	
PL4.1.5	三桩	
……	……	

续表

WBS 代码	WBS 名称	备注
PL5	线路施工	
PL5.1	某标段一般线路工程	
PL5.1.1	征地外协	
PL5.1.1.1	×× 段征地协调	
……	……	
PL5.1.1.2	通过权办理	
PL5.1.1.2.1	河流通过权	
PL5.1.1.2.2	铁路通过权	
PL5.1.1.2.3	公路通过权	
……	……	
PL5.1.2	管道安装	
……	……	
PL5.1.3	×× 段吹扫、试压、干燥	
……	……	
PL5.2	光缆施工	
PL5.2.1	×× 段光缆施工	
……	……	
PL5.3	大中型穿跨越工程	
PL5.3.1	定向钻穿越施工	
……	……	
PL5.3.2	盾构穿越施工	
……	……	
PL5.3.3	跨越工程施工	
……	……	
PL5.3.4	顶管穿越施工	
……	……	
PL5.3.5	大开挖穿越施工	
……	……	
PL5.4	阀室施工	
PL5.4.1	×× 阀室施工	

续表

WBS 代码	WBS 名称	备注
PL5.4.1.1	土建工程	
PL5.4.1.2	工艺安装	
PL5.4.1.3	电气仪表	
PL5.4.1.4	通信施工	
PL5.4.1.5	总图工程	
PL5.4.1.6	外电工程	
PL6	试运保驾	

结合WBS词典、CBS和OBS，可以对WBS下各个工作单元的完整性和重复性进行有效检查，避免可能发生的工作单元与工作活动之间“多对一”“一对多”“多对多”的问题，降低分工不明及分工重复的风险。

二、WBS工作分解结构制定方法

创建WBS的过程，就是把项目由上向下，按照一定的结构方法，将项目工作逐层分解为最基本的工作包。以WBS中某一工作单元为例，通过确认其下一层所有单元是完成这一工作单元相应可交付成果的必要且充分的工作，来核实分解的正确性。不同的可交付成果可以分解到不同的层次。某些可交付成果只需分解到下一层，即可达到工作包的层次，而另一些则可能需要分解更多层。工作分解得越细致，对工作的计划、管理和控制就越有力。但是，过细的工作分解会造成项目管理人力和资源的过度耗费，使资源使用效率低下、工作实施效率降低。同时，也会造成WBS各层级的数据汇总困难。因此，在编制WBS之前，需要权衡项目规模、投入成本、应用系统集成程度、项目团队能力和公司运行体系支持等多方面因素。应用适宜的WBS，在此基础上建立的进度计划才能有效地发挥进度管控功能，实现投入和产出效果的平衡。

完成项目WBS的分解和编制，应满足以下要求：

（1）工作分解结WBS必须获得项目经理/业主（或其代表）批准才有效。

（2）工作分解结构WBS是设计、采购及施工及试车的实施的基础，是文件控制、费用控制的依据。

（3）工作分解结构WBS必须考虑以下目标：促进项目各专业之间的沟通

联系，将工作活动与资源进行关联，将项目复杂的工作活动分解为可管理的单元，涵盖所有项目执行的交付物。

（4）工作分解结构WBS的设置应考虑到费用控制要求，在编制过程中要根据与业主之间请款的要求，进行项目里程碑点、项目执行阶段、项目装置及工区等的划分工作。要包含与请款相关的里程碑点、设计主要交付物、采购以及土建施工、设备管道安装等主要活动。

（5）确保编制的工作分解结构WBS让项目部团队理解及接受，并应用到进度计划、费用估算、费用控制以及文件控制（文件编号）等工作中。

三、典型工作分解结构

1. 设计工作分解结构

设计工作典型WBS结构参图4-5，该WBS采取树形图形式。根据上文对WBS分层结构的定义，由于设计工作是以交付物为基本单元，所以设计工作整体WBS结构的划分也是基于交付物的分类来逐层分解。图4-5实例是以多装

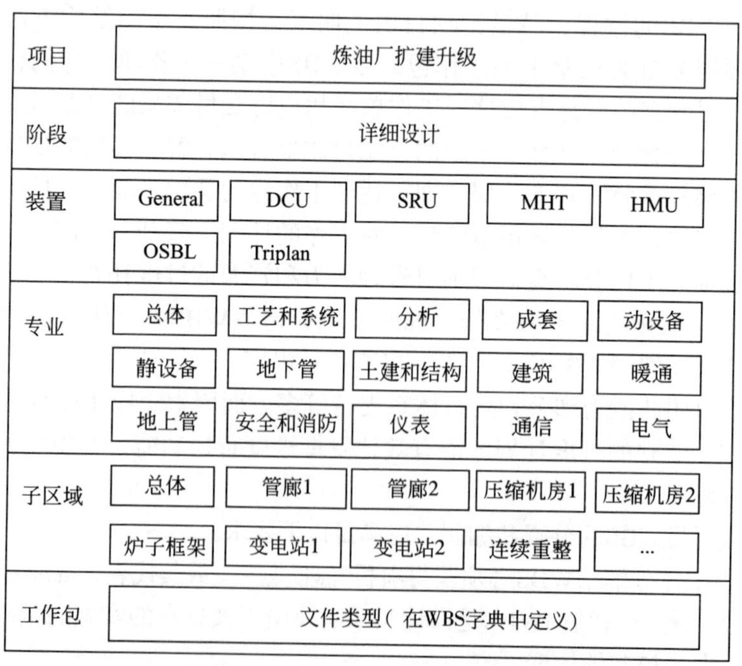

图 4-5　详细设计工作典型 WBS 结构

置炼厂升级改扩建项目的详细设计工作为对象，因此在项目下一层直接对应详细设计阶段作为第二层，往下按照单元—专业—工段—工作包划分。受树形图篇幅限制，从单元Unit层级开始，层中的每个对象单元下包含下一层级的哪些对象、设计图纸类型并未完全描述出来。这些内容都可通过WBS词典或交付物清单来进行全面而完整地定义。

需要注意的是，根据项目工作特点，WBS结构中的层级要根据实际情况进行一些增加细节的处理即补充完善工作。例如，部分EPC项目启动较早，最早可能从工艺包PDP设计开始，这样设计工作将包括工艺包、初步设计、详细设计多个子阶段，需要在WBS层级中，阶段级别下设置子阶段。

2. 采购工作分解结构

采购工作典型WBS结构可参考图4-6。该WBS采用了树形图形式。根据上文对WBS分层结构的定义，由于采购工作是以采购包为基本单元，考虑到采购工作的管理特点（在签订采购合同前按询价包MR来管理，签订后按照采购订单PO来管理），所以采购工作整体WBS结构的划分也是基于询价包MR或采购合同PO分类来逐层分解。图4-6的WBS结构实例是以多装置炼厂升级

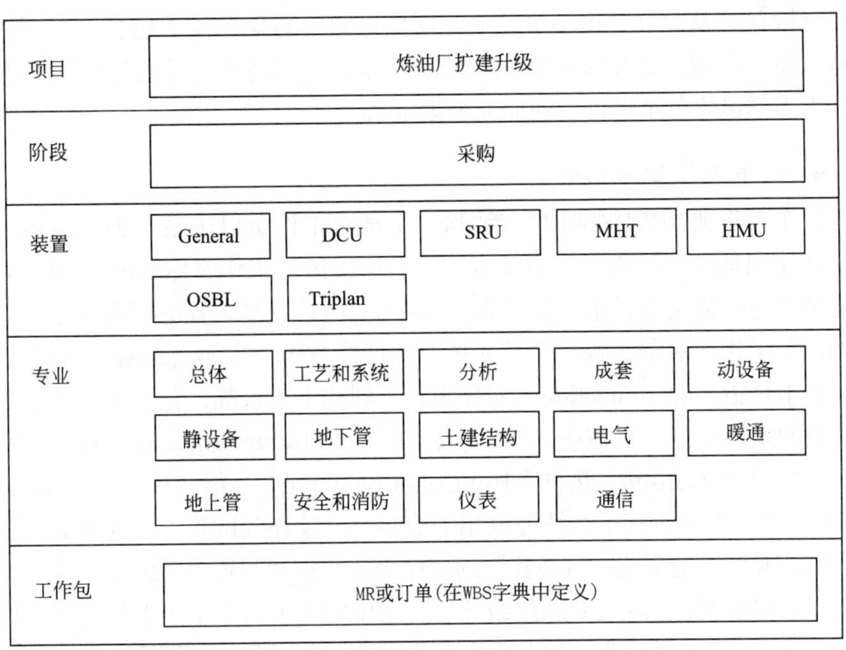

图4-6　采购工作典型WBS结构

改扩建项目的采购工作为对象，所以在项目下一层直接对应采购阶段作为第二层，往下按照单元—专业—工作包划分。受树形图篇幅的限制，从单元Unit层级开始，层中的每个对象单元下包含下一层级的哪些对象，在采购询价包/订单并未完全描述出来。这些内容都可通过WBS词典，或MR清单/PO清单，来进行全面而完整地定义。

3. 施工工作分解结构

施工工作典型WBS结构参考图4-7。施工工作是以工作包（施工工作种类Work Type）为基本单元，施工工作包指施工各专业以下的具体作业，作业再向下分解是一系列施工工序。因此，施工工作包的划分定义及原则，对现场施工管理的执行具有非常重要的意义。图4-7实例是以多装置炼厂升级改扩建项目的施工工作为对象。由于现场施工作业是以物理划分的工作面来展开进行的，施工计划围绕各专业在同一区域的衔接协调来组织。所以，物理分区是施工管理中需要考虑的首要因素；同时，为了与设计进行完整而准确地对接，施工工作WBS的层级结构是与设计工作WBS类似的。但是，施工专业、施工工作包受到施工专业性的影响，其分类原则与设计又存在差异。受树形图篇幅限制，从单元Unit层级开始，层中的每个对象单元下包含下一层级的哪些对象，在施工工作包并未完全描述出来。这些内容都可通过WBS词典，或施工工作包清单来进行全面而完整地定义。

4. 试车工作分解结构

试车工作典型WBS结构参考图4-8。试车工作是以子系统为基本单元，系统性原则是试车阶段工作的基本原则，所以试车工作整体WBS结构的划分也是基于这一分类方式来逐层分解。图4-8实例是以多装置炼厂升级改扩建项目的试车工作为对象，各装置单元按照生产线Train、专业（Discipline），实际在这里是指功能（Function）划分为若干到几十个系统，各个系统要实现试车阶段的重要节点（机械竣工MC、冷试车Cold Commissioning、具备投料条件RFSU、开车Start-up、热试车Hot Commissioning、性能考核 Performance Test），需要下面所有子系统完成相关检验、试验和调试等工作为前提。试车过程中，遵循“先系统、后装置”的次序来逐步打通装置单元的工艺流程。受树形图篇幅限制，从单元Unit层级开始，层中的每个对象单元下包含下一层级的对象并未完全描述出来。这些内容都可通过WBS词典，试车系统划分图/表来进行全面而完整地定义。

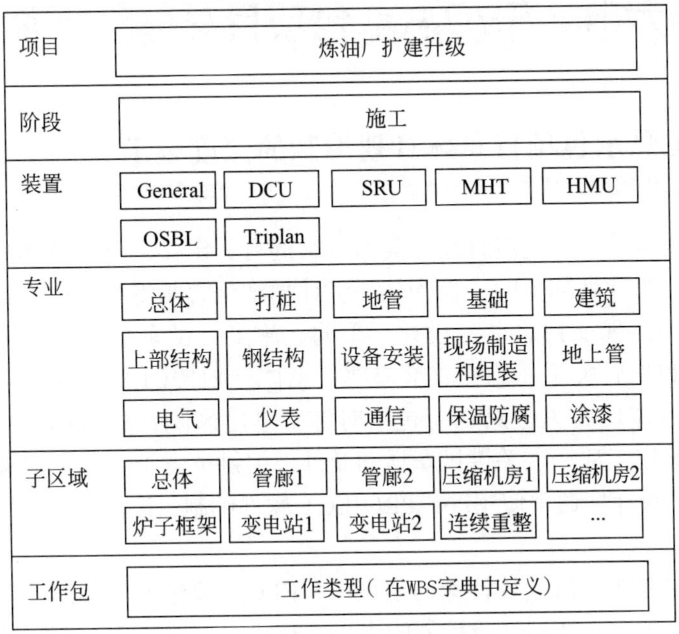

图4-7 施工工作典型WBS结构

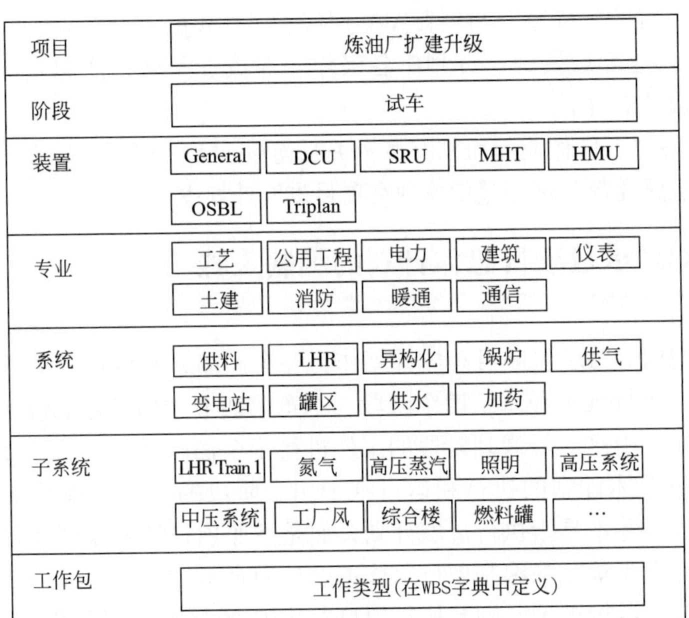

图4-8 试车工作典型WBS结构

第六节　EPC总承包项目总体计划编制

一、EPC总承包项目总体计划编制的深度要求

根据本章第二节进度计划分类与分级的有关定义，项目总体进度计划，通常属于二级计划的范畴。作为从一级计划细化编制得到的进度计划，总体计划包括并体现项目启动、设计、采购、施工、试车各阶段中主要工作的时间周期和先后关系。EPC总承包项目总体计划按CPM关键路径法编制，所以计划应体现出关键路径（包括对施工进度影响比较大的图纸、长周期设备、关键施工活动、关键试车活动及外部关键节点）。如项目没有特殊要求，项目二级计划通常使用P6或PROJECT 软件编制，以横道图、网络示意图方式输出。

在某些涉外项目或较特殊的项目中，EPC总承包项目总体计划的深度，会要求扩展接近或达到三级计划的水平。相比于二级计划，以下几个方面体现出对这类EPC总体计划的编制内容深度的额外要求：

（1）作业内容完整，与项目WBS层级和工作包能完全对应。

（2）作业加载资源，计划中各级作业加载资源后，能够和项目预算对应，并生成“S”曲线。

（3）各项工作作业前后都有逻辑关系连接，无任何孤立作业，项目整体工期和关键路径都合理完整地体现在项目进度计划中。

二、EPC总承包项目总体计划的编制步骤

如果把EPC总承包项目总体计划作为一个产品，其生命周期主要包括规划、执行、运行维护和总结四个阶段。本章第四节“EPC总承包项目计划编制准备工作”中已经对规划阶段的工作进行了全面阐述。本节主要描述EPC总承包项目总体计划的执行和运行维护两个阶段的工作流程及步骤。在这里，“执行”并不是指执行进度计划，而是按照项目计划规划和其他准备工作的成品程序要求，来编制项目总体进度计划直至计划发布成为基准计划。与之对应，“运行维护”则是执行项目总体进度计划的过程，在这一阶段，计划得到更新，并进行必要的维护、调整，甚至是修改升版。

本章第三节EPC总承包项目计划编制工作程序和工作流程，概括性地介绍了编制进度计划的一般程序，主要包括：

（1）计划编制准备工作。

（2）计划软件平台配置（包括建立WBS、收集信息、确定关键因素、确定项目日历等步骤）。

（3）编制计划初稿。

（4）收集意见并调整计划。

（5）审批并调整计划。

（6）最终发布计划。

其中在编制项目总体进度计划前，需要完成的计划编制准备工作，详见本章第四节EPC总承包项目计划编制准备工作，此处不再赘述。

本节具体介绍并规定在进度计划编制程序中，形成项目总体进度计划的完整工作步骤，可以理解为本章第三节中的“编制计划初稿”这一步的具体内容。

1. 识别关键工程内容

关键工程内容是石化行业EPC项目进度控制的难点和重点，从计划进度角度出发，关键工程内容包含以下几个方面（以不同角度划分，内容可能存在交叉）：

（1）关键路径上的工作作业，关键路径的总时长构成整个项目工期。这些作业对进度的重要性不言而喻。关键路径作业发生延误尽管可以通过一些赶工手段进行纠偏，但由于纠偏措施在人力、机具、安全、质量等方面都会有费用投入，项目即使按期完工，也很可能造成超支。石化行业EPC项目的关键路径常发生在各阶段之间的接口，比如场地移交—详勘报告—土建前期图纸、长周期设备的选商—订货返回厂商文件—下游设计出图、各种因素造成的关键设备/材料补供—现场安装施工等。

（2）工作量较大的单项工程，指工作分类较为单一、工程量较大、需投入较多资源的作业。这类工作常发生在施工现场，基本不受工作面制约，在较大的范围内投入和产出呈线性关系。例如大开挖施工、大块设备基础施工、工艺管道预制、管廊钢结构安装等，工期可通过增加资源投入来压缩。

（3）非线性资源投入—产出工作作业，指较为复杂、工作面狭窄、对人员专业能力要求高的工作作业。这类工作主要集中在设计阶段，也包括部分施工阶段，比较典型的工作有较为复杂的单主项或单体设备的专业设计、受限空间施工作业、复杂设备安装找正等，工期很难通过增加资源投入来压缩，另一种情况是资源非常稀缺，增加资源投入不现实。

就编制EPC总承包项目总体进度计划这项工作来说，识别关键工程内容主要发生在项目启动初期，但实际上在总承包单位投标阶段就已经展开。最早的工作是研读招标文件（包括技术资料）。关键工程内容在项目定义阶段识别，由设计专业主导，采购、施工专业协同补充，项目团队其他专业配合共同来编制，这是一个逐步由浅入深的过程。关键工程内容体现在设计文件交付物中。这些交付物主要是设计图纸、描述说明、规定、材料量清单等。鉴于EPC总承包项目的特殊性，即设计、采购、施工高度交叉衔接。这一工作步骤伴随着项目持续进行，往往会有所增加，通常在设计阶段工作接近结束的时候才基本完成。

识别关键工程内容这一步骤，本质上属于第四节EPC总承包计划编制准备工作中有关信息收集工作范畴，其具体工作可划分为如下几类：

（1）收集项目有关资料。整个项目团队，通过研读项目合同中管理（含商务）和设计文件，从工作特点、工作量、进度、质量、安全角度识别关键工程内容。鉴于管理（含商务）和设计专业的工作分工，需要项目团队内设计与项目管理人员（含商务）利用会议、讨论、工作小组的形式来统一认识。

（2）获取历史计划编制有关数据。按照项目的类型、规模、特点，寻找总承包企业内部最为类似的已完工/开工项目作为参考，收集这些项目已识别的关键工程内容作为参考对照。这些经验信息的价值主要体现在两个方面，一是通过对比来分析识别工作划分是否到位，数据是否准确，有无漏项，二是为项目初期难以确定的工作内容估算提供依据。

（3）了解业主计划制定有关要求。有经验的业主往往在项目可研阶段已经对关键工程内容进行了初步识别，并总结体现在招标文件、项目合同中。此外，项目团队还可以通过会议、讨论这些面对面沟通的形式，来获得业主对关键工程内容的理解，用来补充完善自身识别工作的成果。

2. 分析确定工期限制条件，确定关键计划节点

关键计划节点是指，对项目整体工期有关键影响的时间节点。确定关键计划节点的标准原则并不是唯一的，包括关键路径、资源制约、工序安排，其中关键路径是定义关键计划节点的基本原则，资源制约、工序安排常与关键路径结合，一同对工期造成影响。

基于CPM关键路径法来编制的EPC总承包项目总体进度计划属于网络计划，项目整体工期是通过计算关键路径上作业总工期得到的。为加强进度控制，关键路径上的作业常以里程碑的形式体现在计划编制说明中，这些里程碑构成了部分关键计划节点。与里程碑一致，这类关键计划节点的形式有两种，开始节点（开始里程碑）和结束节点（结束里程碑）。关键路径法是确定关键计划节点的最主要的手段。

除了关键路径，影响总工期的另一个重要限制条件就是资源。在进度计划中，大部分的作业，是资源驱动作业，这类作业随着投入资源的增加，工作量完成速度加快，即作业工期是可以压缩的。在项目启动阶段，各项工作的工作量和预计投入的资源需要先确定下来，作为编制计划的基础，投入的资源并不是一个固定的数值，而是总承包商根据工作量、企业内部资源、市场资源、成本预算计算得到的。资源计划和进度计划的编制，是一个互相作用的过程：根据初步资源计划安排编制的初版进度计划，也许并不满足工期要求，往往需要调整资源计划，提高某些资源的投入；在进度计划满足工期要求时，要进行资源的优化和调整，借助关键路径法，分析在非关键路径上的工作作业和加载的资源，对浮时较大的作业，在一定的浮时范围内，减少投入资源，合理延长工期，达到优化资源节省成本的目的。重要资源的动员时间安排，往往也是关键计划节点，需要通过分析资源制约因素，同时结合关键路径得到。

工序安排是指在计划编制过程中，通过选择合理的执行方案（工法），来确定作业内容和作业之间的逻辑关系。EPC总承包项目下，某一工作包的交付物成果是确定的，但是实现的工法会有多种选择，相应作业内容和逻辑关系都不同。具体工作包的执行方案用于规定采取的工法，在这之前，资源、工期、质量标准和工作难度都是选择的标准。有些关键路径上的工作包，由于复杂程度高，工序安排决定与工作包有关的某些节点成为关键计划节点。此外，对这些关键路径上的工作包，受环境因素影响，不同的执行方案（工法）优劣难以取舍，很难一下确定，对于执行方案（工法）的决定，也会相应确定关键计划节点。

3. 建立逻辑关系

逻辑关系是CPM关键路径法的重要元素。利用作业之间的逻辑关系，来指明某项作业是否必须在另一项作业开始或完成后才可开始或完成。作为进度计划的基本单元，活动作业通过逻辑关系彼此间连接在一起。

在给进度计划中的作业分配逻辑关系后，可以通过项目进度计算得出各项作业的最早与最晚日期。作业逻辑关系通常在同一项目的进度计划中创建，也可以通过创建不同项目作业之间的逻辑关系来连接项目。本书介绍的EPC计划仅限于单项目，不包括多项目范畴，所以对不同项目之间的逻辑关系不做介绍。

1）逻辑关系类型

描述作业间的逻辑关系，除了关系类型，还有延时。其中，逻辑关系类型通常包括如下4种：

（1）FS完成—开始。只有当紧前作业完成后，后续作业才能开始。

（2）FF完成—完成。后续作业的完成取决于紧前作业的完成。

（3）SS开始—开始。后续作业的开始取决于紧前作业的开始。

（4）SF开始—完成。只有当紧前作业开始时，后续作业才能完成。

延时是指从一项作业开始或完成到后续作业开始或完成之间的时间周期。在后续作业不能随着紧前作业开始或完成而同时开始或完成的情况下，可以为该关系定义延时。延时可为正值或负值。例如，具有三天延时的SS开始—开始关系，表示在紧前作业开始三天后，后续作业才可开始。具有三天延时的FS完成—开始关系，表示在紧前作业完成三天后，后续作业才可以开始。

2）逻辑关系按作业是否属于同一工作包分类

在进度计划中，作业间的逻辑关系，可以按作业是否属于同一工作包来分类。

（1）同一工作包内作业间的逻辑关系，指发生关系的两条作业属于同一专业，而且这种逻辑关系绝大多数是FS完成–开始关系，这种逻辑关系通常用来描述某一较简单的按步骤开展的工作流程。

（2）不同工作包内的作业间的逻辑关系，指发生关系的两条作业属于不同专业或是相同专业内不同工作包，这种逻辑关系通常用来描述工作包之间的先后关系，因为一般来说，一个工作包会含有多条工作作业，彼此间的逻辑关系，通过这些分属不同工作包的作业间的连接关系来确定。

3）逻辑关系按工作的统一/特殊性分类

作业间的逻辑关系，也可以根据对应工作的统一/特殊性来分类。

（1）标准工作流程的逻辑关系，指用来描述一个标准工作流程的多个作业所发生的固定关系。标准工作流程的逻辑关系与一系列作业相对应，标准工作流程既可以是简单的顺序连接的几条作业，也可能是复杂的连接在一起的几十甚至几百条作业。标准工作流程储存在知识库中，作为EPC总承包企业的知识资产可以重复使用。通过进度计划软件的拷贝功能，标准工作流程对应的作业和逻辑关系可以复制继承到其他计划，用于提高编制工作的效率。

（2）特殊工作流程的逻辑关系，指用来描述一个特殊工作流程的多个作业发生的关系。与标准流程不同，特殊工作流程是没有以往借鉴，需要新编制出来的工作流程。其对应的工作作业和逻辑关系，常来自对应的执行方案，其编制过程是与方案结合来进行的。在完成特殊工作流程（工作包）计划编制后，作业内容和逻辑关系可以保存下来，成为组织资产的一部分。

4. 给定定额工时

工作定额是规定在正常的工作条件下，为完成一定计量单位的某一工作包或作业活动所需人工、材料和机械台班消耗的数量标准。工作定额的编制体现定额水平平均现金原则、成果符合质量要求原则、采用合理劳动组织原则、明确劳动手段与对象原则、内容和形式简明使用原则等。

在计划专业领域中，工作定额用于计算工作所需消耗资源和估算工作所需工期。定额工时，是在总承包企业一定的技术装备和劳动组织条件下，生产单位生产合格产品或完成一定工序作业过程所必需的工时消耗量对应的额度或标准。定额工时的编制要求按照工作级别、工作类型（交付物或作业活动种类）、资源类型（工种），考虑工作地点、质量要求进行展开。

为了编制进度计划，需要提前给定定额工时。这样才能确定资源和进度计划的可行性，保证作业活动的工期符合实际。定额工时的给定方法有：

（1）技术测定法，是在正常的工作条件下，对作业活动进行观察，详细计算人工、机械的工作时间和交付物产量，并客观分析影响时间消耗和产量的因素，从而制定定额的一种方法。这种方法有较高的科学性和准确性，但耗时大，常用于制定新定额和典型定额。该方法已发展成为一个多种技术测定体系，包括计时观察测定法、工时抽样测定法、回归分析测定法和标准时间资料法等。

（2）统计分析法，是根据过去完成同类产品或完成同类工序所实际消耗的工时统计资料，并结合当前生产技术组织条件的变化因素，进而分析研究制定工时定额的一种方法。该方法适用于工作条件正常、工作质量稳定且工程量大、统计工作健全的施工过程。由于统计资料反映的是工人过去已达到的水平，在统计时并没有也不可能剔除活动中的不合理因素，所以这个水平一般偏于保守。为了克服这个缺陷，可采用统计方法，如二次平均法，作为确定定额水平的依据。统计分析法是事后编制定额的方法，只适用于较大且持续周期较长的工作作业。由于对统计资料要求较高，统计分析法使用频次不大，经常是总承包企业为编制企业内部定额，专门组织团队进入到项目中才使用到。

（3）比较类推法，又称为典型定额法，是以生产同类型产品（或工序）的定额为依据，经过分析比较，类推出一组定额中相近项目定额水平的方法。这种方法简便，工作量小，只要典型定额选择恰当，切合实际，具有代表性，类推出的定额水平一般比较合理。这种方法适用于同类产品规格多、批量小的作业过程。采取比较类推法，需要依靠以往类似项目或类似工作数据的基础，这要求总承包企业有一定的项目经验储备和对项目数据信息有专门的归档流程。

（4）经验估计法，是指由定额人员、专业技术人员和作业人员相结合，根据时间经验，经过分析图纸、现场观察、了解工作工艺、分析工作流程的技术组织条件和操作方法等情况，进行座谈讨论以制定定额的一种方法。经验估计法简便及时，工作量小，可以缩短定额制定的时间。但由于受到估计人员主观因素和局限性的影响，因而只适用于不易计算工作量的工作作业，通常是作为一次性定额制定使用。在国内，经验估计法是给定定额工时较为普遍的方法。

在给定定额工时的过程中，并不是绝对地统一采用以上某一种方法，根据工作特点、工作条件和已有数据基础，不同类型的工作作业根据实际情况来确定定额，某些特殊情况下，会采取一些混合的方法。例如，通过组织公司内部专家参与专题会，结合以往项目历史数据，按照专家会议法、德尔菲法等决策方法，确定给出定额。

5. 工期时间优化

工期时间优化是压缩计算工期，以达到要求工期的目标，或在一定约束条件下使工期最短的过程。

工期时间优化一般通过压缩关键路径上作业的持续时间来达到优化目标。在优化过程中，要注意不能将关键路径压缩成非关键路径，但关键路径可以经过一些手段方法不经工期压缩而变成非关键路径。

网络计划的优化可以按以下步骤进行：

（1）找出网络计划中的关键路线并计算出工期。

（2）按要求工期计算出需要压缩的工期时间，即计算现工期与目标工期的差值。

（3）根据如下标准，选择关键路径上的工作来压缩持续时间：

①压缩持续时间对质量和安全影响不大；

②工作有充足的备用资源；

③压缩持续时间所带来的费用增加最小。

（4）将优先压缩的关键路径上的工作压缩至持续时间最短，并再次找出关键路径。若被压缩的工作成为非关键路径上的工作，则适当延长该工作的持续时间，使之仍为关键工作；

（5）若计算工期仍超过要求工期，则重复以上步骤，直到满足工期要求或工期已不能再短为止。

（6）当所有关键路径或非关键路径已达到最短工期而寻求不到继续压缩工期的方案，但工期仍不满足工期要求时，应对原计划技术、组织方法进行调整或对要求工期重新审定。

工期时间优化是与费用、资源存在一定冲突但同时调整的过程。工期与成本、资源是相互联系和相互制约的，要加快进度，缩短工期，资源的投入就会增加，有些费用也会增加，导致工程成本提高、效益下降。因此，工期时间优化的同时，要分析对费用、资源的影响。因此，工期优化达到目标后，项目团队还要考虑工期不变、但费用资源优化的可行性，进一步研究和优化。根据项目目标，明确工期、费用、资源因素的优先级，平衡这三个因素的关系并持续优化，是项目团队在整个项目生命周期都要进行的重要工作。

三、EPC总承包项目总体进度计划的审批、发布和使用

EPC总承包项目总体进度计划在发布和使用前，需要经过一系列的审批流程。这是一个内外结合、交叉统一、循环实施的过程。首先，项目团队内部对进度计划完成评审修改后，才能正式提交业主/PMC进行外部评审；其次，无论是内部评审还是外部评审，都需要设计、采购、施工、试车经理以及计划编制人员等相关专业参与，既要对本专业内容提出审查意见，也要审查上下游相关专业的进度安排是否合理；项目经理权衡各方意见后，提出统一的调整、修改要求；最后，较大规模项目的EPC总承包项目总体进度计划内容较多、逻辑关系复杂，内外部的审批及修改至少各自要经过两轮或多轮，才最终确定获得批准。这其中要经过很多的沟通和协调。

1. 审批

EPC总承包项目总体进度计划的审查，主要围绕内部特征和外部特征来制定标准。

1）内部特征

（1）WBS结构合理清晰，满足合同工作范围要求。

（2）每一个活动工期合理。

（3）活动间逻辑关系合理。

（4）工作日历定义清晰、使用得当。

（5）（如果需要）各种资源定义清晰、分配合理。

2）外部特征（横道图计划表现形式）

（1）层级划分清楚规整。

（2）活动作业代码明晰易辨。

（3）（如果需要）活动分类码可满足各种报告汇总的要求。

（4）活动描述简捷明确。

（5）文字字体、大小得当。

（6）关键路径区别显示。

（7）活动横道、横竖分隔线/逻辑关系线疏密有度。

（8）页眉页脚、标题页码、图例标签完整无误。

2. 发布

EPC总承包项目总体进度计划获得业主/PMC 批准后，将正式发布给各相关部门及人员。作为项目主要控制计划，总体计划为低层级计划编制提供依据，同时该计划将作为项目基准计划。

EPC总承包项目总体进度计划得到批准后，首先由业主/PMC文控专业人员利用信息系统平台，返回给总承包商的文控专业，归档储存在系统平台。

3. 使用

在得到批准且发布后，EPC项目总体进度计划就进入到使用阶段，这一阶段伴随着整个项目执行阶段同步进行。项目总体进度计划的使用，主要体现在计划基准上。

首先，已发布的计划，自动成为项目进度的基准，通常被称作基准计划Baseline。在追踪项目进展、更新实际进度工作前，计划专业人员利用计划软件，将基准计划保存，既用于指导项目工作开展，也可作为对照标准，为项目进度分析预测提供依据。

其次，将项目实际进展情况更新到进度计划中，通过与基准计划的对比，可以分析得出项目进度是提前、正常还是延误，从而确定是否需要采取进度纠偏措施。

最后，利用进度计算功能，能够预测项目的完成日期，通过进一步分析得到计划。

四、EPC总承包项目总体进度计划的更新

EPC总承包项目总体进度计划获得批准后，将其保存为基准计划。随着项目的进展，计划专业人员将根据执行阶段的实际进度数据定期对项目进展情况进行跟踪，并测量统计所有工作包（或工作项）的实际进度，与批准的计划基准进行比较，以确定实际进度与计划进度的偏差，从而及时对偏差进行分析，确定进度趋势。

如果实际进度和发展趋势向好，则只要按计划保持需要的投入，控制整个项目可以在一定时间内正常运行。当偏差超过阈值（阈值可根据情况由项目设定），则需采取必要的纠正措施，特别是对关键路径上重要活动的延误，应采取及时、妥善的有效措施，以确保工程进展尽快回到正轨，最终按计划完成整个项目。

当进度落后于计划较多时，项目部应及时采取有效的补救措施，按计划控制工程进度和人工时进行调整。当发生重大变更时，应当及时调整计划，重新估算人工时或费用，对检测曲线也要做相应的修正。

EPC总承包项目总体进度计划的更新应符合周期性、准确性、全面性的原则。

1. 周期性

由于EPC总承包项目总体进度计划作业条数较多，逻辑关系复杂，进度更新工作强度大，在启动阶段需要将计划更新和进度报告的周期确定下来，以便提前安排好计划专业人力和相关专业的配合工作。

2. 准确性

进度数据的准确性，对计划管控非常重要，获得准确的信息，才能对当前进展、下一阶段预测有正确的认识。为确保信息的准确，进度数据的收集需要通过一系列正规的工作流程进行，既需要相关各方各专业利用正式渠道系统报告信息，也需要在提供信息前完成必要的核验核实工作。

3. 全面性

进度更新的数据，从种类上既包括日期，也包括工作量信息，从时间维度上既包括实际进度，也包括下一统计周期的预计进度。得到全面的进度数据，才能对进度趋势有合理的分析，为下一阶段的纠偏预防提供保证。

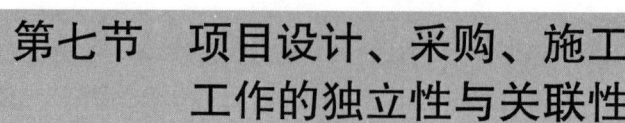

第七节　项目设计、采购、施工工作的独立性与关联性

前面提到，设计、采购、施工计划在一级到三级深度都是集成在EPC总承包项目总体进度计划中；而到了四级、五级计划深度时，各阶段计划将分别独立管理。这是由设计、采购、施工、试车工作的独立性与关联性确定的。

各阶段工作的特点，体现在交付物形式、组织结构与人员配备、工作地点、工作类型、关键因素、约束条件上，构成了这些阶段工作独立性的基础；而人力、设备材料、机具资源、技术方案的联系，又使各阶段工作彼此间发生关联。

一、设计工作特点及与采购、施工工作的关联

1. 设计工作特点

设计工作的交付物是用于描述最终交付的项目装置设施的技术图纸与文件，包括图纸、计算书、询价文件、材料表、设计说明等，设计交付物是其他阶段的主要输入条件。

设计团队的组织结构与人员配备，由项目特点与执行方式决定。比较典型的设计组织结构通常分为设计管理与设计专业两层。设计阶段组织结构与项目组织结构一样，通常分为项目型、职能型、矩阵型3种形式：项目型是指采取项目集中制，将各专业人员集中在一个地点工作；职能型是指只有一个项目办公室从事管理协调工作，各专业参与项目人员在所属部门工作；矩阵型则是前两者的混合，主要专业于项目办公室集中办公，其他专业在部门工作。以上3种形式，也可根据项目部门办公地点的不同，称为集中型、分散型及混合型。对于一个或多个完整主项分包情况，分包工作范围可采取独立的组织结构，由分包设计管理层负责与总承包项目团队协调沟通。对各一个或多个专业分包的情况，组织结构不发生变化。根据项目执行方式，设计组织结构中的人员配备，通常包括总承包企业设计部门派遣、联合体双方共同派遣人员、总承包企业设计部门与分包单位共同派遣人员、市场化聘用补充等多种形式。

设计中心常设置在设计单位所在地。如果由总承包企业设计部门承担设计阶段工作，往往采取与项目团队共用办公室的形式；对于设计分包情况，项目团队会派遣一些管理人员到设计分包单位负责协调管控。设计中心的数量越多，管理协调难度越大，对于国际工程项目，会存在全球配置两个或多个设计中心的情况，考虑到语言、文化、时差的不同，会明显提高管理成本。国际工程公司往往通过加强标准化、信息化、流程化体系建设，来提高对多设计中心的管理效果，降低协调沟通成本。

设计工作按照工作流程分为设计、校核和审查，按工作类别可分为交付物和非交付物活动两类，这些内容将在第四章第八节设计计划的编制中进行详细阐述。

设计阶段的关键因素与制约条件，包括设计工作量、专业人员资质与能力、人员投入数量、前期重要施工图、重要设计文件节点、重要现场勘察输入条件、关键厂商文件输入条件、设计分工原则方式、设计风险识别和预计应对措施。

2. 设计与采购工作的关联

设计与采购工作的主要联系包括：询价文件、材料表准备与采买启动；技术评标、技术附件准备与签订订单；厂商文件图纸评阅放行与设备制造。

3. 设计与施工工作的关联

设计与施工工作的主要联系包括：勘测要求与现场勘测工作启动；各专业设计图纸与对应现场施工工作展开；设计变更与现场施工（含返工）；现场施工的最终交付物与对应的竣工文件。

另外，还要考虑设计与试车之间的关联。设计与试车工作的主要联系包括：设计图纸完成与试车操作手册编制；设计图纸文件与试车三查四定工作启动；部分设计专业人员转入现场试车团队，主要涉及工艺、成套设备、设备、仪表、电气、工艺管道这些主要专业。

二、采购工作特点及与设计、施工工作的关联

1. 采购工作特点

项目采购工作自接收到设计专业签发的询价文件开始；施工所需设备、材料的到货计划是采购选商的重要条件之一；工程公司的采购招标工作通常

由公司的招标中心独立完成，招标准备工作及中标之后的合同签署及执行由项目部完成。

采购工作的成果是厂商提交的设备资料作为项目详细设计的输入信息；采购设备、材料按时交付现场是施工工作顺利开展的前提保证；厂商随机资料的完整交付是施工准备竣工文件的输入条件。

2. 采购与设计工作的关联

采购与设计工作的主要联系包括：设计专业完成询价文件时间制约采购招标工作的开始；通用类设备尤其是成套设备的厂商设计文件会涉及很多总承包项目设计专业所需要项目详细设计的输入条件；工程公司提供炼化专用设备图纸或者对厂商提交图纸的审批状态，制约中标厂商实质性开展设备制造工作。

3. 采购与施工工作的关联

采购与施工工作的主要联系包括：施工安装对设备、材料的到货要求是编制项目采购计划的重要依据，采购设备、材料尤其是关键路径上设备的按时到场可以保证施工安装工作顺利开展，协调好厂商技术人员的准确到场时间可以保证成套设备的安装调试工作有序进行。

三、施工工作特点及与试车工作的关联

施工工作是项目执行过程中是将设计图纸、采购的设备材料转化为实物成果的过程，试车工作是将施工的实物成果转化为生产产品的过程，相互之间存在大量的交叉和协作。

施工与试车的关联主要体现在施工的后期，根据工艺的复杂性和装置的规模，一般在机械竣工前的4至8个月试车人员开始介入施工工作，交叉点主要体现在三查四定、预试车、可操作性优化和试车需求优化，包括：安装检查、尾项检查和验收、预试车工作的见证和确认，以及基于试车需要和装置长期稳定运行和检维修需要的局部改造和优化建议。在该期间，工作重心逐步由施工工作向试车工作转移，施工工作可以根据试车需要进行局部或者分系统的重点突击，已达到更好完成整个项目计划的目的。

第八节 项目设计进度计划的编制

一、设计进度计划分级分类

1. 设计一级计划（研究计划）

设计一级计划（EPC总承包项目一级计划的设计部分，简称设计一级计划），是单一横道图和一系列里程碑的进度计划。设计一级计划处于设计进度计划中的最高层级，主要用于总承包和业主双方的高层管理者、项目经理、设计经理沟通，亦使项目参与人员对于设计总体进度一目了然。

设计一级计划主要包括设计工作中重要的里程碑点，并用单个或多个横道图概括项目执行阶段设计的总工期。根据项目实际工作范围，设计阶段下会包括工艺包设计、总体设计、基础设计和详细设计子阶段；如果项目中包括这些子阶段设计工作，则各个子阶段的开始完成时间都应体现在设计计划中。

设计一级计划可采用计划软件或WORD/Excel 编制，一般采用表格、横道图、网络示意图等方式输出，通常典型完整的EPC项目的设计一级计划中工艺包设计、总体设计、基础设计、详细设计阶段用横道图表示，其他重要节点以里程碑的方式表示，典型的重要节点包括专利商提交总图以及PID时间、30%−60%−90%模型审查、HAZOP分析、前期重要图纸（如桩基图等）、长周期关键设备询价文件、初版工艺条件、管道轴测图等。如果业主提出具体要求，则根据要求适当细化。

2. 设计二级计划（设计各专业深度）

设计二级计划，是对设计一级计划的进一步细化。设计二级计划将设计一级计划中的关键活动进行拆分。设计二级计划处于设计进度计划中的较高层级，主要用于总承包和业主双方的项目经理、设计经理、采购经理及施工经理沟通。设计二级计划除了用于使项目参与人员了解设计总体进度外，还用于涵盖设计各专业较为宏观的工作安排，明确与采购、施工、试车其他阶段之间的联系，描述关键路径中的设计工作活动。

设计二级计划描述各专业主要设计工作的进度安排，包括重要类型图纸、管道模型、关键长周期询价文件、关键设计审查等。设计二级计划在项目投标、定义研究阶段和启动阶段开始编制，通常以市场部门（投标、定义研究阶段）或项目经理（启动阶段）为主导，设计专业深入研究编制，其他技术、管理专业配合完成，作为投标、研究、启动阶段工作的交付物，设计二级计划在对应阶段的末尾完成编制，作为指导更低层级计划编制的依据。

根据项目工作范围，设计二级计划对设计工作按专业进行分类，以此作为进度计划的结构。设计二级计划的结构可被下一级计划直接继承使用，用于编制更深层级的设计计划。在设计二级计划中，关键长周期设备询价文件、重要前期施工图纸、其他设备询价文件、散材材料表作为与采购、施工阶段工作的衔接，都应体现在计划中。

表4-4为石油石化项目典型设计专业分类，包括了较完整的设计专业。受计划编制基础条件影响，根据设计二级计划的深度要求，设计二级计划并不会把所有专业一一罗列出来，部分专业会合并体现。例如，仪表、电气专业可以合并，简称仪电；分析、暖通等小专业可以合并，称为其他专业。

表4-4　石化项目典型设计专业分类

序号	专业	备注
1	工艺系统	
2	成套（粉体）设备	
3	机泵设备	
4	工业炉	
5	静设备	
6	地管	
7	总图	
8	结构	
9	工艺管道	包括管道应力、管道材料
10	暖通	包括室内水
11	消防安全	
12	分析	
13	电气	包括电信
14	仪表	包括控制系统、火灾报警

如项目没有特殊要求，设计二级计划通常使用P6或PROJECT 软件编制，以横道图、网络示意图方式输出。单装置的设计二级计划一般包括十几到二十几条作业，根据项目复杂程序和业主要求，作业数量可能会增加。关键路径上的所有活动要用明显区别于一般活动的颜色（一般以红色显示）表示。

受作业、逻辑关系的详细程度制约，通常，设计二级计划通常不用加载工作量、资源和费用。

3. 设计三级计划（工作包/工作项级计划、专业条件表）

设计三级计划是项目的详细进度计划，是在设计二级计划的框架之下，根据各阶段主要活动的具体内容以及工作任务分解（WBS）中的工作包、合理周期和逻辑关系编制出可操作的进度安排。设计三级计划是建立设计进度基准、控制设计进度的主要依据。该计划的基础是设计二级计划。设计三级计划一般在项目启动后开始编制，通常在2～3个月内完成计划基准来指导项目执行，设计三级计划用于指导以下层级计划的编制。在项目执行过程中，设计三级计划一般是不变的，如果因项目出现外部因素变动或重大变更，对进度计划的调整，是按照四到五级计划、三级计划的次序来操作。

通常，设计三级计划对设计工作按专业进行分类，以此作为进度计划的结构。设计三级计划也可直接使用对应设计二级计划的结构分类，并进行必要扩展。根据三级计划深度要求，EPC三级计划需要通过网络计划，将项目绝大部分工作包连接在一起，体现彼此间的逻辑联系，并指导各项工作的开展。作为EPC三级计划的一部分，设计三级计划应包括绝大多数工作包（设计图纸、询价文件、材料表、其他非交付物类活动）的设计活动，并与采购（询价、采买、厂商图纸）、施工（土建、安装）阶段的有关活动连接起来。

设计三级计划会把所有专业一一列出来，鉴于三级深度设计工作包数量较多，为降低管控难度，设计专业下会根据装置、工区、设计文件类型进行二级分类。在装置级的详细设计计划中，计划结构经常分为两类：类型1是指优先考虑先专业、后图类形式的结构，见表4-5；类型2指优先考虑是先专业、后主项形式的结构，见表4-6。

表4-5，石化项目典型设计专业详细分类（单装置，类型1）描述的是一种类型的设计计划结构，按照专业—图纸类型的分类方式来组织。这种结构适用于较为简单规模较小的装置，工区建筑物等主项不多的情况。

表4-5　石化项目典型设计专业详细分类（单装置，类型1）

序号	专业	备注
1	工艺系统	
1.1	PID	
1.2	工艺数据表	
1.3	设备、管线一览表	
1.4	询价文件	
2	成套（粉体）设备	
2.1	PID	整合成套设备
2.2	询价文件	
2.3	厂商文件评阅	
3	机泵设备	
3.1	询价文件	
3.2	厂商文件评阅	
4	工业炉	
4.1	询价文件	
4.2	施工图	
5	静设备	
5.1	工程图	
5.2	设备制造图	
5.3	询价文件	
6	地管	
6.1	施工图	
6.2	询价文件（材料表）	
7	总图	
8	结构	
8.1	桩位图	
8.2	基础图	
8.3	上部结构图	混凝土
8.4	上部结构图	钢结构

续表

序号	专业	备注
9	工艺管道	包括管道应力、管道材料
9.1	设备及管道布置	
9.2	3D 模型	
9.3	轴测图	
9.4	询价文件、材料表	
9.5	应力计算	
9.6	管架标准图	
10	暖通	包括室内水
10.1	暖通室内水施工图	
10.2	询价文件、材料表	
11	消防安全	
11.1	施工图	
11.2	询价文件	
12	分析	
12.1	施工图	
12.2	询价文件	
13	电气	包括电信
13.1	综合	如危险区划分图等
13.2	单线图	
13.3	防雷及接地系统	含材料表
13.4	动力系统	含材料表
13.5	照明系统	含材料表
13.6	电缆表	
13.7	接线图	
13.8	电信施工图	
13.9	询价文件	
14	仪表	包括控制系统、火灾报警
14.1	系统图、原理图、计算书	

续表

序号	专业	备注
14.2	索引表	
14.3	仪表数据表	
14.4	电缆表	
14.5	典型图	
14.6	布置图	
14.7	询价文件	
14.8	回路图	

表4-6，石化项目典型设计专业详细分类（单装置，类型2）描述的是第二种类型的设计计划结构，按专业—主项的分层方式来组织。这种结构适用于规模较大的复杂装置，工区建筑物等主项数量多的情况。某些特殊情况下，出于施工驱动进度需要，为加强与施工阶段活动的对接，设计计划在专业—主项层级下还会再按图纸类型分一层级结构。

表4-6　石化项目典型设计专业详细分类（单装置，类型2）

序号	专业	备注
1	工艺系统	
1.1	综合	如设计说明、数据表等
1.2	系统 1	
1.3	系统 2	
1.4	系统 3	
2	成套（粉体）设备	
3	机泵设备	
4	工业炉	
5	静设备	
5.1	工区 1	
5.2	工区 2	
5.3	工区 3	
6	地管	
6.1	全厂性工程	

续表

序号	专业	备注
6.2	工区内	
7	总图	
8	结构	
8.1	工区 1	
8.2	工区 2	
8.3	工区 3	
9	工艺管道	包括管道应力、管道材料
9.1	综合	含规定、材料表、询价文件
9.2	工区 1	
9.3	工区 2	
10	暖通	包括室内水
10.1	建筑 1	
10.2	建筑 2	
10.3	建筑 3	
11	消防安全	
11.1	全厂性工程	
11.2	工区内	
12	分析	
13	电气	包括电信
13.1	综合	含规定、材料表、询价文件
13.2	工区 1	
13.3	工区 2	
13.4	工区 3	
13.5	变电所 1	
13.6	变电所 2	
14	仪表	
14.1	综合	含规定、材料表、询价文件
14.2	工区 1	

续表

序号	专业	备注
14.3	工区 2	
14.4	工区 3	
14.5	控制室	

在实际情况中，详细设计三级计划并不是所有专业绝对采取上述两种计划结构，各主要专业的工作分类不尽相同，但都要考虑工作包的特点：工艺专业以图类为主要工作包，在PFD、PID、数据表下面常以工艺系统分区再分一层子类；成套、机泵专业以询价文件种类为基本工作包，但询价打包方式基于设备型号性能而非工艺系统分区；静设备询价文件以设备类型作为基本工作包，图纸评阅以单台套设备为基本工作包；结构专业以物理分区（并不完全等同于工艺系统分区）来分类，建筑物、大型多层构筑物常独立出来；建筑、暖通专业下一级，常以建筑物、大型多层构筑物工作包分类；工艺管道专业以物理分区来分类；电气、仪表专业以物理分区来分类，同级并列管理。

如项目没有特殊要求，设计三级计划通常使用P6或PROJECT 软件编制，以横道图形式输出。根据项目内容、复杂程度和管控要求，EPC项目单装置的设计三级计划作业数量在几百至几千条范围。关键路径上的所有活动要用明显区别于一般活动的颜色表示。

根据项目需要，设计三级计划可加载工作量、资源、费用，并形成“S”曲线，以供进行资源、费用方面的分析，并输出相关报告。

4. 设计四级工作计划（专业工序级）

设计四级计划是各设计经理/设计专业负责人用来指导具体专业详细工作的进度计划，是建立设计进度基准、测量及控制设计进度的主要依据。设计四级计划是根据设计三级计划及各专业所有工作内容，以工作包/交付物为基本对象，做出的具体进度安排，并配置相关资源及费用。设计四级计划的基础是设计三级计划。作为三级计划的深化，四级计划中各项活动的时间周期不得超出其从属的三级计划活动的时间框架。设计四级计划独立存在。

设计四级计划通常采用已有的Excel编制，总承包企业也常开发使用一些内部系统平台来编制和管理四级计划。四级计划采用报表形式输出。设计四级计划中工作项的数量要大于对应的设计三级计划，达到几百至上万条。Excel形式的设计四级计划集计划编制、进度统计、实际进度跟踪和报表显示功能于一体，常被称为设计状态登记表DSR（Deliverable Status Register）。

设计四级计划可加载工作量、资源、费用，并可生成“S”曲线，通常会将计划进度曲线，实际进度曲线和进度预测相对比，得出进度偏差，进而进行偏差原因分析。同时，可以通过四级计划输出相关报告报表。

设计四级计划对设计工作按专业、工区（主项）、图纸类型、工作包、文件/图纸逐级分解，以此作为进度计划的结构。设计四级计划可直接使用对应设计三级计划的结构分类，根据计划深度要求，设计四级计划包括所有设计交付物的各个工作步骤（也称工序）。

设计四级计划需要确定单个工作包每个周期的计划进度，具体周期长度根据项目要求可以是每周或者每月，通常项目会采取每月为一个统计周期。

为测量单个设计工作包每个周期计划进度，需要对每个工作步骤赋予权重数值，这些工作步骤和权重通常是统一标准的。设计工作包常分为设计文件图纸、询价文件和其他活动作业，根据所属类别采取对应的进度测量方法统计进度，见表4-7，石化项目典型设计工作步骤及权重。

表4-7　石化项目典型设计工作步骤及权重

序号	图纸文件		询价文件		备注
	工作步骤	权重，%	工作步骤	权重，%	
1	开始	10	开始	20	
2	设计完成（待内部校审）	35	发布(供外部审核)	40	
3	校核完成（待内部审核）	15	供询价(业主批准)	20	
4	发布（供外部审核）	15	技术附件完成	20	
5	业主批准（如有）	15			
6	施工图/终版图纸/终版文件发布	10			

实际项目中，图纸文件的工序并不是如上图统一组织，而是根据不同图纸文件类型来分类设置。除设计文件/图纸、询价文件这些交付物类工作外，设计各专业还有其他活动类工作，这些工作的特点是，不直接产生交付物，消耗工时，且直接推动设计及其他阶段工作的开展。这类工作主要有：3D建模，重要会议（如设计协调会、模型审查会、HAZOP分析会等），图纸评阅。

以上活动类工作即可按照里程碑点，也可按工作量来分配计划进度。具体根据项目特点、业主要求和工作本身特点性质决定。

此外，在计划结构中，需要为各个设计工作包确定其在整个设计工作中所占的权重数值，用于分级汇总计算计划进度，设计工作包的权重基础来自工作量，通常指设计工作标准工时。设计标准工时是通过估算交付物预计图纸量，参考设计标准定额工时，计算得到的。在这一过程中，通常先将不同类型的交付物按图幅、图纸量，换算成统一A1图幅标准的图纸数量；然后根据交付物类型、有关技术参数、复杂程度等因素，在设计标准定额中查询确定所要采取的标准工时定额；最终利用图纸数量乘以定额，得到估算工时。统计得到设计工作包进度后，先汇总计算设计各专业（含二级专业）进度，再向上汇总得到设计总进度。

设计四级进度计划编制完成后，各设计专业下工作包的工作步骤得到明确的计划日期，利用确定的权重体系（专业/主项/图类/工作包/工作步骤权重）可统计得到设计计划“S”曲线，以此作为进度管控的基准。相当于三级计划中提到的基准计划。

此外，伴随设计四级进度计划的完成，还有其他设计计划需要同时编制完成，用于指导设计工作，这些计划包括：

（1）专业人力计划，用于安排各专业的人力，既要满足设计四级计划的人力负荷要求，又要落实专业内设计、审核、校审人员配置。

（2）设计协作表，以设计各专业的设计条件为基本单元，明确各个工程主项内设计条件发出与接收的专业间上下游关系，并对其做具体的时间安排。

（3）前期图纸提交计划，从地管、结构、总图专业四级计划中导出，用于加强前期与现场施工地管、打桩、道路、重要设备基础等工作的对接，提升对关键前期图纸的进度管控，确保施工工作的全面展开。

（4）3D模型审查意见关闭计划（Tag关闭计划），特指用于指导完善3D模型的设计工作计划，30%、60%、90%各阶段模型审查会对3D模型提出一定数量的意见，以截图加说明Tag的形式，形成待关闭工作项清单，3D模型的设计工作除了深化前一阶段设计外，还包括关闭这些工作项Tag，Tag关闭计划应规定需消除完成的工作项及具体日期。

这些专项计划通常以周、月为周期，由各设计专业负责人协调跟踪，用来反馈进度，确保设计执行情况正常，进度可控。

5. 早期工作计划（60/90天计划）

早期工作计划，又称为60/90天计划，是用于指导项目开工后、三级计划批准之前，项目团队成立并迅速启动项目工作的一种计划。该计划应细化到具体活动，其详细程度不应低于项目三级计划，本质上属于项目四级计划。

早期工作计划统一由项目编制，项目经理组织，设计经理、专业负责人支持，计划专业为主导编制。设计早期工作计划，属于项目早期工作计划中设计方面的内容部分。设计早期工作计划所涵盖的工作，可以分为交付物和活动两个种类。交付物，即指成品文件；而活动，则是没有明确产出文件的工作。在该类计划中，交付物包括但不限于：

（1）PEP（Project Execution Plan 项目执行计划）中的设计管理内容。

（2）（如有需要）设计协调程序。

（3）项目前期各类设计研究文件。

（4）项目启动初期设计各专业需提交的交付物（仅为较重要需先提交的前期工作交付物，非所有交付物）。

（5）该阶段需提交的长周期关键设备询价文件。

此外，设计活动类工作包括但不限于：

（1）重要会议，如项目开工会、专利商开工会等。

（2）软件系统的配置，如三维设计平台（如PDS、PDMS、SmartPlant）、仪表设计数据库INTOOLS、人工时管理系统等。

（3）设计人力动迁，包括关键专业的到位日期。

如项目没有特殊要求，设计早期工作计划可采用Excel软件、MS Project或P6来编制完成。

由于启动阶段时间较为紧张，设计早期工作计划通常需要在项目开工后2到3周内（包括内部审批时间）完成以供执行。

二、设计计划编制工作程序

1. 设计计划编制工作流程

尽管设计计划按上文分为几个层级，但计划编制工作流程大同小异，与前文的项目总体进度计划编制流程也相似，包括如下几个过程。

（1）确定计划要求，明确设计总工期、各设计子阶段工期、关键里程碑节点日期，定义工作内容（含工序）和各类设计术语，确定设计计划深度和编制过程要求。

（2）建立工作分解结构（WBS），按照已定义的工作内容，根据工作层级，将设计工作逐级分解为专业、子专业和工作包。

（3）收集合同信息，整理、研究、消化合同文件（含报价阶段资料），掌握了解设计工作量（设计工作包数量、预计各专业投入工时）。

（4）确定关键因素，包括项目外部输入条件、重要前期施工图、重要设计文件节点、重要现场勘察输入条件、关键厂商文件输入条件、设计分工原则方式、设计风险识别和预计应对措施。

（5）收集其他所需要的信息，包括文件审批周期、厂商文件提交计划、设计人工时定额、设计人力计划等，这些信息通常包含在设计执行计划中，在设计执行计划尚未成型时，可从项目前期的基础资料的相关文件中的获取信息。

（6）确定项目日历，明确工作日、公共节假日及正常工作时间安排。

（7）编制计划初稿，包括建立计划结构、编制作业描述、填入作业工期、连接作业间逻辑关系、加载作业日历、加载作业资源、进行进度计算、完善作业编号、完善作业分类码、编制保存作业视图、打印可浏览版计划，以上为三级深度计划的编制初稿步骤，三级以上计划部分步骤可以省略。

（8）收集意见并调整计划，通过收集项目内部的意见，进行必要计划专业内审查（包括室审），调整完成初版计划供项目组内部正式审查。

（9）审批并调整计划，通过项目内部审查，将调整后的计划正式发布给业主或PMC，收集意见继续对计划进行调整。

（10）最终发布计划，设计计划得到业主和/或PMC批准后，正式发布给各相关部门及人员。设置设计基准计划Baseline，作为整个项目进度执行的指导及更低层级计划的编制依据。

2. 设计计划编制工作要求

设计计划的作业数量根据层级要求和工作内容确定，完成的设计计划，其编制应达到内部特征、外部特征、内容及深度的要求。

1）内部特征

（1）计划结构合理清晰，满足合同工作范围要求，与WBS结构、专业、工作包划分一致。

（2）四级、五级计划权重体系完善，同一WBS节点下一层所有工作项的相对权重加和是100%。

（3）四级、五级计划工序进度日期完整，在进度表中，各交付物/工作包的计划完成百分比在项目结束时间应是100%。

（4）计划表格公式正确，各级汇总进度引用表格范围正确。

2）外部特征

（1）同类/级别文件格式统一一致。

（2）有完整的进度曲线/进度柱状图（根据需要），可满足各种报告汇总的要求。

（3）文字字体、大小得当。

（4）项目基本信息，包括项目编号、项目名称、业主信息、logo等，正确无误。

（5）页眉页脚、标题页码、图例标签完整无误。

3）内容及深度要求

（1）设计各级进度计划时间范围互相一致，并且与总体计划无冲突。

（2）充分完整反映设计的工作范围，将项目分解到与层级对应的工作单元，以便各级人员监控专业进度。

三、设计工作开展逻辑顺序及设计交付物

1. 以工艺、管道、电缆走向为主线

本节主要针对详细设计阶段进行讨论和说明，在该阶段，各专业之间的联系紧密却又错综复杂。设计条件的进度和质量直接关系到设计交付物进度、总设计工期甚至项目总工期，在繁杂的设计条件关系中抓住主线，把握关键设计工作的进度，是详细设计阶段进度管控的重要工作。

在上文中已提到，设计阶段参与专业有十多个，仅假设每两个专业之间一种逻辑关系，就有多达两百多种组合。但事实上，对设计进度影响较大、需要重点关注的设计专业，通常只有工艺、成套、机泵、静设备、结构、工艺管道、仪表、电气这几大个专业。而详细设计又可以根据主要节点，划分为5个子阶段，每个子阶段工作内容、特点、重难点各不相同，却都影响到设计工作的开展直至设计阶段结束。

1）详细设计初期

（1）详细设计初期通常从开工前3个月左右开始，直至工艺专业完成提交第一版完整设计条件，使下游各专业得以启动开展设计工作。

（2）工艺专业在这一阶段的主要工作是核验上一阶段交付物（工艺包、基础设计），完成第一版工艺管道及仪表流程图PID、公用工程系统管道及仪表流程图UID、管线表、设备一览表、主要设备仪表工艺数据表、工艺联锁描述、设计基础数据、用电负荷表、危险区划分工艺物性数

据表等。

（3）工艺管道专业进行设计规定编制、管道材料索引、3D模型数据库设置工作，同时研究熟悉上一阶段交付物。有些项目基础设计BED、前端工程设计FEED工作深度较深，已进行初步布置并建模，这种情况下，工艺管道专业会根据实际导入转化模型，并提出初步（建议）设备布置图供下游启动设计。

（4）成套、机泵、静设备专业进行长周期关键设备询价文件的编制工作，包含工程规定的编制。

（5）仪表、电气专业进行设计规定编制工作，设置、熟悉设计软件系统。

（6）其他下游专业进行设计规定编制工作，总图专业准备第一版全场总平面布置图条件，土建专业完成桩位图。

2）30%模型准备

（1）30%模型准备在详细设计初期后开始，直至30%模型审查会，这一阶段中下游各专业接收工艺条件后启动设计工作，达到3D模型30%设计深度要求，准备进行模型审查会。

（2）工艺专业在这一阶段的主要工作是提出外管条件，接收更新输入，完成第二版工艺管道及仪表流程图PID、公用工程系统管道及仪表流程图UID、管线表、全部设备仪表工艺数据表、用电负荷表，与第一版条件相比，工艺第二版设计条件根据实际变化来更新。

（3）工艺管道专业深化设备布置，根据成套、机泵、静设备专业返回的设备条件，基本确定大型设备和主管线的布置，完成第一版管廊布置，并完善到模型中，达到30%模型审查深度要求。

（4）成套、机泵、静设备专业进行常规设备询价文件的编制工作，完成大部分设备第一版工程图，评阅部分长周期关键设备厂商图纸，并将有关布置载荷条件返给工艺管道、结构专业。

（5）仪表、电气专业根据设备布置，完成主电缆走向和桥架布置，完成初步变电所、机柜间室内布置，完成电气设备（变压器、盘柜）、仪表盘及部分仪表询价文件。

（6）其他下游专业根据工艺、工艺管道条件开展详细设计工作，完成管廊及部分关键框架基础图、道路地管布置、建筑物布置及尺寸。

3）60%模型准备

（1）60%模型准备在30%模型审查会后开始，直至60%模型审查会，这一阶段设备厂商信息基本完善，30%模型审查意见陆续关闭，模型达到60%深度要求，准备进行审查。

（2）工艺专业在这一阶段的主要工作是根据各方反馈（专利商、下游专业、厂商）更新输入，完成第三版工艺管道及仪表流程图PID等条件，提出仪表联锁条件和电伴热条件。

（3）工艺管道专业继续深化设备布置，根据成套、机泵、静设备专业返回的设备条件，确定设备和管道的布置，基本完善框架上梯平栏、操作平台、大管支撑，完成第一批管道材料表。

（4）成套、机泵、静设备专业完成部分长周期关键设备厂商主要图纸评阅，进行常规设备厂商图纸评阅，并将有关布置载荷条件返给工艺管道、结构专业，完成吊车、起重系统布置。

（5）仪表、电气专业根据设备布置，完善主电缆走向和桥架布置，完成初步变电所、机柜间室内布置，提出电缆桥架材料表和第一批电缆表，评阅电气设备、仪表厂商图纸文件。

（6）其他下游专业根据工艺、工艺管道、设备条件深化详细设计，完成建构筑物基础图、关键框架和管廊初步钢结构图纸、建筑物图纸和初步室内布置，完成设备类询价文件和主要散材材料表。

4）详细设计高峰

（1）详细设计高峰在60%模型审查会后开始，直至完成管道轴测图提交，90%模型审查贯穿在这一阶段，除了少量工艺管道、仪表、电气施工图外，大部分施工图将在这一阶段完成并提交。

（2）工艺专业在这一阶段的主要工作是根据实际更新输入并最终确定工艺流程图，提交施工版工艺图纸。

（3）工艺管道专业基本完成管道模型设计，完成设备和管道布置，完成管道应力分析、管架设计，提交各区轴测图，陆续关闭60%模型审查意见，进行90%模型审查，完成70%~90%采购量材料表。

（4）成套、机泵、静设备专业完成设备厂商图纸评阅，参与设备出厂检验，协调配合厂商完成终版图纸文件。

（5）仪表、电气专业完成各个系统、仪表、电缆的布置，完成电缆表，完成90%散材材料表，完成大部分接线安装图。

（6）其他下游专业，基本完成施工图设计出图工作。

5）详细设计收尾

（1）详细设计收尾从完成轴测图开始，至全部详细设计工作结束，这一阶段主要表现是图纸更新和剩余设计工作收尾，可能直至施工高峰才完成。

（2）工艺专业，根据需要更新图纸，配合完成终版的开车操作手册。

（3）工艺管道专业完成管道模型设计，完成管道平面图和伴热设计，关闭90%模型审查意见，完成剩余管道材料表。

（4）成套、机泵、静设备专业，协调配合厂商终版图纸文件的完成。

（5）仪表、电气专业，完成剩余接线图、回路图，完善设计图纸，完成补充材料表，完成DCS系统的FAT测试（Factory Acceptance Test 工厂验收测试）。

（6）其他下游专业，根据需要补充完善图纸。

2. 设计中间条件

设计中间条件是指给其他专业作为输入、展开工作的设计信息。在形态上，设计条件既包括设计交付物，也包括设计过程文件，即处于未完成状态的图纸/文件。以设计过程文件状态存在的设计条件，其主要功能在于承载其他专业足够开展设计的信息，而设计交付物是指完整的、具备提交条件的图纸/文件。

表4-8至表4-11，典型石化项目设计阶段主要交付物分别描述了工艺、工艺管道、电气、仪表主要专业的重要设计条件。

表4-8　典型石化项目设计阶段主要设计条件—工艺专业

序号	交付物描述	备注
1	工艺管道及仪表流程图 PID 公用工程系统管道及仪表流程图 UID 设计基础条件 工艺介质条件	多个版次
2	管线表	多个版次
3	外管条件 外管管径	数据
4	设备数据表	机泵、静设备
5	用电负荷条件	
6	仪表工艺数据表	
7	仪表布置条件	
8	给排水、采暖通风条件	
9	设备一览表、材料表	用于估算

表4–9　典型石化项目设计阶段主要设计条件—工艺管道专业

序号	交付物描述	备注
1	设备布置图	多个版次
2	管道布置	多个版次
3	管道研究图	数据
4	管道支架及保温生根条件	
5	开孔条件	多个版次
6	预埋件条件	
7	设备平台布置	
8	管道荷载	
9	外管架布置	多个版次
10	外管荷载	

表4–10　典型石化项目设计阶段主要设计条件—电气专业

序号	交付物描述	备注
1	危险区划分条件	多个版次
2	电缆走向及断面条件	多个版次
3	连锁条件	
4	开孔条件	多个版次
5	预埋件条件	
6	变配电室布置	多个版次
7	变配电室土建条件（尺寸、荷载、开孔、预埋件等）	
8	采暖通风条件	
9	外管架电缆布置	

表4–11　典型石化项目设计阶段主要设计条件—仪表专业

序号	交付物描述	备注
1	仪表与管道连接部件的尺寸和设计要求	
2	自动控制系统设置原则和要求	
3	公用工程消耗就使用要求	

续表

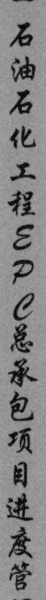

序号	交付物描述	备注
4	电缆桥架布置及荷载条件	
5	外管接点条件	
6	预埋件条件、开孔条件	
7	仪表用电负荷条件	
8	接地条件	
9	联锁条件	
10	控制室、机柜间布置及土建条件	多个版次
11	控制室、机柜间采暖通风条件	

3. 设计交付物

设计交付物是设计工作的成果文件，包括图纸、计算书、询价文件、材料表、设计说明等，设计交付物既用于描述项目装置设施，也作为采购、施工、试车阶段的输入，用于指导后续阶段工作的展开。设计交付物的内容深度，随着各设计子阶段的进展，由浅向深逐步细化推进。各设计专业的工作范围由一系列设计交付物组成，也随设计子阶段推进而变化。在总体设计、基础设计阶段，主要设计工作集中在工艺专业，通常工艺类（公用工程、空分、成套、安全、分析等）专业设计工作量会占到全部工作量的60%左右。而到了详细设计阶段，结构、管道、仪表电气等下游专业构成工作的主要部分，其工作量加在一起占到详细设计的约70%。

表4-12至表4-17，典型石化项目设计阶段主要交付物分别描述了工艺、静设备、结构、工艺管道、电气、仪表专业的重要设计交付物。有一些交付物在初步设计、详细设计重复出现，如工艺流程图、工艺数据表、管道布置图，但需要注意的是，根据设计规范要求，在不同阶段其内容深度不尽相同。

表4-12　典型石化项目设计阶段主要交付物—工艺专业

序号	交付物描述	初步设计	详细设计	备注
1	工艺流程图 PFD 公用物料流程图 UFD	●		
2	设计基础、物料平衡表	●	●	
3	工艺管道及仪表流程图 PID 公用系统管道及仪表流程图 UID	●	●	

续表

序号	交付物描述	初步设计	详细设计	备注
4	管线表、安全阀一览表	●	●	
5	设备工艺数据表	●	●	
6	仪表工艺数据表	●	●	
7	设计说明		●	
8	工艺设备一览表	●	●	

表4-13 典型石化项目设计阶段主要交付物—静设备专业

序号	交付物描述	初步设计	详细设计	备注
1	料仓工程图	●		
2	反应器设备工程图	●		
3	塔类设备工程图	●		
4	塔类设备施工图		●	根据范围
5	容器类设备工程图	●		
6	容器类设备施工图		●	根据范围
7	换热器设备工程图	●		
8	换热器设备施工图		●	根据范围

表4-14 典型石化项目设计阶段主要交付物—结构专业

序号	交付物描述	初步设计	详细设计	备注
1	设计说明	●	●	
2	材料表	●	●	
3	桩位平面布置图	●	●	
4	桩详图	●		
5	基础平面布置图、基础结构平立剖及详图	●	●	
6	基础详图	●		
7	（模板）平面图	●	●	上部结构
8	构件详图	●	●	
9	主要钢结构立、剖面图	●		

续表

序号	交付物描述	初步设计	详细设计	备注
10	钢结构平、立、剖面详图		●	根据范围
11	钢结构构件详图、节点详图		●	根据范围
12	楼梯详图		●	根据范围
13	计算书		●	附在图中

表4-15　典型石化项目设计阶段主要交付物—工艺管道专业

序号	交付物描述	初步设计	详细设计	备注
1	设计说明	●	●	
2	设计规定	●	●	
3	设备布置图	●	●	
4	区域划分图	●	●	
5	界区接点图	●	●	
6	管道研究图	●		
7	综合材料表	●	●	
8	管道平面布置图		●	
9	管道支架图、特殊管件图		●	
10	管道支架表、管道伴热表		●	
11	管口方位图		●	
12	管道轴测图		●	

表4-16　典型石化项目设计阶段主要交付物—电气专业

序号	交付物描述	初步设计	详细设计	备注
1	设计说明及规格书	●	●	
2	用电负荷表	●	●	
3	材料表	●	●	
4	单线图	●	●	
5	变配电所设备布置图	●	●	
6	爆炸危险区域划分图	●		

续表

序号	交付物描述	初步设计	详细设计	备注
7	接地干线平面图	●	●	
8	电缆表		●	
9	全厂供电系统图		●	
10	高（中）压系统图		●	
11	电缆桥架布置图		●	
12	厂区道路照明图		●	
13	动力系统布置图		●	
14	照明系统图、布置图		●	
15	防雷接地布置图		●	
16	原理图、二次接线图		●	

表 4-17　典型石化项目设计阶段主要交付物—仪表专业

序号	交付物描述	初步设计	详细设计	备注
1	设计说明	●	●	
2	设计规定	●	●	
3	仪表索引表	●	●	
4	仪表规格书	●	●	
5	控制系统（DCS、PLC、SIS、PCS）规格书	●	●	
6	仪表盘柜规格书	●	●	
7	材料表	●	●	
8	复杂控制回路图	●	●	
9	联锁逻辑图	●	●	
10	仪表电缆桥架布置图	●	●	
11	气体检测平面布置图	●	●	
12	仪表电缆接线连接表		●	
13	仪表电缆表		●	
14	DCS/SIS I/O 一览表		●	
15	仪表回路图		●	
16	仪表盘柜布置图、端子图		●	

续表

序号	交付物描述	初步设计	详细设计	备注
17	仪表供电、接地、供气、伴热系统图		●	
18	火警系统图		●	
19	仪表安装典型图		●	
20	控制室、机柜间平面布置图		●	
21	仪表布置图		●	
22	电缆敷设图		●	

四、设计工时消耗及设计定额工期

在设计计划中，完成图纸文件的工作过程是确定各设计工作包工期的重要部分。设计工作包工期可以依据设计工时定额、该工作包的工作量及投入的人力来进行估算。

设计工时定额由标准图设计工时定额和装置设计工时定额组成。

标准图是指能真实反映各专业实际工作量的具有代表性的设计成品（图纸或文表）。每个专业所确定的标准图的工作内容包括了本专业基础设计阶段、详细设计阶段及设计交底等设计和服务工作量。标准图设计工时定额是经测算确定的每张（或每套）标准图分别在基础设计和详细设计阶段所消耗的标准人工时并考虑了特定条件下定额的调整系数。

装置设计工时定额是在特定设计条件（即装置特定的原料与产品、技术特征和控制水平、设计内容和范围）下按不同工艺装置（或辅助工程单元）类型和不同规模等级划分编制确定的设计工时定额。装置设计工时定额分炼油、石油化工、化肥、LNG及储运、公用工程（或辅助单元）等不同装置类型来进行编制。

为了估算设计专业工作包的工期和人工时，要首先确定适用于项目的设计工时定额，这需要通过一定工作流程完成。首先，根据项目装置类型，选择装置设计工时定额；然后，结合设计图纸目录清单，补充完善装置定额中没有的图纸类型及其标准工时定额，同时根据项目和各专业特点确定各类图纸应用定额的调整系数；最后，在标准工时定额基础上加载调整系数，得到适用项目设计的各专业工时定额。通过设计工时定额和估算工作量，可计算得到设计定额工期，设计定额工期是仅考虑按照正常人力安排情况下各类图纸的标准周期。

与设计工作直接相关的设计工时消耗及设计定额主要包括以下内容：

（1）工程设计准备。

（2）设计调研。

（3）设计方案编制、评审及确定。

（4）设计计算，专业委托与衔接。

（5）一般设备（含工业炉）设计工作。

（6）设计文件和项目资料编制（制图、校审、会签、审定）。

（7）设计文件存档入库及用户评审（包括初步设计审查），评审后的修改。

（8）设计交底和对外联系等基础设计和详细设计阶段的设计工作。

设计任务中涉及厂商设计工作的以下内容，不包括在工时消耗及设计定额内：

（1）DCS控制系统设计工作。

（2）引进项目工艺包、基础设计翻译、对接、消化和技术交流工作。

（3）工艺包设计、总体设计、主体设计协调、核心非标准设备设计、施工图。

（4）预算编制及竣工图设计工作。

（5）采购技术服务和现场服务工作。

（6）非总承包商造成的工程设计所增加的工作量（包括修改和返工增加的工作量）。

五、设计计划风险分析

设计计划风险是项目进度计划所面临风险的一部分，指在设计过程中，由于各种意外情况的出现，使设计进度实际结果与预期目标计划相偏离的程度和可能性。设计计划风险是由设计计划中各个工作包的计划风险和工作包之间的联系组成的。具体来说，风险事件是指设计文件的延误，风险程度是指由设计文件延误而带来的项目工期延误的周期，风险概率是指发生这种延误的可能性。设计计划风险与项目风险、其他阶段计划风险相联系，彼此互相发生影响。与设计风险一样，设计计划分为内部风险和外部风险。内部风险分为：个人失职风险、制度流程风险。外部风险分为：分包风险、厂商文件风险、审批风险、环境风险。

1. 内部风险

内部风险是指总承包企业及项目团队内部原因导致发生的风险，内部风险的出现是主观性的。

（1）个人失职风险，指由于资质、技术能力、职业道德等原因，造成设计人员不能按期完成设计工作，最终导致设计进度失控的结果，这种风险既发生在设计经理、专业负责人，也会发生在一线设计人员身上，个人失职风险包括技术路线选择错误、未遵循设计工作流程、规范引用不当、设计文件质量问题带来的返工等。

（2）制度流程风险，指由于制度流程不完善，造成分工不明、缺位、沟通不畅等问题，导致设计计划延误发生。制度流程风险中，比较主要的风险就是由于设计工作程序不完善，各专业间协调沟通不畅，或者由于信息传递不及时、信息错误造成的进度问题。

2. 外部风险

外部风险是指总承包企业外部原因导致的风险，外部风险的出现是客观而较难控制的。

（1）分包风险，部分总承包企业由于内部设计部门工作负荷大、缺少相关设计资质，将全部或部分设计工作分包给其他设计单位，虽然承担分包的设计团队比较专业，但这增加了总承包项目团队的管理工作负担，提高了进度管控难度。分包商可能会出现的进度延误、不符合项目及业主要求等，都会带来进度风险。

（2）厂商文件风险，厂商文件风险是导致设计风险发生的重要因素，表现为厂商文件延误、厂商文件质量差、厂商修改文件不及时等，由于厂商文件是设计专业开展工作的重要输入条件，所以其所带来的风险对设计进度的影响是直接和显而易见的。

（3）审批风险，由于业主或PMT审批而带来的设计计划风险，审批风险通常由沟通不畅造成，表现为设计文件审批周期过长、审批意见反复、审批增加新的意见。

（4）环境风险，由项目外界环境所带来的风险，包括政策法规变化、国家地方设计规范变化等。

在编制设计总体进度计划的同时，需要从以上风险角度对计划进行分析，将风险识别出来，并预估设计计划风险发生结果的严重程度和概率，汇总记录到设计计划风险登记表中。针对风险登记表中的风险，项目团队需要提前进行风险规划，制定不同的风险应对措施，包括风险回避、损失控制、风险转移和风险保留。风险分析由风险管理人员主导，设计经理、计划经理共同主导完成，分析过程既要采取定性分析，也要采取定量分析的方法。风险应对措施要更新到风险登记表中，并定期进行更新发布，使项目参与设计管理的人员能够充分认识了解到风险、熟悉风险应对方法，减少风险对设计计划的影响。

3. 风险控制方法

与设计风险相对应，其应对控制手段也按照内部风险、外部风险类别来划分。

（1）内部风险。在建立设计团队初期注意用人选人标准；注意项目初期对工作内容、范围和要求的识别，避免减少缺项漏项；对专业分工进行严格界定，将工作包分解到各专业中；注意流程制度的建设，在项目初期健全设计流程体系，根据实际问题完善设计工作程序；事中加强对设计全过程、全方位的监督，定期检查设计工作流程的贯彻执行。

（2）外部风险。加强调研，加强与分包商沟通交流，采用多个工作打包设计，为分包风险预留空间；通过采购专业，加强对厂商文件的催缴力度，提高厂商开工会的质量，注意对厂商文件质量的事前、事中控制；加强与业主、PMT的沟通，如有必要，增加事中审查会、协调会，统一双方对设计范围、质量、技术方案的意见；保持高度的政策敏感性，制定针对政策、法律规范的相应对策。

六、设计计划的发布和使用

无论是作为项目总体进度计划，还是独立的计划，设计计划获得批准后，将正式发布给项目管理团队关键人员和设计专业人员，作为设计进度基准，为低层级计划的编制提供依据。

设计一级至三级计划由项目统一管理，归档储存在项目系统平台；四级至五级计划属于专业内部层级的计划，由设计专业负责人维护完善，存放在设计专业内部系统，并定期分享给计划专业。

设计计划的使用，主要体现在计划基准上。

业主批准后发布的计划，是项目进度的基准，通常被称作基准计划Baseline。在追踪项目进展、更新实际进度工作前，计划专业人员利用计划软件，将基准计划保存，既用于指导项目工作开展，也可作为对照为项目进度的分析预测提供依据。

七、设计计划的进度测量

计划专业根据设计反馈的实际进度检测数据，对设计工作进展进行跟踪，并定期测量统计设计工作包（或工作项）的实际进度数据，与批准的计划基准数据进行比较，以确定实际进度与计划进度的偏差。从而及时对偏差进行分析，采取适当的纠偏措施，确保项目进度趋势。

与总体计划一致，设计一级至三级计划实际进度按月更新；设计四级、五级计划可根据项目实际，按周、半月、月的间隔来进行更新。设计计划实际进度的更新除了反馈到总体计划中，也可能表现为进度表、柱状图、曲线图、描述等形式，体现在进度报告中。

进度更新完成后，如果实际进度和发展趋势向好，则只要按计划保持需要的投入，设计进度可以在一定时间内正常运行。当偏差超过阈值，则要采取必要的纠正措施，特别是对关键路径上重要活动的延误，应采取及时妥善的有效措施，以确保工程进展尽快回到正轨，最终按计划完成。

当实际进度落后于计划较多时，设计专业应及时采取有效的补救措施，按计划进行工程进度控制。当发生重大变更时，应当调整计划，重新估算投入费用或资源，对设计计划也要做相应的修正。

第九节　项目采购进度计划的编制

一、采购计划分级分类

考虑到EPC总承包项目设计、采购、施工各阶段连接紧密的特点，在三级及以上深度的进度计划中，采购内容一般并不独立存在。只有极个别情况下，才根据需要，在项目总体进度计划基础上导出得到仅含采购内容的局部计划。因此，三级及以上的采购计划，也可以定义为对应级别项目进度计划的采购部分。在四级、五级计划中，采购计划独立存在。

1. 采购一级计划（研究计划）

采购一级计划（项目一级计划的采购部分，以下略），是由单一横道图和一系列里程碑组成的进度计划。采购一级计划处于采购进度计划中的最高层级，主要用于总承包方和业主双方的高层管理者、项目经理、采购经理沟通，亦使项目参与人员对于采购总体进度一目了然。

采购一级计划主要包括采购工作大的里程碑点，并用单一横道图概括项目执行阶段采购总工期。采购一级计划所包含的里程碑有：最关键设备的招标、订货与到场。

采购一级计划可以采用计划软件或WORD/Excel 编制，一般采用表格、横道图、网络示意图等方式输出，通常单装置EPC项目的采购一级计划只涵盖3到5套长周期关键设备的采购工作，以里程碑的方式表示重要节点，其他采购阶段工作以横道表示。如果业主提出具体要求，则根据要求适当细化。

2. 采购二级计划

采购二级计划，是对采购一级计划的进一步细化。采购二级计划将采购一级计划中的关键活动进行拆分。采购二级计划属于采购总体执行计划，处于采购进度计划中的较高层级，主要用于总承包方和业主双方的项目经理、采购经理、设计及施工经理等沟通。采购二级计划使参与项目人员了解采购总体进度，涵盖采购各类设备材料工作安排，明确与设计、施工、试车其他阶段之间的联系，描述关键路径中的采购工作活动。

采购二级计划包括设备材料基本的采买、制造、检验、运输安排，并对长周期设备、关键设备的进度安排进行详细描述。采购二级计划在项目投标、定义研究阶段、启动阶段开始编制，通常以市场部门（投标、定义研究阶段）或项目经理（启动阶段）为主导，采购专业深入研究编制，其他技术、管理专业配合完成，作为投标、研究、启动阶段工作的交付物，采购二级计划在对应阶段的末尾完成编制。在编制完成更细层级的计划后，采购二级计划通过汇总以下层级计划来获得，不再独立编制。

采购二级计划对采购工作按关键/长周期设备、专业等进行分类，以此作为进度计划的结构。采购二级计划的结构可被下一级计划直接继承使用，用于编制更深层级的采购计划。需要注意的是，为了加强对长周期设备的管控，长周期设备的采购工作在计划中突出显示，长周期设备常作为独立专业，放在采购计划结构中专业次序的第一位。长周期设备中的工作包，实际上分属工艺设备、机泵设备、静设备、成套（粉体）设备类别，这些长周期设备不用在上述专业内重复出现。采购二级计划的长周期设备，需要按照工作包列出描述，为达到突出关键节点的目的，所有工作包（采购订单）的采买、制造、检验运输活动都应体现，并与设计（询价文件、受厂商文件影响的关键图纸）、施工（安装）阶段的有关活动连接起来。

表4-18为石化项目典型采购专业分类包括了较完整的采购专业划分。受计划编制基础条件影响，根据二级计划的深度要求，采购二级计划并不会把所有专业一一列出来，部分专业会合并体现。例如，仪表、电气专业可以合并，简称仪电；分析、暖通等小专业可以合并，称为其他专业。

表4-18　石化项目典型采购专业分类

序号	专业	备注
1	长周期设备	
2	工艺设备	除长周期设备外
3	机泵	除长周期设备外
4	成套（粉体）设备	除长周期设备外
5	工业炉	除长周期设备外
6	静设备	除长周期设备外
7	地管	
8	结构	
9	工艺管道	包括管道应力材料
10	暖通	
11	消防安全	
12	分析	
13	电气	包括电信
14	仪表	包括控制系统、火灾报警

如果项目没有特殊要求，采购二级计划通常使用P6或PROJECT 软件编制，以横道图、网络示意图方式输出。单装置采购二级计划一般包括十几到二十几条作业，根据项目复杂程序和业主要求，作业数量可能会增加。关键路径上的所有活动要用明显区别于一般活动的颜色（一般为红色）表示。

受作业、逻辑关系的详细程度制约，通常，采购二级计划不用加载工作量、资源和费用。

3. 采购三级计划

采购三级计划是项目的详细进度计划，是在采购二级计划的框架之下，根据各阶段主要活动的具体内容以及工作任务分解（WBS）中的工作包、合理周期和逻辑关系编制出可操作的进度安排。采购三级计划（项目三级计划的采购部分，以下略）是工作包级别的计划，也是建立采购进度基准、控制采购进度的主要依据。该计划的基础是采购二级计划。采购三级计划一般在项目启动后开始编制，通常在2～3个月内完成计划基准来指导项目执行。采购三级计划用于指导以下层级计划的编制，但是随项目执行，对进度计划的调整与变更，按照四级到五级计划、三级计划的次序来操作。

采购三级计划对采购工作按关键/长周期设备、专业等进行分类，以此作为进度计划的结构。采购三级计划可直接使用对应采购二级计划的结构分类，并进行必要扩展。根据三级计划深度要求，项目三级计划要通过网络计划，将项目绝大部分工作包连接在一起，体现彼此的逻辑联系，并指导各项工作的展开。作为项目三级计划的一部分，采购三级计划应包括绝大多数工作包（采购订单）的采买、制造、检验运输活动，并与设计（询价文件、材料表、受厂商文件影响的关键图纸）、施工（安装）阶段的有关活动连接起来。

表4-19为石化项目典型采购专业详细分类包括了较完整的采购专业，采购三级计划并不会把所有专业一一列出来，部分专业工作包数量较多，为降低管控难度，部分采购专业下会根据需要，按二级专业分类。

表4-19　石化项目典型采购专业详细分类

序号	专业	备注
1	长周期设备	
2	工艺设备	除长周期设备
3	机泵设备	除长周期设备
3.1	泵	如有，根据需要
3.2	压缩机	如有，根据需要
3.3	风机	如有，根据需要
4	成套（粉体）设备	除长周期设备
5	工业炉	除长周期设备外
6	静设备	除长周期设备
6.1	反应器	如有，根据需要
6.2	容器	如有，根据需要
6.3	罐	如有，根据需要
6.4	换热器	如有，根据需要

续表

序号	专业	备注
7	地管	
8	结构	
9	工艺管道	
9.1	工艺管道材料	根据需要
9.2	管道应力材料	弹簧、支吊架等，根据需要
9.3	保温材料	根据需要
9.4	防腐涂料	根据需要
10	暖通及室内水	
10.1	暖通	根据需要
10.2	室内水	根据需要
11	消防安全	
12	分析	
13	电气	包括电信
13.1	电气设备	包括盘柜、变压器，根据需要
13.2	电气散材	根据需要
14	仪表	
14.1	仪表设备	包括仪表盘柜、就地仪表、阀门等，根据需要
14.2	火灾报警	根据需要
14.3	仪表散材	根据需要

如项目没有特殊要求，采购三级计划通常使用P6或PROJECT 软件编制，以横道图形式输出。根据项目内容、复杂程度和管控要求，EPC项目单装置的采购三级计划作业数量在几百至几千条范围。关键路径上的所有活动要用明显区别于一般活动的颜色表示。

根据项目需要，采购三级计划可加载工作量、资源、费用，并形成“S”曲线，以供进行资源、费用方面的分析，并输出相关报告。

4. 采购四级计划

采购四级计划是各采购经理/采购工程师/物流单证工程师等用来指导具体专业详细工作的进度计划，是建立采购进度基准、测量及控制采购进度的主要依据。四级计划指根据三级计划及各专业所有工作内容，以工作包/交付物为基本对象，做出具体的进度安排，并配置相关资源及费用。采购四级计划的基础是采购三级计划。作为三级计划的深化，四级计划中各项活动的时间周期不得超出其从属的三级计划活动的时间框架。采购四级计划独立存在。

采购四级计划通常采用已有的Excel编制，总承包企业也常开发使用一些内部系统平台来编制和管理四级计划。四级计划采用报表形式输出。采购四级计划中工作项的数量要大于对应的采购三级计划，达到几百至上万条。Excel形式的采购四级计划集编制、统计进度、实际进度跟踪和报表显示功能于一体，常被称为采购状态表PSR（Procurement Status Report）。

采购四级计划可加载工作量、资源、费用，并可生成“S”曲线，实现实际进度检测、进度预测、进度差距分析等功能，并输出相关报告报表。

采购四级计划对采购工作按关键/长周期设备、专业等进行分类，以此作为进度计划的结构。采购四级计划可直接使用对应采购三级计划的结构分类，根据计划深度要求，采购四级计划包括所有工作包（采购订单）的各个工作步骤（也称工序）。

为测量单个采购工作包进度，根据进度测量程序的要求为每个工作步骤赋予权重数值，这些工作步骤和权重通常是统一标准的。采购工作包常分为设备类和材料类，根据所属类别采取对应的进度测量方法统计进度，见表4-20，石化项目典型采购工作步骤及权重。

表4-20 石化项目典型采购工作步骤及权重

序号	设备类		材料类		备注
	工作步骤	权重，%	工作步骤	权重，%	
1	收到MR文件	5	收到MR文件	10	
2	发出询价	3	发出询价	5	
3	收到标书	3	收到标书	5	
4	完成技术评标	4	完成技术评标	5	
5	完成商务评标	3	完成商务评标	5	
6	签订采购合同	2	签订采购合同	5	
7	开工会（如有）		第一批发货	15	
8	收到第一批厂商文件	10	第二批发货	15	
9	厂商文件确认	10	第三批发货（如有）		

续表

序号	设备类		材料类		备注
	工作步骤	权重，%	工作步骤	权重，%	
10	主材到厂	15	最后一批运抵现场	25	
11	中间检验（如有）		完成最后开箱检验	5	
12	出厂检验	15			
13	收到发货单	10			
14	运抵现场	15			
15	完成开箱检验	5			

此外，在采购计划结构中，需要为各个采购工作包确定权重数值，用于分级汇总统计进度。采购工作包的权重来自工作量，往往是采购预算费用、采购工作标准工时。统计得到采购工作包进度后，先汇总计算采购各专业（含二级专业）进度，再向上汇总得到采购总进度。

采购四级进度计划编制完成后，各采购专业下工作包的工作步骤得到明确的计划日期，利用确定的权重体系（专业/工作包/工作步骤权重）可统计得到采购计划“S”曲线，以此作为进度管控的基准。预计/实际进度的统计，按照同样的方法进行。

此外，伴随采购四级进度计划的编制完成，采购经理还要组织编制专项工作计划，用于指导各专业工作和与其他阶段职能专业对接，这些专项工作计划包括：

（1）采购招标计划，用于落实跟踪一段时间间隔内的招标工作，包括招标方案审批、招标文件编制、招标公告发布、跟踪厂商投标状态、开标、评标、发出中标通知书。

（2）订单计划，用于落实跟踪一段时间间隔内的订单工作，包括签订技术附件，商务合同条款确认、采购合同报审及跟踪审批状态、签订采购合同。

（3）催缴计划，用于落实跟踪一段时间间隔内的图纸催缴、厂商文件评阅状态跟踪工作，以及采购产品的制造进度状态管控，这一计划通常由专门的催缴工程师完成。

（4）资金计划，根据合同条款和实际状态，汇总各个订单近期用款日期、数额。

这些专项计划通常以月为周期，由各采购专业负责人协调跟踪，用来反馈进度，确保采购执行情况正常进度可控。

5. 早期工作计划

采购早期工作计划，是指项目启动阶段由采购经理组织编制的采购执行计划，具体包括：

（1）厂商资源调查计划，既包括对已有厂商名单内的考察核对，也包括对新厂商的考察，主要考察厂商生产负荷、质量措施、企业运营情况等。

（2）项目物流考察计划，用于确定物流运输路径、运输方式，确定项目超限设备条件，建议采买分工。

（3）采购原则确定，策划各类设备、材料的采购方式及控制重点。

（4）采购分工，确定采购工作分配原则，将采购范围按国内外地区市场划分，另按照不同地区执行中心来分工。

（5）建立采购组织机构，进行采购执行中心的确定与分工。

（6）确定检验试验计划的编制原则和进度安排。

二、采购计划编制工作程序

1. 采购计划编制工作流程

从上文中可以看到，采购计划分为几个层级，但计划编制工作流程大同小异，与前面章节所述项目总体进度计划编制流程也大体相似，包括如下几个过程：

（1）确定计划要求，明确工期、子阶段工期、关键里程碑节点日期，定义工作内容（含工序）和采购术语，确定采购计划深度和编制过程要求。

（2）建立工作分解结构（WBS），按照已定义的工作内容，根据工作层级，将采购工作逐级分解为专业、子专业和工作包。

（3）收集合同信息，整理、研究、消化合同文件（含报价阶段资料），掌握了解采购工作量（采购工作包数量、预计各专业投入工时）。

（4）确定关键因素，包括关键长周期设备采购节点、关键设备的到货形式、关键设备安装方式、采购分工原则方式、采购风险识别和预计应对措施。

（5）收集其他所需要的信息，包括运输条件、现场仓储条件、当地市场资源等，这些信息通常包含在采购执行计划中，在采购执行计划尚未成型时，可直接根据执行计划的输入条件来获取。

（6）确定项目日历，明确工作日、公共节假日及正常工作时间安排。

（7）编制计划初稿，包括建立计划结构、编制作业描述、填入作业工期、连接作业间逻辑关系、加载作业日历、加载作业资源、进行进度计算、完善作业编号、完善作业分类码、编制保存作业视图、打印可浏览版计划，以上为三级深度计划的编制初稿步骤，三级以上计划部分步骤可以省略。

（8）收集意见并调整计划，首先收集项目内部意见，进行计划专业内审查（包括室审），调整完成初版计划供项目团队内部正式审查。

（9）审批并调整计划，通过项目内部的审查后，将计划正式发布给业主或PMC，收集意见对计划进行调整。

（10）最终发布计划，采购计划得到业主和/或PMC批准后，正式发布给各相关部门及人员，作为整个项目进度执行的指导，以及更低层级计划的编制依据，并将该计划设置为采购基准计划（Baseline）。

2. 采购计划编制工作要求

采购计划的作业数量根据层级要求和工作内容确定，完成的采购计划，其编制应达到内部特征、外部特征、内容及深度要求。

1）内部特征

（1）计划结构合理清晰，满足合同工作范围要求，与WBS结构、专业、工作包划分一致。

（2）四级、五级计划权重体系完善，同一WBS节点下一层所有工作项的相对权重加和是100%。

（3）四级、五级计划工序进度日期完整，在进度表中，各交付物/工作包的计划完成百分比在项目结束时间应是100%。

（4）计划表格公式正确，各级汇总进度引用表格范围正确。

2）外部特征（计划形式）

（1）同类/级别文件格式统一一致。

（2）有完整的进度曲线/进度柱状图（根据需要），可满足各种报告汇总的要求。

（3）文字字体、大小得当。

（4）项目基本信息，包括项目编号、项目名称、业主信息、logo等，正确无误。

（5）页眉页脚、标题页码、图例标签完整无误。

3）内容及深度要求

（1）采购各级进度计划互相一致，并且符合总体计划要求。

（2）充分完整反应采购的工作范围，将项目分解到与层级对应的工作单元，以便各级人员监控专业进度。

三、关键设备、大宗材料对项目进度管理策略的影响

关键设备、大宗材料采购是大型工程建设中的重要一环。从设备材料选型、签订合同、交货安装到项目完工，各个环节均存在较大风险。一旦风险控制不当，将造成工期延误，最终导致项目失败。因此，尽早策划关键设备、大宗材料的采购，将风险降低至最低限度，是项目团队在启动阶段的重中之重。

石油化工EPC总承包项目中，所涉及的长周期设备主要有压缩机组（三机）、工业炉（裂解炉）、粉体设备（挤压造粒机、流化床）、泵类设备、关键阀门（清焦大阀）等。由于设备制造工艺复杂、采购金额较大，这类设备被识别作为关键材料，需要专门安排策划和管控。而大宗材料影响施工活动全面的展开和施工整体工期，往往需要提前准备相关策划。关键设备、大宗材料对项目进度管理策略的影响，都体现在项目前期启动阶段的策划中，主要包括三个方面的工作内容：

（1）关键设备材料的识别。在项目具体情况下，关键设备材料的标准并不完全一致。通常在石化装置中，超过12个月制造周期即可识别为长周期设备，但12个月只是构成关键设备的必要条件，还需要经过关键路径分析来进一步确定，例如考虑设备的安装调试周期等。

（2）采购各个环节的计划，关键路径上的设备材料，需要将采购每个环节（标前技术交流—招标采购—评标定标及中标批复—合同签订—生产制造—物流运输—到货验收）的周期一一敲定，并根据适当情况进行详细推演和计划，增加事中监控点，确保分工明确、组织周密。

（3）在计划关键设备和大宗材料的各个采购环节的同时，进行风险分析，从内部和外部全面识别风险，登记跟踪，并完善风险应对措施，从提高设计参与深度、加强厂商选择、合理安排催检工作、到考虑施工方案、重视到场验收、预留备选厂商资源几个方面，将风险控制手段落实到项目执行策略中。

四、物资采买、催交、检验和交货的流程

设备采购的过程主要包括采买、催交、检验和交货四个流程，这些流程

彼此之间界面明确并且由不同的采购专业人员完成，其中每个流程都是由若干工序步骤组成。

1. 采买流程

采买工作从采购人员收到由设计人员提出，项目签发的询价文件开始，到与供货商签订采购合同结束。项目采买管理按照总承包企业的质量体系和采购管理程序执行，采买工作由采买协调员进行全面协调管理，具体的招标、评标、合同谈判的等采买活动由各专业采买人员执行，各专业组提供业务指导和技术支持，总承包企业职能部门对采买全过程进行监督。典型的采购方式有：公开招标、邀请招标、公司集中采购—框架协议、竞争性谈判、单一来源采购、询比价采购、现场零星采购、紧急采购。

2. 催交流程

催交工作的任务是按照项目进度要求，对供货商的供货状况进行监督和督促的管理控制过程。催交工作最终的目标是保证所有需要交付的设备、材料和文件按照采购合同的要求按时交付。催交工作由催交协调员在项目采购经理的领导下负责全面策划、协调和管理，由采购各专业和各催检中心支持配合。催交工作内容包括熟悉采购合同、建立供货商信息、催交等级划分、编制催交计划、实施催交、催交状态报告。催交方式有：驻厂催交、制造厂访问催交、电话或传真催交；根据催交主体不同又可分为催交员催交、催交协调员催交、采购经理催交、项目经理（采购部主任）催交、公司领导催交。需要催交厂商完成的工作内容有：

（1）厂商文 件催交：根据采购订单与厂商进行沟通，确保所有需要的文件按期按质提供。

（2）催交和监控供货厂商设计、采购、制造进度计划。

（3）设计状态，包括设计文件批复审核。

（4）材料状态，包括分订单状态。

（5）制造状态。

（6）拖期原因分析。

（7）检验和试验状态。

（8）包装、标记和运输状态。

（9）出厂文件准备状态。

（10）备品、备件状态。

（11）配套辅机、主要外协、外购件状态。

3. 检验流程

项目检验/监造就是按照项目合同质量控制的要求、订单与技术附件、设计图纸和项目检验程序的要求，对项目所采购的设备材料进行全过程控制，保证设备和材料的质量达到设计要求的监控管理过程。检验工作在项目采购经理的领导下，由检验协调员进行全面策划和协调，由采购检验管理专业和各催检中心支持配合，专业检验公司实施具体驻厂监造或巡检、终检。检验的内容包括：掌握项目检验/监造程序、项目合同、技术附件、项目工程规定和相应的国家标准与法规，对于质量重点和关键点过程检验，出厂检验并出具检验放行单（IRC）。根据主合同要求、设备材料特点、项目质量管理策略、制造厂等级和现场到货需求等，设备材料确定催交和检验等级，以便有针对性地统筹资源，开展设备和催交检验活动，在保证整体交货进度和交货质量的前提下，降低整体的采购管理成本，见表4-21。

表4-21　典型采购催交和检验等级表

设备材料等级	检验级别	检验方式和内容	催交级别	催交方式和内容
S 级、1 级和关键 2 级	Ⅰ	承包商将全过程参与设备材料的全部制造环节，进行见证和管理（驻厂监造）	A	项目实施中影响项目控制点的设备 / 材料，长驻制造厂或其分包商进行催交
2 级和关键 3 级	Ⅱ	承包商至少参加预检验会、一次或多次不定期的监督访问或视察，主要关键点旁站检验和所有停止点的检查、最终检验并授权放行	B	定期访问制造厂或其分包商，或依据供货商生产计划对关键生产环节按期访问。国外关键和长周期设备材料以办公室催交为主，不定期访问制造厂或依据生产计划对关键生产环节按期访问
3 级	Ⅲ	承包商至少参加预检验会、所有停止点检查、最终检验并授权放行	C	办公室催交和不定期访问制造厂或其分包商，或依据生产计划对关键生产环节按期访问

续表

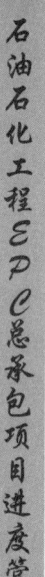

设备材料等级	检验级别	检验方式和内容	催交级别	催交方式和内容
4级	Ⅳ	承包商不参加过程检验、但将监控卖方的检验活动，见证最终验收，并将审核质量证明文件、签发放行单	D	不访问制造厂，定期办公室催交
备注	（1）催交级别和检验级别将根据制造厂等级和现场到货需求进行调整。 （2）对于长周期和关键设备，必要时需要项目部和公司高层进行协调。			

4. 交货流程

交货流程也叫物流活动，是指项目采购的设备材料从制造厂运输到现场指定地点的全过程。其间，涉及政府各级相关管理部门、银行、海关、港口、承运方等各个环节。强化项目物流管理，通过制定合理的运输方案、选择合理的运输路线、组织优化的运输方式，及时、准确、安全的将设备材料从其产地运到项目的指定地点，使设备材料潜在的使用价值成为可以满足项目需求的现实使用价值。主要物流运输方式有超大超重件的物流、散货和常规大宗设备材料、适箱件运输、空运和危险化学品运输。设备材料到场后，由现场材料管理专业接手，负责接运、开箱检验、入库、保管、发货、状态统计等。

五、采买工时消耗及加工制造定额工期

在采购计划中，采买周期和加工制造周期是构成各采购工作包工期的重要部分，这两部分工期，在一定程度内，可以依据定额工时来进行估算。

采买工作，指的是从招标方案审批到采购合同签订中间所进行的工作。采买周期的估计，是通过工作定额和步骤周期估算共同完成的。在采买过程中，制定招标方案、编制招标文件、发布招标公告、组织澄清、组织开标评标、发出中标通知书、确认合同条款、签署采购合同是采购各专业人员所从事的直接工作，通常每个工作包中对应的每一步工作，都有标准定额工时，

在项目应用过程中，将根据采买设备材料复杂度，对标准定额工时进行调整应用；编制投标报价文件、参与技术澄清、签署技术协议是厂商的工作，对应每步骤的周期，可以参考总承包标准要求或厂商以往经验来估算得到。

加工制造，是由厂商为主、总承包商参与审批把关的工作。由于能够承担关键长周期设备的厂商不多，生产制造本身就相当于一个小型EPC项目，较难采取定额估算其加工制造周期，时间估算主要还是依靠以往经验数据和厂商预询价。对于大宗散材，是可以利用定额来估算厂商加工制造周期的，定额依靠散材规格、总承包经验数据、厂商产能来确定，周期估算同时还要考虑厂商排产计划、设计专业材料表提交计划。

六、采购计划及控制风险分析

1. 采购计划风险分析

采购计划风险是进度计划所面临风险的一部分，指在采购过程中，由于各种意外情况的出现，使采购计划的实际结果与预期目标相偏离的程度和可能性。采购计划风险是由采购计划中各个工作包的计划风险组成的，具体来说，风险事件是指设备材料采购工作的延误，风险概率是指发生这种延误的可能性。采购计划风险与项目风险、其他阶段计划风险相联系，彼此互相影响。与采购风险一样，采购计划风险也分为内部风险和外部风险。其中内部风险分为：个人失职风险、制度流程风险。外部风险分为：自然风险、市场风险、政策风险、合同风险。

1）计划的内部风险

计划内部风险是指总承包企业及项目团队内部原因导致发生的风险，内部风险的出现是主观性的。

（1）个人失职风险：指由于岗位职责的特殊性及不相容岗位未实行分离，可能造成在岗人员不正确履行职责或不作为，造成失职，最终导致采购进度失控的结果，这种风险可能发生在采购经理、专业负责人等，个人失职风险包括选择不符进度要求的厂商、未能及时准确反馈厂商存在进度问题、做出错误的安排等。

（2）制度流程风险：指由于制度流程不完善，造成分工不明、缺位、沟通不畅等问题，导致采购计划延误发生。

2）计划的外部风险

计划外部风险是指总承包企业外部原因导致发生的风险，外部风险的出现具有客观性，是较难控制的。

（1）自然风险：由于自然灾害、季节气候、节假日等因素导致生产、运输受到影响，设备材料供货进度不能保证，影响工程进度。

（2）市场风险：由于材料价格暴涨或者通货膨胀等原因，导致原预算不能采购到相应物资，已签订合同不能顺利履行。

（3）政策风险：由于政策变化，项目迟迟拿不到路条或政策因素导致项目取消。

（4）合同风险：由于对供货方审核不严，产生合同欺诈，或由于对合同条款审核不严，导致合同争议等。

在编制采购总体进度计划的同时，需要从以上风险角度对计划进行分析，将风险识别出来，并预估采购计划风险发生结果的严重程度和概率，汇总记录到采购计划风险登记表中。针对风险登记表中的风险，项目团队需要提前进行风险规划，制定不同的风险应对措施，包括风险回避、损失控制、风险转移和风险保留。风险分析由风险管理人员主导，采购经理、计划经理共同参与完成，分析过程既要采取定性分析，也要采取定量分析的方法。风险应对措施要更新到风险登记表中，并定期进行更新发布，使项目参与采购管理的人员能够认识了解到风险、熟悉风险应对方法，减少风险对采购计划的影响。

2. 控制风险分析

控制风险与采购风险相对应，其应对控制手段也按照内部风险、外部风险类别来划分。

1）控制的内部风险

在建立采购团队初期注意用人选人标准；对岗位责任进行严格界定，加强公司合格厂商资源库的建设，把严厂商准入条件，严格执行招标采购管办分离原则，按照项目部编制招标文件及评标细则，专家评标推荐中标厂商，承包商（业主）根据评标结果确定中标人的工作流程，把确定标准、评标、定标三项工作分离开来，规避人为因素影响中标结果；在采购合同执行过程中，强调催交以项目为主、检验以专业为主的原则，加强对采购全过程、全方位的监督；注意流程制度的建设，在项目初期健全采购流程体系，根据实际问题完善采购工作程序。

2）控制的外部风险

加强市场调研，加强与供应商沟通交流，避开价格高峰，发现价格低谷，采用多个项目打包采购和战略合作伙伴签订长期合同，保证持续供应，确保价格控制；保持高度的政策敏感性，制定相应对策；确保供货商调查和评估到位，在采买阶段淘汰不合格厂商，对履约风险较大厂商加大监造力度，必要时向上升级管理；加强合同审查，确认合同内容、当事人主体、条款等是否准确完备；做好合同及往来文件台账、合同汇总及信息反馈，加强合同和文档管理；发掘多源供应商，分散供应风险，坚决避免效率低下的独家供应商。

七、采购计划的发布和使用

无论是作为项目总体进度计划，还是独立的计划，采购计划获得批准后，将正式发布给项目管理团队关键人员和采购专业人员，作为采购进度基准，为低层级计划编制提供依据。

采购一级至三级计划由项目统一管理，归档储存在项目系统平台；采购四级至五级计划属于内部专业层级的计划，一般由采购协调员或采购经理助理维护完善，存放在采购专业内部系统，并定期分享给计划专业。

采购计划的使用，主要体现在计划基准上。已发布的计划，自动成为项目进度的基准，通常被称作基准计划Baseline。在追踪项目进展、更新实际进度工作前，计划专业人员利用计划软件，将基准计划保存，既用于指导项目工作开展，也可作为对照为项目进度的分析预测提供依据。

八、采购计划的更新

计划专业根据采购反馈的进度检测数据，对采购工作进展进行跟踪，并定期测量统计采购工作包（或工作项）的实际进度数据，与批准的计划基准数据进行比较，以确定实际进度与计划进度的偏差。从而及时对偏差进行分析，确定进度趋势。

通常，与总体计划一致，采购一级至三级计划按月更新；采购四级、五级计划可根据项目实际，按周、半月、月的间隔来进行更新。采购计划的更新除了反馈到总体计划中，也会以进度表、柱状图、曲线图、描述等形式，体现在进度报告中。

进度更新完成后，如果实际进度和发展趋势向好，则只要按计划保持需要的投入，采购进度可以在一定时间内正常运行。当偏差超过阈值，则要采取必要的纠正措施，特别是对关键路径上的重要活动的延误，应采取及时妥善的有效措施，以确保工程进展尽快回到正轨，最终按计划完成。

当进度落后于计划较多时，采购专业应及时采取有效的补救措施，加强与厂商的协调，按计划控制工程进度和进行人工时调整。当发生重大变更时，应当调整计划，重新估算投入费用或资源，对采购计划也要做相应的修正。

第十节　项目施工进度计划的编制

一、施工进度计划分级分类

根据EPC总承包项目的特点，在项目执行初期，三级及以上深度的进度计划中，施工部分考虑施工方案，其内容一般只包括主要施工工作，相对设计和采购部分来说会略觉浅显。因此，三级及以上的施工计划，也可以定义为对应级别EPC进度计划的施工部分。随着项目的进行，施工方案细化，落实施工分包商后，将在现场开工前，编制详细施工进度计划，即施工四级、五级计划，这类施工计划可以独立存在，需要注意的是，在单独存在的施工计划中，也要包含相关设计图纸施工图发图时间和采购物资到货时间。

1. 施工一级计划

施工一级计划，即EPC一级计划的施工部分，处于施工进度计划中的最高层级，主要用于总承包方和业主双方的高层管理者、项目经理、施工经理、试车经理沟通，也同时使项目参与人员对于施工总体进度清晰明了。

施工一级计划主要包括施工和试车活动大的里程碑点，根据合同范围，可以包括例如现场准入、现场开工、打桩完成、地下基础工作完成、现场机械竣工、试车以及性能考核和项目移交时间等。

施工一级计划可以采用计划软件或Word/Excel编制，一般采用表格、横道图、网络示意图等方式输出，通常单装置EPC项目的施工一级计划最多只涵盖一套长周期关键设备的现场安装调试工作，以横道图表示，并且同时包含里程碑方式表示的上述若干重要节点。如果业主提出具体要求，则根据要求适当细化。

2. 施工二级计划

施工二级计划，即EPC二级计划的施工部分，属于施工总体执行计划，处于施工进度计划中的较高层级，主要用于总承包方和业主双方的高层管理者、项目经理、施工经理、试车经理沟通。施工二级计划使参与项目人员了解施工总体进度安排，涵盖施工一级计划全部内容，并将包括施工和试车重难点工作、大件吊装初步安排，以及各主要施工阶段周期。例如临设、桩、基础、建构筑物、设备安装、电仪安装、Ehouse授电、回路测试、单机测试、冷热试车等。

如果项目没有特殊要求，施工二级计划通常使用P6或PROJECT 软件编制，以横道图、网络示意图方式输出。单装置施工二级计划一般包括十几到二十几条作业，根据项目复杂程序和业主要求，作业数量可能会增加。关键路径上的所有活动要用明显区别于一般活动的颜色（一般以红色显示）表示。

受作业、逻辑关系的详细程度制约，通常，施工二级计划不用加载工作量、资源和费用。

3. 施工三级计划

施工三级计划（EPC三级计划的施工部分）是工作包级别的计划，也是建立施工和试车进度基准、控制施工和试车进度的主要依据。该计划的基础是施工二级计划。由于三级计划的编制通常在项目开始2～3个月内完成，施工的实施策略和细节还无法确定，所以第一版正式发布的三级计划中，施工阶段的内容大部分还无法达到三级的深度。该部分的三级计划需要在正式施工或试车活动开始前两个月进行补充、完善，并获得批准。

施工计划的编制需要充分考虑设计图纸、采购物资的配合能力。确定了施工和试车工作范围后，要更详细地描述具体可交付成果，通常采用工作分解结构WBS来定义更小、更易管理的单元。可以按照施工和试车的阶段、专业、区域和系统将可交付成果进行分组，这样的划分形成了施工和试车工作分解结构，组织并定义了整个施工和试车工作范围。由于多数项目有某种程度的相似性，所以WBS经常能被重复使用，因此建立一个企业级的模板库会带来很大方便。

如项目没有特殊要求，施工三级计划通常使用P6或PROJECT 软件编制，以横道图形式输出。根据项目内容、复杂程度和管控要求，EPC项目单装置的施工三级计划作业数量在几十至几百范围。在项目进行到施工或试车活动开始前两个月，在分别进行施工和试车三级计划细化之后，作业数量会继续上升，可以达到几百至上千条范围。关键路径上的所有活动要用明显区别于一般活动的颜色表示。

根据项目需要，施工三级计划可加载工作量、资源、费用，并形成“S”曲线，以供进行资源、费用方面的分析，并输出相关报告。

4. 施工四级计划

施工四级计划是在项目现场施工或试车工作开始前的2个月左右进行编制的，是建立施工和试车进度基准、测量及控制施工和试车进度的主要依据。施工四级计划将继续细化施工和试车工作分解结构，对应于每一个层次，都有对项目可交付成果更详细的描述，这些描述可作为计划中的作业单独列出。通常来讲，以工程实物的最小单元作为基本检测对象，做出具体的进度安排，并配置相关资源及费用。施工四级计划的基础是施工三级计划。作为三级计划的深化，四级计划中各项活动的时间周期不得超出其从属的三级计划活动的时间框架。施工四级计划独立存在。

施工四级计划通常采用已有的Excel编制，四级计划采用报表形式输出。施工四级计划中工作项的数量要大于对应的施工三级计划，达到几百至上万条。Excel形式的施工四级计划集编制、统计进度、实际进度跟踪和报表显示功能于一体，常被称为施工状态表CSR（Construction Status Report）。为表述的更加明确，可称之为施工计划及进度检测表。

施工四级计划可加载工作量、资源、费用，并可生成“S”曲线，实现实际进度检测、进度预测、进度差距分析等功能，并输出相关报告报表。

为测量单个工作包在每个周期的计划进度，需要对每个工作步骤赋予权重数值，这些工作步骤和权重通常是统一标准的。施工工作包常分为桩基施工、基础、地上土建、钢结构安装、管道安装、设备安装和其他活动作业，根据所属类别采取对应的进度测量方法统计进度，具体权重计算可以参照下一章节中“施工进度测量方法和要点”一节，在施工计划进度编制过程中和实际进度统计过程中需要采用一样的标准。

此外，伴随施工四级进度计划的完成，施工经理还要组织编制专项工作计划，用于指导各专业工作和与其他阶段职能专业对接，这些专项工作计划包括：

（1）人力计划，根据施工计划按专业编制出每月管理人员和施工工作人员的需求数量。

（2）机具计划，根据最终采购落实的物资到货计划和施工计划，编制每月大型机具的需求情况。

（3）三月滚动计划，通常在现场施工开始后编制，所谓三月，包括本月和即将到来的两月，该计划每月更新一次，编制基础为施工三级、四级计划和现场当前施工安排。三月计划的目的是使管理团队更加关注近期的工作进展及下一步的安排。发现进度中出现的主要问题并及时解决，同时做好下一步工作的协调与安排。

（4）三周滚动计划，除了时间周期有所不同，内容及形式与三月滚动计划类似。三周滚动计划比三月滚动计划由于更新周期短更关注细节，主要目的是进度管理更加精细。

（5）施工专项作业计划，在现场施工过程中，针对管道试压、大件设备吊装、压缩机及成套设备安装等在工期或技术要求上有一定难度的施工工作而专门编制的详细施工作业计划。

5. 施工早期计划

施工早期工作计划，是指项目初期由施工经理组织编制的施工执行计划，具体包括：

（1）施工分包计划，在项目执行初期，施工经理会根据项目各种特点，初步对施工工作进行划分，明确分包计划，同时对潜在分包商进行资质、生产负荷、生产经验等方面的调查。

（2）地基处理计划，根据项目所在地的情况，与设计相关人员一起确定地基处理的方案，明确地基处理工作的时间安排。

（3）临设计划，根据现场人力安排，编制人员办公区域临时设施建设的计划。

（4）主体结构施工方案，根据现场施工的经验，明确施工占位等要求，与项目经理、设计经理、设计相关专业一起交换意见，结合厂家反馈设计条件计划等因素，并考虑业主对现场的要求（例如业主指明某个框架作为现场形象进度等），确定主体结构施工面和施工顺序。在项目执行的过程中，设计专业将据此安排出图计划，这就是常说的施工组织设计。

（5）大型设备吊装方案，通常对于超限超重设备，为避免或减少二次倒运，施工经理将在项目执行初期考虑其吊装时间以及其所在框架的土建钢结构施工安排，并考虑相关吊装设备的租赁等工作。

二、施工计划 编制工作程序

1. 施工计划编制工作流程

建立一个项目的施工进度检测系统，首先要熟悉施工工作范围，建立的检测系统应能管理和控制施工工作范围内主要的可交付成果。确定工作范围的基础是合同要求，明确合同条款规定的约束条件是范围定义中重要的考虑因素。确定了工作范围，就能获得每个阶段的可交付成果要求。

（1）确定计划要求，明确施工总工期、子阶段工期、关键里程碑节点日期，定义工作内容（含工序）和施工术语，确定施工计划深度和编制过程要求。

（2）建立工作分解结构（WBS），按照已定义的工作内容，根据工作层级，将施工工作逐级分解为阶段、专业、主项和工作包。

（3）收集合同信息，整理、研究、消化合同文件（含报价阶段资料），掌握了解施工工作量（施工工作包数量、预计各专业投入人力、机具情况）。

（4）确定关键因素，包括施工重难点分析、施工方案、关键设备安装方式、施工风险识别和预计应对措施。

（5）收集其他所需要的信息，包括现场准入条件、项目所在地区人力情况，对外国工人入驻工作情况、现场地质情况、大型机具租赁情况、冬季雨季施工方案效率等，这些信息通常包含在施工执行计划中，在施工执行计划尚未成型时，可直接根据执行计划的输入条件来获取。

（6）确定项目日历，明确工作日、公共节假日及正常工作时间安排。

（7）编制计划初稿，包括建立计划结构、编制作业描述、填入作业工期、连接作业间逻辑关系、加载作业日历、加载作业资源、进行进度计算、完善作业编号、完善作业分类码、编制保存作业视图、打印可浏览版计划，以上为三级深度计划的编制初稿步骤，三级以上计划部分步骤可以省略。

（8）收集意见并调整计划，首先收集项目内部意见，进行计划专业内审查（包括室审），调整完成初版计划供项目团队内部正式审查。

（9）审批并调整计划，通过项目内部的审查后，将计划正式发布给业主或PMC，收集意见对计划进行调整。

（10）最终发布计划，施工计划得到业主/PMC批准后，正式发布给各相关部门及人员，作为整个项目进度执行的指导，以及更低层级计划的编制依据，并将该计划设置为施工基准计划Baseline。

2. 施工计划编制工作要求

施工计划的作业数量根据层级要求和工作内容确定，完成的施工计划，其编制应达到内部特征、外部特征、内容及深度要求。

1）内部特征

（1）计划结构合理清晰，满足合同工作范围要求，与WBS结构、专业、工作包划分一致。

（2）四级计划权重体系完善，同一WBS节点下一层所有工作项的相对权重加和是100%。

（3）四级计划工序进度日期完整，在进度表中，各交付物/工作包的计划完成百分比在项目结束时间应是100%。

（4）计划表格公式正确，各级汇总进度引用表格范围正确。

2）外部特征

（1）同类/级别文件格式统一一致。

（2）有完整的进度曲线/进度柱状图（根据需要），可满足各种报告汇总的要求。

（3）文字字体、大小得当。

（4）项目基本信息，包括项目编号、项目名称、业主信息、logo等，正确无误。

（5）页眉页脚、标题页码、图例标签完整无误。

3）内容及深度要求

（1）施工各级进度计划时间范围互相一致，并且与总体计划无冲突。

（2）充分完整反映施工的工作范围，将项目分解到与层级对应的工作单元，以便各级人员监控专业进度。

三、施工工作项逻辑关系

由于施工工作的特性，针对每个工作包来说，每项工作都是在前序工作完成的基础上才能开始，基本是属于最常见和最容易控制的FS关系。例如，某主项的土建施工，必须是开挖—垫层—绑钢筋—支模—浇筑—养护，一层一层来，直到最后回填完成。

但是不同的工作包之间，例如两个主项的土建施工，他们可以是同时进行，也可以是稍有错后，当然也可以是一个完成之后再做另一个主项，这主要取决于施工人力、作业面、混凝土供应情况等因素，当然，就针对地下土建施工而言，也会考虑上部钢结构的发图计划。例如一共有10个主项要进行地下基础施工，但是其中5个主项的上部结构图纸，由于订货、厂商反馈设计条件等原因，会发布的较晚，这时就没必要把10个主项的地下基础工作安排在同时进行，可以分批次进行安排，这样人力安排会相对合理，也可以减轻人员动迁和现场附近生活区的安排压力。总之，在相对合理的情况下，并不是所有工作都是越早越好，而是要能够完美衔接上后续工作，人员计划相对平滑最好，按此思路，通常留有一定的提前量去安排工作即可，这个一定的提前量通常称之为pocket time，直译可以理解为“放在兜里的时间”，也就是拿这个时间应对突发情况。

四、施工工时消耗及施工定额工期

在施工计划中，完成现场施工的工作过程是构成各施工工作包工期的重要部分，施工工期可以依据施工工时定额来进行估算。

施工定额工期是指完成一项施工活动所需要使用的人力、机具和时间。通常来说，可以将典型化工装置的施工划分为桩基施工、混凝土施工、钢结构安装、机械设备安装、工艺管道安装和电仪安装等。

桩基施工分为不同的桩型如预制桩、灌注桩等，每种桩又分为不同的长度，每台打桩机每天可以打几根某种类型的桩，就是该类桩基的定额工时。

混凝土施工通常会按照每台机器每天可浇筑混凝土量来作为施工定额工期考虑的依据。当然在具体进行施工活动安排时，需要考虑支模、浇筑、绑钢筋、混凝土养护、拆模等各个工序的时间周期。其中，某些工作需要再结合人力进行考虑，而某些工序的工期就是固定的。例如混凝土养护就是属于固定周期作业。

钢结构安装会根据施工作业面、施工人力安排和每个工人每天的工作量定额来考虑施工定额工期。

机械设备安装根据动静设备分开考虑，静设备主要考虑不同类型的设备吊装、就位时间，通常比较快，但大型设备要充分考虑现场满足设备安装条件时间、设备到货时间和大型吊装设备的租赁时间配合问题；对于转动设备而言，其安装周期相对较长，安装后的调试时间也要充分进行考虑，这些都施工工时消耗和定额工期考虑的基础。

工艺管道安装通常以每个工人每天可完成的焊接吋径（Din）量作为基础来考虑施工作业定额工期。

电仪安装作业的定额工期考虑基础是施工人力和作业面。

五、施工计划风险分析

施工计划风险是进度计划所面临风险的一部分，指在施工过程中，由于各种意外情况的出现，使施工进度实际结果与预期目标计划相偏离的程度和可能性。施工计划风险是由施工计划中各个工作包的计划风险和工作包之间的联系组成的。具体来说，风险事件是指现场施工作业的延误，风险程度是指由于某项或某些施工作业延误而带来的项目工期延误的周期，风险概率是指发生这种延误的可能性。施工计划风险与项目风险、其他阶段计划风险相联系，彼此互相发生影响。与施工风险一样，施工计划风险也分为内部风险和外部风险。内部风险分为：个人失职风险、制度流程风险。外部风险分为：自然风险、市场风险、政策风险、分包风险、采购风险。

1. 内部风险

内部风险是指总承包企业及项目团队内部原因导致发生的风险，内部风险的出现是主观性的：

（1）个人失职风险，指由于资质、技术能力、职业道德等原因，造成在岗人员不正确履行职责或不作为，最终导致施工进度失控的结果，这种风险可能发生在施工经理、专业负责人等，个人失职风险包括施工方案选择错误、施工工程量确认不当、施工质量控制不到位带来的返工等。

（2）制度流程风险，指由于制度流程不完善，造成分工不明、缺位、沟通不畅等问题，导致施工计划延误发生；也包含与项目采买专业之间的进度沟通，能否保证按施工进度需要提供相应设备、材料。

2. 外部风险

外部风险是指总承包企业外部原因导致的风险，外部风险的出现具有客观性，是较难控制的。

（1）自然风险，指由于自然灾害、天气等原因，导致的现场施工作业不能如期进行，或者效率的显著降低。

（2）市场风险，通常适用于国外项目，在施工机具的租赁、当地劳力的雇佣等方面，由于当地的条件，这些通常存在不可控的变数。

（3）政策风险，指在项目实施过程中，由于现场当地的政策变化，项目迟迟拿不到施工所需的各项许可，导致工程进度落后；也包括在国外现场的工作中，从总承包单位所在国派驻现场工程师和部分工人的签证、入场等问题是否能够按计划顺利进行。

（4）分包风险，指项目总承包商对各个施工分包商的进度、费用、质量等方面的控制风险；也包括各个分包商之间界面的协调，土建和安装分包商之间进度的协调等，以及各个分包商所派驻现场施工人员的工作能力，如焊接工人的焊接质量等。

（5）采购风险，指需要采购厂家派驻人员指导的设备安装，采购厂家对委派人员的安排，包括到场时间的安排、人员资质能力的风险等。

六、施工计划的发布和使用

无论是作为项目总体进度计划，还是独立的计划，施工计划获得批准后，将正式发布给项目管理团队关键人员和专业人员使用，并将放入施工分包商合同附件，作为施工进度基准，为低层级计划编制提供依据。

施工一级至三级计划由项目统一管理，归档储存在项目系统平台；施工四级至五级计划属于内部专业层级的计划，一般由施工分包商和现场施工计划人员进行维护完善，存放在施工专业内部系统，并定期分享给计划专业。

施工计划的使用，主要体现在计划基准上。在项目施工进度计划编制完成，并对施工活动逻辑关系、持续工期进行初步确定和调整、搭接，资源平衡之后，若此时的计划在时间、费用及资源分配方面满足合同要求，并取得项目各相关方批准，就可将此项目施工进度计划定义为目标计划。此目标计划不可随意更改，只有当项目发生了重大变化并且变化不能通过进度优化和调整得以解决，且得到了项目各相关方的认可和批准，才能调整项目目标计划。

已发布的计划，自动成为项目进度的基准，通常被称作基准计划Baseline。在追踪项目进展、更新实际进度工作前，计划专业人员利用计划软件，将基准计划保存，既用于指导项目工作开展，也可作为对照为项目进度的分析预测提供依据。

七、施工计划的更新

计划专业根据施工分包商反馈的进度检测数据，对施工工作进展进行跟踪，并定期测量统计施工工作包（或工作项）的实际进度数据，与批准的计划基准数据进行比较，以确定实际进度与计划进度的偏差。从而及时对偏差进行分析，确定进度趋势。

通常，与总体计划一致，施工一级至三级计划按月更新；施工四级、五级计划可根据项目实际，按周、半月、月的间隔来进行更新。施工计划的更新除了反馈到总体计划中，也会以进度表、柱状图、曲线图、描述等形式，体现在进度报告中。

进度更新完成后，如果实际进度和发展趋势向好，则只要按计划保持需要的投入，施工进度可以在一定时间内正常运行。当偏差超过阈值，则要采取必要的纠正措施，特别是对关键路径上的重要活动的延误，应采取及时妥善的有效措施，以确保工程进展尽快回到正轨，最终按计划完成。

当进度落后于计划较多时，施工专业应及时采取有效的补救措施，加强与分包商的协调，按计划控制工程进度，进行人工时、工作作业时间以及机具的调整。当发生重大变更时，应当调整计划，重新估算投入费用或资源，对施工计划也要做相应的修正。

通常来讲，针对施工计划，可采用平行作业、交叉作业、缩减工期的措施减少施工时间，弥补前序工作造成的时间拖延。

1. 平行作业

所谓平行作业就是让两个或多个作业同时进行。例如，在施工工序允许情况下，将原定计划中顺序安装的两台或多台机组，修改成同时开始进行安装。

2. 交叉作业

所谓交叉作业就是一项作业还未结束时就让另一项作业开始。例如机组安装与系统调试的关系，在原定计划中，安排机组全部安装完成，再开始系统调试，而在实际执行过程中，由于前期进度落后等原因，需要追赶进度时，可以在一部分机组安装完成后，而另一部分机组尚未全部安装完成时，就开始已完成机组的调试工作，即原定计划中的系统调试工作在逻辑关系上比原计划提前开始，这样通过部分搭接的工作安排，可以缩短整个工作包中后续工作的持续完成时间。

3. 缩减工期

缩减工期就是针对某项作业或某些作业，通过增加人力、加班、增加机具等方法，使其比照常规情况安排的计划工期来说，在更短时间内完成，从而弥补前期进度的拖延。

上述所有的方法都会涉及人力、机具、费用等方面的增加，所以，最主要的还是加强沟通、加强监控来保证进度按计划执行。

八、对施工分包商计划编制、检测、上报

施工工作的性质决定大部分总承包项目的现场施工部分需要分包给专门的施工单位，对于典型化工项目来说，通常会分为桩基施工分包商、土建施工分包商和安装施工分包商。具体到每个项目，根据项目规模，每类分包商通常不止一家，而且各个分包商之间又有工作界面的交叉。正是由于施工工作的这种特性，对施工分包商的计划编制和进度控制就显得尤为重要。

施工分包合同签订后，分包商将按照总包单位提出的要求进行所分包范围内现场施工计划编制。施工分包商是施工工作执行的具体单位，其所编制的施工计划属于施工四级、五级计划，在其内部进行使用，计划更新以实物完成工作量为基础，具体完成工程量需要获得总包单位现场专业工程师的确认，分包商需要定期将进度更新情况反馈给总包单位的计划控制部门。

施工分包商的计划编制通常按照区域—专业—工作包—工作项来划分WBS，工作项要包含其全部分包范围内容，每个单项作业达到工序深度，计划中明确包含全部质量检查时间点。通常，施工进度会采用三周滚动计划进行控制，明确每天人力、机具安排、每周工作安排，形成每天报告机制。日报中每天投入的人力机具、完成的工程量都需要总承包商或PMC专业工程师确认。对于实际进度的更新，由施工分包方采集检测数据。

总承包单位的计划控制部门应在定期对施工分包商的工作进展进行检测的基础上，对施工分包商完成的工序在进度检测系统中进行记录，取得相应的进度值，按WBS层级汇总，自下而上，可得到各专业、各区域、各个阶段及汇总的进度值。总包单位的施工专业工程师和计划工程师需审核检测数据并汇总计算、编制实际进度曲线，同时上报项目管理部门。

第十一节　试车计划的编制

一、试车计划分级分类

试车（这里的试车为试车和开车的总称，包括预试车、系统联动的冷试车和投料开车的热试车）是工程项目设计、采购和施工的延续，是对设计、

采购和施工成果的检验。试车将工程项目从建设阶段向生产阶段转化，是EPC总承包商向业主移交工程的一个重要里程碑。

根据EPC总承包项目的特点，试车计划一般和施工计划的编制作为一个整体进行统筹部署。在项目执行初期，其内容一般只包括试车工作的主要部分，随着项目的进行，到施工的中后期，试车方案细化，编制详细试车进度计划，即试车四级、五级计划。需要注意的是，预试车、试车分别在机械竣工前后进行，有着一个比较明确的时间分割点——机械竣工，同时在工程建设后期，可以按照区域和系统进行分步竣工验收，所以整个试车过程的许多工作既分工明确又相互平行、交叉或渗透。在计划编制中，预试车和试车计划可以作为两大块分别考虑，也要包含施工收尾和关键尾项处理时间及试车物资到货时间。

1. 试车一级计划

试车一级计划，即EPC一级计划的试车部分，处于试车进度计划中的最高层级，主要用于总承包方和业主双方的高层管理者、项目经理、试车经理沟通，也同时使项目参与人员对于试车总体进度清晰明了。

试车一级计划主要包括试车活动大的里程碑点，根据合同范围，可以包括例如预试车、机械竣工、冷试车、热试车以及性能考核和项目移交时间等。

试车一级计划可以采用计划软件或Word/Excel 编制，一般采用表格、横道图、网络示意图等方式输出，通常单装置EPC项目的试车一级计划以横道图表示，并且同时包含里程碑方式表示的上述若干重要节点。如果业主提出具体要求，则根据要求适当细化。

2. 试车二级计划

试车二级计划，即EPC二级计划的试车部分，属于试车总体执行计划，处于试车进度计划中的较高层级，主要用于总承包方和业主双方的高层管理者、项目经理、试车经理沟通。试车二级计划使参与项目人员了解试车总体进度安排，涵盖试车一级计划全部内容，并将包括试车重难点工作、关键节点，以及各主要试车阶段周期。例如试车团队建立、人员培训、Ehouse授电、回路测试、单机测试、烘炉煮炉、泄漏测试、SAT、SIT、功能测试、性能测试等。

如果项目没有特殊要求，试车二级计划通常使用P6或PROJECT 软件编制，以横道图、网络示意图方式输出。关键路径上的所有活动要用明显区别于一般活动的颜色（一般为红色）表示。

受作业、逻辑关系的详细程度制约，通常试车二级计划不用加载工作量、资源和费用。

3. 试车三级计划

试车三级计划是建立施工和试车进度基准、控制施工和试车进度的主要依据。该计划的基础是试车二级计划。由于三级计划的编制通常在项目开始2～3个月内完成，试车的实施策略和细节还无法确定，所以第一版正式发布的三级计划中，试车阶段的内容大部分还无法达到三级的深度。该部分的三级计划需要在施工中期、机械竣工前或试车活动开始前两个月进行补充、完善，并获得批准。

试车计划的编制需要完善考虑设计图纸、采购物资和施工管理的配合能力。确定了试车工作范围后，要更详细地描述具体可交付成果，通常采用工作分解结构WBS来定义更小、更易管理的单元。可以按照试车的阶段、专业、区域和系统将可交付成果进行分组，这样的划分形成了试车工作分解结构，组织并定义了整个试车工作范围。

如项目没有特殊要求，试车三级计划通常使用P6或PROJECT 软件编制，以横道图形式输出。根据项目内容、复杂程度和管控要求，EPC项目单装置的试车三级计划作业数量在几十至上百范围。在项目进行到施工中期、机械竣工前或试车活动开始前两个月，在分别进行施工和试车三级计划细化之后，作业数量会继续上升，可以达到几百至上千条范围。关键路径上的所有活动要用明显区别于一般活动的颜色表示。

根据项目需要，试车三级计划可根据施工计划加载工作量、资源、费用，并形成“S”曲线，以供进行资源、费用方面的分析，并输出相关报告。

4. 试车四级计划

试车四级计划的是在项目现场试车工作开始前的2个月左右进行编制的，是建立试车进度基准、测量及控制试车进度的主要依据。试车四级计划将继续细化施工和试车工作分解结构，对应于每一个层次，都有对项目可交付成果更详细的描述，这些描述可作为计划中的作业单独列出。通常来讲，以工程实物的最小单元作为基本检测对象，做出具体的进度安排，并配置相关资源及费用。试车四级计划的基础是试车三级计划。作为三级计划的深化，四级计划中各项活动的时间周期不得超出其从属的三级计划活动的时间框架试车四级可以和施工计划四级计划一起独立存在。

试车四级计划通常采用已有的Excel编制，四级计划采用报表形式输出。试车四级计划中工作项的数量要大于对应的采购三级计划，达到几百至几千条。

此外，伴随试车四级进度计划的完成，试车经理还要组织编制专项工作计划，用于指导各专业工作和与其他阶段职能专业对接，这些专项工作计划包括：

（1）人力需求计划，根据试车计划按专业编制出每月管理人员和试车工作人员的需求数量。

（2）工机具需求计划，根据施工计划和试车计划，编制常用工器具和试车特殊工器具的需求情况。

（3）消耗材料需求计划，根据厂家文件、设计要求和现场试车计划需要编制润滑油脂需求计划、化学药剂需求计划和试车备品备件需求计划。

（4）人员培训计划，通常在机械竣工前2个月左右编制，根据厂家建议、现场需求和业主要求，编制包含对业主工程师和操作维护人员的培训计划，内容主要是各专业设计原理和依据、各关键设备的操作手册和编制的试车方案，同时做好培训时间、培训时长和培训人的初步计划。

（5）厂家服务计划，充分结合施工计划和试车计划，兼顾安装指导、人员培训、现场调试和性能考核等各方面，主要目的是确保装置按照设计要求实现投产运行。

二、试车计划编制工作程序

1. 试车计划编制工作流程

建立一个项目的试车进度检测系统：首先要根据合同要求，明确合同条款规定的约束条件，熟悉试车工作范围，获得每个阶段的可交付成果，从而建立能够管理和控制试车工作范围内主要可交付成果的检测系统。

试车计划编制工作流程包括如下几个过程：

（1）确定计划要求，明确试车总工期、子阶段工期、关键里程碑节点日期，定义工作内容（含工序）和试车术语，确定试车计划深度和编制过程要求。

（2）建立工作分解结构（WBS），按照已定义的工作内容，根据工作层级，将试车工作逐级分解为阶段、专业、主项和工作包。

（3）收集合同信息，整理、研究、消化合同文件（含报价阶段资料），掌握了解施工工作量。

（4）确定关键因素，包括试车重难点分析、施工方案、关键设备安装方式、施工风险识别和预计应对措施。

（5）收集其他所需要的信息，包括现场准入条件、项目所在地区人力情况，对外国工人入驻工作情况、现场地质情况、大型机具租赁情况、冬季雨季施工和试车效率等，这些信息通常包含在施工执行计划和试车总体执行计划中。

（6）确定项目日历，明确工作日、公共节假日及正常工作时间安排。

（7）编制计划初稿，包括建立计划结构、编制作业描述、填入作业工期、连接作业间逻辑关系、加载作业日历、加载作业资源、进行进度计算、完善作业编号、完善作业分类码、编制保存作业视图、打印可浏览版计划，以上为三级深度计划的编制初稿步骤，三级以上计划部分步骤可以省略。

（8）收集意见并调整计划，首先收集项目内部意见，进行计划专业内审查（包括室审），调整完成初版计划供项目团队内部正式审查。

（9）审批并调整计划，通过项目内部的审查后，将计划正式发布给业主或PMC，收集意见对计划进行调整。

（10）最终发布计划，试车计划得到业主和/或PMC批准后，正式发布给各相关部门及人员，作为整个项目进度执行的指导，以及更低层级计划的编制依据，并将该计划设置为试车基准计划Baseline。

2. 试车计划编制工作要求

试车计划的作业数量根据层级要求和工作内容确定，完成的试车计划，其编制应达到内部特征、外部特征、内容及深度要求。

1）内部特征

（1）计划结构合理清晰，满足合同工作范围要求，与WBS结构、专业、工作包划分一致。

（2）四级计划权重体系完善，同一WBS节点下一层所有工作项的相对权重加和是100%。

（3）四级计划工序进度日期完整，在进度表中，各交付物/工作包的计划完成百分比在项目结束时间应是100%。

（4）计划表格公式正确，各级汇总进度引用表格范围正确。

2）外部特征

（1）同类/级别文件格式统一一致。

（2）有完整的进度曲线/进度柱状图（根据需要），可满足各种报告汇总的要求。

（3）文字字体、大小得当。

（4）项目基本信息，包括项目编号、项目名称、业主信息、logo等，正确无误。

（5）页眉页脚、标题页码、图例标签完整无误。

3）内容及深度要求

（1）试车各级进度计划时间范围互相一致，并且与总体计划无冲突。

（2）充分完整反映试车的工作范围，将项目分解到与层级对应的工作单元，以便各级人员监控专业进度。

三、试车工作项逻辑关系

对整个项目而言，预试车和试车分别在机械竣工前、后进行，机械竣工是二者的时间分割点。同时在工程建设中，可以按照区域和系统进行分步竣工验收，在前期完成机械竣工的系统或区域内，根据总包商和业主双方的协商结果，可以先行启动试车工作。整个试车过程的许多工作既分工明确又相互平行、交叉或渗透。

由于试车工作的特性，针对特定的工作包来说，每项工作都是需要在前序工作完成的基础上才能开始，基本是属于最常见和最容易控制的FS关系。例如某系统试车工作，必须是安装检查—吹扫清洗—泄漏测试—冷试车—热试车—性能考核，一层一层来，直到最后试车完成。

但是不同的工作包之间，例如两个不相关联区域或系统的试车工作，他们可以是同时进行，也可以是稍有错后，这主要取决于施工人力、作业面、下一步试车需求等因素。例如公用工程冷却水系统和污水系统，总体要求是先实现公用工程的试车，但在主工艺系统试车之前，很多试车活动根据现场实际进展情况和试车人力、物资和器具的准备情况，可以择机而动。总之，在相对合理的情况下，并不是所有工作都是越早越好，而是要能够完美衔接上后续工作，人员计划相对平滑最好。

四、试车计划风险分析

试车计划风险是进度计划所面临风险的一部分，指在试车过程中，由于各种意外情况的出现，使试车进度实际结果与预期目标计划相偏离的程度和可能性。试车计划风险是由试车计划中各个工作包的计划风险和工作包之间的联系组成的。具体来说，风险事件是指现场试车作业的延误，风险程度是指由于某项或某些施工作业延误而带来的项目工期延误的周期，风险概率是指发生这种延误的可能性。试车计划风险与项目风险、其他阶段计划风险相联系，彼此互相发生影响。试车计划风险也分为内部风险和外部风险。内部风险分为：个人失职风险、制度流程风险。外部风险分为：自然风险、市场风险、政策风险、分包风险、采购风险。

1. 内部风险

内部风险是指总承包企业及项目团队内部原因导致发生的风险，内部风险的出现是主观性的。

（1）个人失职风险，指由于资质、技术能力、职业道德等原因，造成在岗人员不正确履行职责或不作为，最终导致试车进度失控的结果，这种风险可能发生在试车经理、专业负责人等，个人失职风险包括试车方案选择错误、润滑油脂、化学药剂等采购量确认不当、试车质量控制不到位带来的返工等。

（2）制度流程风险，指由于制度流程不完善，造成分工不明、缺位、沟通不畅等问题，导致试车计划延误发生；也包含与项目采买专业之间的进度沟通，能否保证按试车进度需要提供相应设备、材料。

2. 外部风险

外部风险是指总承包企业外部原因导致的风险，外部风险的出现具有客观性，是较难控制的。

（1）自然风险，指由于自然灾害、天气等原因，导致的现场试车作业不能如期进行，或者效率的显著降低。

（2）市场风险，通常适用于国外项目，在机具的租赁、当地劳力的雇佣，相关试车采购的采购等方面，由于当地的条件，这些通常存在不可控的变数。

（3）政策风险，指在项目实施过程中，由于现场当地的政策变化，项目迟迟拿不到试车所需的各项许可，导致工程进度落后；也包括在国外现场的工作中，从总承包单位所在国派驻现场工程师和部分工人的签证、入场等问题是否能够按计划顺利进行。

（4）分包风险，指项目总承包商对各个试车分包商的进度、费用、质量等方面的控制风险；也包括各个分包商之间界面的协调等，以及各个分包商所派驻现场试车人员的工作能力。

（5）采购风险，指需要采购厂家派驻人员指导的设备调试，采购厂家对委派人员的安排，包括到场时间的安排、人员资质能力的风险等。

五、试车计划的发布和使用

无论是作为EPC总体计划，还是独立的计划，试车计划获得批准后，将正式发布给项目管理团队关键人员和专业人员使用，并将放入分包商合同附件，作为试车进度基准，为低层级计划编制提供依据。

一般来说，预试车计划将和施工计划一同发布，并根据施工计划的更新进行调整，试车计划将根据项目和业主要求，可与施工计划一同发布或单独发布使用。

试车一级至三级计划由项目统一管理，归档储存在项目系统平台；四级至五级计划属于内部专业层级的计划，一般由分包商和现场计划人员进行维护完善，存放在试车专业内部系统，并定期分享给计划专业。

试车计划的使用，主要体现在计划基准上。已发布的计划，自动成为项目进度的基准，通常被称作基准计划Baseline。在追踪项目进展、更新实际进度工作前，计划专业人员利用计划软件，将基准计划保存，既用于指导项目工作开展，也可作为对照为项目进度的分析预测提供依据。

六、试车计划的更新

计划专业根据试车分包商反馈的进度检测数据，对试车工作进展进行跟踪，并定期测量统计试车工作的实际进度数据，与批准的计划基准数据进行比较，以确定实际进度与计划进度的偏差。从而及时对偏差进行分析，确定进度趋势。

通常，与总体计划一致，试车一级至三级计划按月更新；四级、五级计划可根据项目实际，按周、半月、月的间隔来进行更新。试车计划的更新除了反馈到总体计划中，也会以进度表、柱状图、曲线图、描述等形式，体现在进度报告中。

进度更新完成后，如果实际进度和发展趋势向好，则只要按计划保持需要的投入，试车进度可以在一定时间内正常运行。当偏差超过阈值，则要采取必要的纠正措施，特别是对关键路径上的重要活动的延误，应采取及时妥善的有效措施，以确保工程进展尽快回到正轨，最终按计划完成。

当进度落后于计划较多时，试车专业应及时采取有效的补救措施，加强与分包商的协调，按计划控制工程进度，进行人工时、工作作业时间以及机具的调整。当发生重大变更时，应当调整计划，重新估算投入费用或资源，对试车计划也要做相应的修正。

通常来讲，针对试车计划，可采取平行作业、交叉作业、缩减工期的措施减少施工时间，弥补前序工作造成的时间拖延。

1. 平行作业

所谓平行作业就是让两个或多个作业同时进行。例如工业水系统和循环水系统的调试，可通过临时管线提供水源，推动两个系统的调试工作同期开展。

2. 交叉作业

所谓交叉作业就是一项作业还未结束时就让另一项作业开始。例如机组安装与系统调试的关系，在原定计划中，我们安排机组全部安装完成，再开始系统调试，而在实际执行过程中，由于前期进度落后等原因，需要追赶进度时，可以在一部分机组安装完成后，而另一部分机组尚未全部安装完成时，就开始已完成机组的调试工作，即原定计划中的系统调试工作在逻辑关系上比原计划提前开始，这样通过部分搭接的工作安排，可以缩短整个工作包中后续工作的持续完成时间。

3. 缩减工期

缩减工期就是针对某项作业或某些作业，通过增加人力、加班、增加机具等方法，使其比照常规情况安排的计划工期来说，在更短时间内完成，从而弥补前期进度的拖延。

上述所有的方法都会涉及人力、机具、费用等方面的增加，所以，最主要的还是加强沟通、加强监控来保证试车进度按计划执行。

第五章 EPC总承包项目进度控制

第一节 EPC总承包项目进度控制的原则

项目主进度计划的编制主要发生在合同签订后的前3个月，各种专项计划会在项目进展到一定阶段、具备相关输入条件后才开始编制；而项目进度控制的过程是贯穿项目整体生命周期，对项目按期完工起着至关重要的作用。

一、量化测量控制原则

量化计算，是最有实效的进度统计计算方法。在项目进度控制中，将项目计划中最底层的每一条活动/作业进行量化，通过每条活动/作业的实际工作量完成情况，进行进度检测和控制，统计出来的进度数据是真实有依据的。这种方式困难在于分配给每条活动/作业的工作量量化数据依据，对于明确工作量的作业直接输入计划工作量总值作为完成时的100%目标即可，而针对无法明确描述所需工作量的作业，例如管理工作等，就需要通过估算的方式进行数量分配，这需要相关人员具有丰富的经验，或者工程公司数据库里面有类似项目的执行数据来做参考。

二、进度与费用一体化控制原则

EPC合同生效后，承包商应建立进度检测体系并作为项目进度百分比计算的唯一依据。在项目进展过程中，基于此体系计算出的进度数据往往需提供给费用控制经理作为费用测量及计算、付款的依据。在进度计划的编制过程中，保持项目WBS和CBS分解一致，尽可能地将项目费用分解到可测算的最低层级，这样，在项目执行过程中，实际进度就能反映出费用消耗的真实情况，有利于项目费用控制工作。

三、赢得值评估原则

赢得值分析法是在工程项目实施中使用较多的一种方法，是对项目进度和费用进行综合控制的一种有效方法。该方法的核心是将项目在任一时间的计划指标、完成状况和资源耗费综合度量，按进度转化为货币，或人工时。

赢得值分析法的价值在于将项目的进度和费用综合度量，从而能准确描述项目的进展状态。通过项目赢得值的分析，可以预测项目可能发生的工期滞后量和费用超支量，从而督促项目及时采取纠偏措施，实现项目管理的有效控制。

计划工作量的预算费用（BCWS），即Budgeted Cost for Work Scheduled，BCWS是指项目实施过程中某阶段计划要求完成的工作量所需的预算费用。计算公式为：BCWS=计划工作量×预算定额。BCWS主要是反映按计划应当完成的工作量（用费用表示）。

BCWS是与时间相联系的，当考虑资金累计曲线时，是在项目预算S曲线上的某一点的值。当考虑某一项作业或某一时间段时，例如某一月份，BCWS是该作业或该月份包含作业的预算费用。

已完成工作量的实际费用（ACWP），即Actual Cost for Work Performed，有的资料也称AC（实际值）。

ACWP是指项目实施过程中某阶段实际完成的工作量所消耗的工时（或费用）。ACWP主要反映项目执行的实际消耗指标。

已完工作量的预算成本（BCWP），即Budgeted Cost for Work Performed，或称挣值、盈值和挣得值。BCWP是指项目实施过程中某阶段按实际完成工作量及按预算定额计算出来的费用，即挣得值（Earned Value）。BCWP的计算公式为：BCWP=已完工作量×预算定额。BCWP的实质内容是将已完成的工作量用预算费用来度量。

四、动态分析和预测预警原则

由于项目的独特性和暂时性，因此项目管理的基本内涵就是应对项目执行过程中的各种变化，项目进度控制也是动态发展的。项目执行初期，需建立项目基准计划，在此基础上根据项目进展不断更新实际进度，通过计算，对比实际状态和基准计划的偏差，来分析、预估和预警项目的发展趋势，尽量规避项目滞后的风险，推动项目顺利执行。

第二节 EPC总承包项目进度控制工作流程

一、EPC总承包项目工作流程图

EPC总承包项目中的设计、采购、施工的组织实施，是统一策划、统一组织和协调的。各阶段之间存在着合理的深度交叉，这样，既有利于整体项目执行优化，还能在保证各阶段合理周期的前提下，缩短总工期，提高经济效益。

一般EPC总承包工程的工作流程示意如图5-1所示。

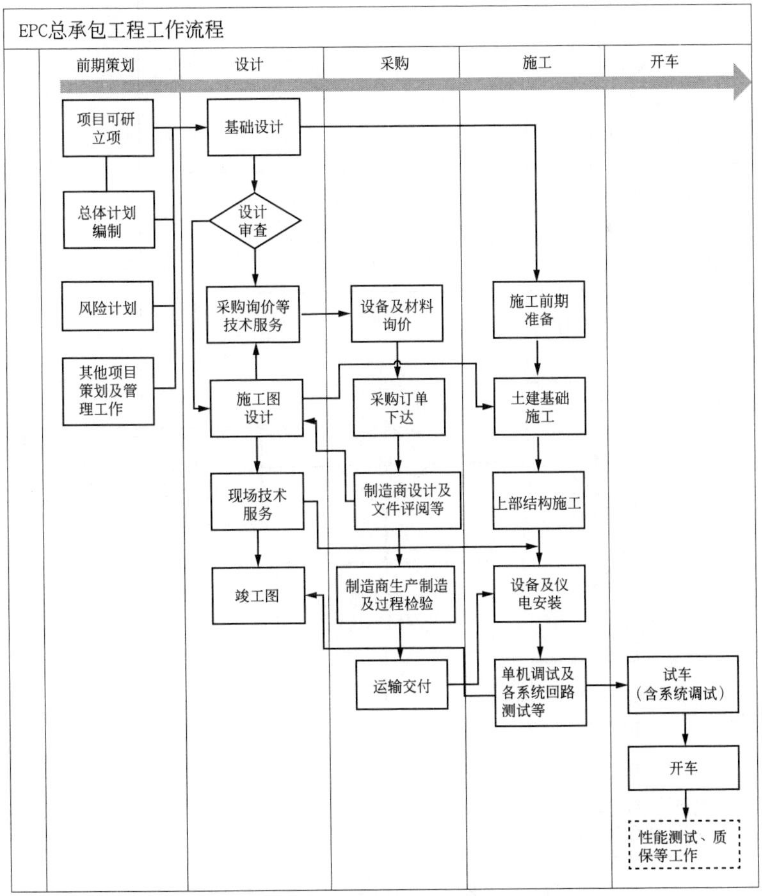

图5-1 EPC总承包工程的工作流程图

二、项目进度控制的简要控制流程

项目进度控制的基本概念是计划—执行—发现偏差—纠正偏差—执行的过程，其基本工作流程如图5-2所示。

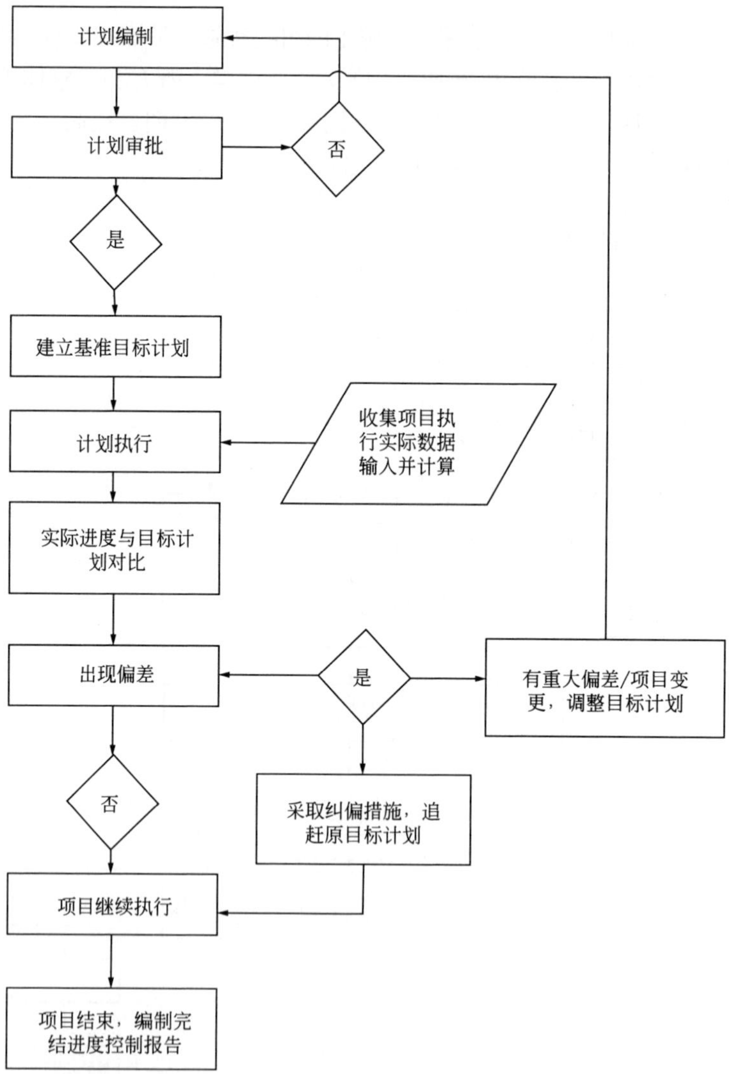

图5-2　项目进度控制的简要流程图

三、项目进度控制的流程说明

首先，在项目执行初期，要根据项目的装置特点、总体要求、合同规定、工作范围等信息编制项目一级、二级、三级计划，包括设计、采购和施工各阶段的主要活动/作业，并考虑前后活动/作业的逻辑关系和工作周期。项目计划需上报项目部及业主审批，审批确认后的项目计划设置为目标基准计划，在项目执行过程中按目标计划中的时间要求来监督各阶段项目的执行情况。项目控制是根据项目基准计划来进行的，这是项目控制的基本思路。

其次，在项目执行过程中，要及时收集项目各阶段活动/作业的进度数据信息并定期在进度计划中予以更新，更新并再计算后的进度计划称之为当前计划，将其与基准计划进行对比，查看是否出现进度偏差，偏差值等于实际进度减去计划进度。如果出现零偏差或正偏差，则说明项目执行实际进度值等于或提前于计划进度值，项目当前执行状态很好，只需按照当前情况继续执行即可；如果出现负偏差，则说明实际进度落后于计划进度，项目在执行过程中，设计、采购或施工某阶段的工作进度出现滞后，需及时分析滞后原因并采取相应的措施纠偏。如果因各种主观或客观原因（如审批流程、合同范围变化、自然天气变化等）导致项目进度负偏差较大，在短期内很难纠偏过来，则需在当前执行情况的基础上，组织项目部、设计、采购及施工部门对项目计划进行讨论及分析，合理调整相应的工作顺序及周期，从而对项目执行计划进行调整，当然此版计划仍需重新报项目部及业主审批，并以审批后的计划为第二目标计划，继续定期进行进度收集、更新与对比、分析、纠偏等进度控制工作。通常来说，这种调整会伴随着费用的增加和工期的变化，所以，在调整计划时，要认真分析和说明调整的原因、采取的措施、费用的变化情况及对项目总工期的影响等，避免因合同条款中的某些约定带来不必要的罚款等。

最后，在项目完工后，应根据项目本身的特点、难点，编制项目完工控制报告，总结项目执行过程中有关进度控制方面出现的种种问题及解决方法，包括对项目的设计、采购和施工等各执行阶段进行进度控制的经验、教训和感悟等。

第三节　EPC总承包项目进度控制的工作内容

一、建立项目进度控制体系

项目进度控制体系主要是便于项目及业主方快速了解和掌握项目各阶段各部门执行情况，一般是基于项目工作分解结构（WBS）建立的。这样有利于进度计划的编制及保证控制体系的整体性和一贯性。项目进度控制体系的建立，首先需要完成项目进度计划（至少是三级计划）编制工作，并上报项目部和业主审批。经审批确认后，设定为基准进度计划/目标计划。

项目计划确立之后，需要进行项目进度控制测量体系的建立。建立过程首先是针对项目计划来完成计划数据的建立，明确测量方式，针对项目计划的每条活动/作业实现资源加载，对项目各阶段各专业的任务进度进行分配。具体来讲，某项活动占所考察范围工作量的比重，可以以费用或工时为基础进行计算。权重是进度检测工作中十分重要的概念，是对进度进行定量跟踪和控制的基础。通常情况，采用权重分级控制的方式，逐级分解，直至细分到直观、简单、有效和可测量单位。每一级的权重和为100%，然后再根据项目的实际情况、项目合同的要求进一步逐级分解，直至分解到能够测量的最小单位。这样从最低层级的活动开始，向上逐层进行计算，汇总得到各层级项目计划进度数据及至项目总计划进度，就基本完成了项目进度控制测量体系的建立。在项目执行过程中，根据实际执行状态对最底层的每项活动进行进度更新，自动向上逐层计算和统计汇总，得到项目执行过程中实际进度数据。项目进度控制测量体系是项目进度控制工作的重要手段和评估依据。

项目目标计划和进度测量体系是项目进度控制体系的基础和重要组成部分。通常情况是在四级计划的基础上，通过各层级活动的权重分配和各类作业里程碑点的划分，以Excel表格和“S”曲线，即进度曲线直观的表达出每期计划和进度数据。

进度曲线实际上是对项目各部分和项目整体进行进度预测和实际进度测量后绘制的项目进展情况曲线，因其形状是S形，所以也被称为“S”曲线。

“S”曲线的横轴是时间轴，可以根据项目周期，设置为周或月。竖轴为进度百分比，从0到100%。曲线内容都是成对出现的，一条是计划曲线，即项目进度基准曲线；一条是实际进度曲线，通过两条曲线的直接对比，反映项目计划和实际进度控制方面存在的差异；也可以根据项目的进展预期，在实际进度曲线的基础上，根据目前项目的执行情况，向后预期项目完成的后续时间周期内的曲线，即项目预测曲线。

一个基于成熟、完整的进度测量系统基础上的“S”曲线是项目计划控制的基本工具，如图5-3所示。

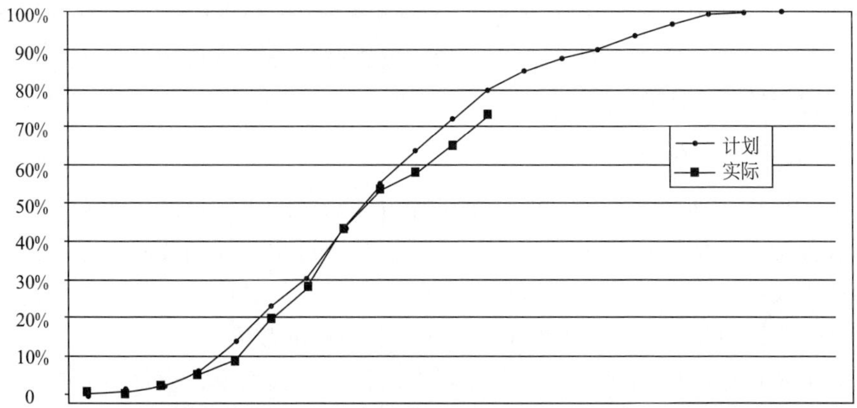

	Aug-01	Sep-01	Oct-01	Nov-01	Dec-01	Jan-02	Feb-02	Mar-02	Apr-02	May-02	Jun-02	Jul-02	Aug-02	Sep-02	Oct-02	Nov-02	Dec-02	Jan-03	Feb-03	Mar-03	
计划	0.00%	0.67%	1.87%	6.03%	13.85%	23.21%	30.38%	43.08%	54.90%	63.70%	72.43%	79.80%	84.56%	87.96%	90.53%	93.85%	97.15%	99.14%	99.77%	100.00	
实际	0.00%	0.10%	2.30%	5.20%	8.96%	19.85%	27.82%	43.74%	53.53%	57.76%	64.74%	73.12%									

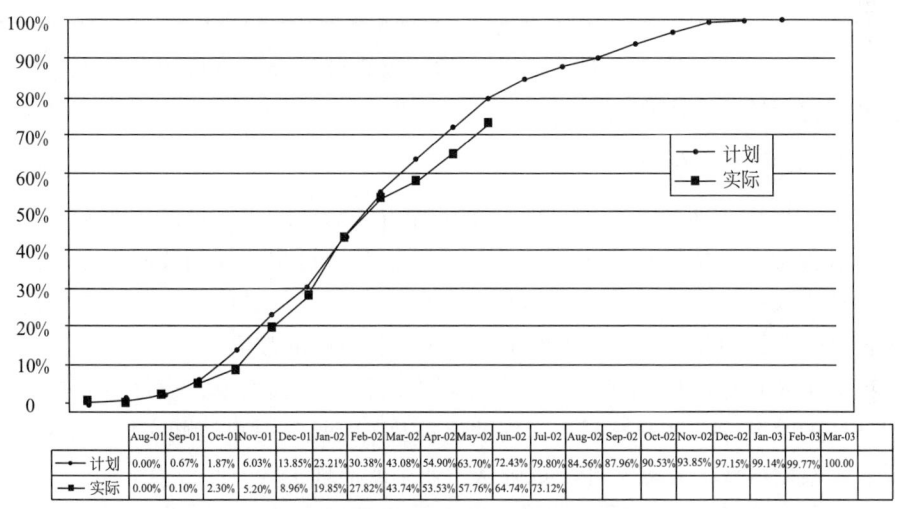

图5-3 项目进度控制“S”曲线示意图

曲线直观的表达出实际进度和计划进度之间的差异，可以通过四级、五级计划确认进度偏差来源，从而针对性加强控制。

二、对项目进度进行检测

1. EPC总承包项目总体权重分配

一级权重分解方法即合同费用基准法。合同费用基准法是指以合同成本或合同估算金额分解所占总合同价格的百分比作为本项权重的方法。由于采用的是合同报价时的合同成本分解，所以这种方法比较容易得到业主及PMC等相关方的认可。计算见表5-1。

表5-1　EPC总承包项目总体权重分配示例

项目	合同分解成本 / 万美元	权重
设计 E	500	5%
采购 P	6000	60%
施工 C	3000	30%
试车 CO	500	5%
EPC 合计	100000	100%

设计、采购、施工、试车各阶段的权重百分比分配也可以与业主根据项目费用实际情况协商确定。

2. 工序权重分配

工序权重，即某一类活动的特定步骤占该活动的工作量的比重。在项目执行过程中，应依照项目进度控制体系，根据项目总体控制要求、基准进度计划和主要控制点，收集和梳理项目各阶段各任务的进展状态等相关信息，依据进度测量的要求，可自下而上汇总出项目进度的数值。

对于项目总体控制计划（二级计划）而言，一般来说，设计主要控制点包括：关键设计文件的发表，长周期设备及关键设备材料请购文件（MR）的发表，模型审核、关键文件审批确认（业主或监理）等时间节点。

采购主要控制点包括：长周期设备及关键设备材料的采购计划完成及审批，长周期设备及关键设备材料合同签订，厂商资料返回、设备到场和材料到场等时间节点。

施工主要控制点包括：施工分包合同签订、场地移交、现场开工、关键停工日期（冬休以及当地重大宗教活动、假期等）、土建施工、设备安装、管道安装、电气安装、仪表安装、水暖安装、系统吹扫试压和单机试车等时间节点。

试车（试运行）主要控制点包括：试车试运行分包合同签订、培训和试运行资源到位等时间节点。

如果项目的控制基准计划为三级计划，则项目各阶段控制点的要求更为深入和详细。项目三级计划应包括一级、二级计划的所有控制节点。

设计详细控制点主要包括：各专业之间主要设计条件的发表、成品文件发表及外部设计输入条件（包括业主或专利商的设计输入、设备厂商资料返回时间等）、设计文件间的逻辑顺序等。

采购详细控制点主要包括：厂商询价名单批准、询价文件发表、报价收齐、评审完成、合同签订、厂商资料返回及评审、重要设备及材料的出厂检验、设备及材料的交付及到货节点。

施工详细控制点主要包括：现场勘察、桩基施工、建构筑物基础施工、设备基础施工、地下管道施工、上部结构施工、大型设备安装、一般设备安装、管道安装、电气安装、装置送电、仪表安装、DCS调试、给排水、采暖通风、装饰装修和道路施工等。

试车（试运行）主要控制点包括：项目装置及辅助设施、公用工程各系统的测试投用，如水系统的测试及投用，消防系统测试、电站供电等。

三、项目进度评估与偏差控制

项目实施过程中，项目控制人员应对进度实施情况进行跟踪、采集数据，并根据进度计划，优化资源配置，采用检查、比较、分析和纠偏等方法和措施，对计划进行动态控制。

项目控制人员应定期收集项目各阶段各作业的实施情况，并进行进度计划的更新，之后将基准进度计划与实际更新进度进行对比，看是否会出现进度数据的偏差。

偏差=当前更新的实际进度−当前计划进度（基于当前数据日期/截止日期）

（1）如为正偏差，说明项目当前实际状态超前于原目标计划，项目执行良好且有一定的正浮时，但仍要理性分析和预估后续工作是否能保证持续良好运行，以及项目是否能够继续保持当前的良好及超前的执行状态。这种情况下，在项目执行过程中，将有部分的灵活时间（自由浮时）来应对将来可能出现的各种问题，避免负偏差现象出现。

（2）如偏差为零，说明项目当前执行状态与原目标计划保持一致，项目执行正常，这种情况下，也应预估、分析后续的相关工作是否能够继续正常持续执行，且不能发生任何对关键路径作业进展的不利影响，一旦出现某项关键路径作业不能按期完成的情况，项目将会出现负偏差情况。

（3）如出现负偏差，则说明项目当前执行状态滞后于原目标计划，项目执行进度受到各种因素的影响，项目目标有可能不能按期完成，需对产生负偏差的工作进行仔细分析，判断如何采取相应的纠偏措施来实现后续计划的按期完成，一定要保证纠偏措施具体工作落实到人，确定明确的完成时间。

需要注意的是，通过对偏差情况的分析，即便项目进度表现为正偏差，仍旧需要针对关键路径上的活动进行分析和预估将来的发展。特别注意一种情况的发生，就是总体项目进度出现正偏差，但这种实际进度提前于计划进度，是由于在非关键路径上的活动提前而得到的结果，即便关键路径上的某项活动落后于基准计划，只要其对进度的负面影响被其他非关键活动的提前给掩盖，项目总体也会表现为正偏差，这种正偏差也是存在一定的危险性的，会使项目管理人员忽略被掩盖的关键活动落后，因此无论哪种情况，都需要对关键活动进行分析。

滞后原因的分析，通常采取由大到小、由高到低的方法。即首先查看总体进度偏差，再分析其偏差主要来源于哪部分。例如假设主要偏差出现在设计阶段，则再分析偏差来源于哪个设计专业以及专业下的哪个工作包，最后导致该工作包偏差的主要原因，这个原因可能是来自设计人员缺失、采购厂商文件配合不到位、外部条件不到位，或者是某个方案等待业主批准等。再比如假设主要偏差出现在采购阶段，则再向下一层分析偏差来自哪个专业，哪类设备采购，属于哪个工作包，而导致该工作包出现偏差的原因可能是采购合同审批慢、厂商采购原材料问题、厂商制造问题、运输问题，或者是付款问题等。这种层层向下的分析，是与项目WBS相对应的，通过这种分析方式，能够明确找到项目进度偏差的原因，而这些问题的解决就是项目进度保证的关键因素，需要落实到专人按时解决。

四、提出纠偏措施、决策、实施和检查

针对出现负偏差现象的情况，往往需根据项目进度控制要求，分析当前项目进展和出现偏差的原因，预估发展趋势并与基准计划进行对比，提出纠偏建议和措施，项目部将组织相关部门讨论并决定如何纠正，在实际执行过程中，要及时检查纠偏效果和反馈，用于经验积累及后续工作的参考。

典型项目对负偏差范围控制要求举例如下：

（1）0～3%，项目进度执行为正常或尚可，可能有少量不利因素引起滞后，稍一纠偏即可正常执行，为绿色安全状态。

（2）3%～5%，项目进度执行为不良，需尽快组织项目各部门分析原因及

协调纠偏，否则，项目执行状态将更加不良，为黄色预警状态。

（3）5%以上，项目进度滞后较为严重，需项目部组织协调业主、监理及各部门协商讨论，分析滞后原因、影响因素、对后期工作预警评估，立即组织各部门协调纠偏，为红色警戒状态。如发现较长一段时间不能纠正，这时原定基准计划对项目执行测评的指导意义减小，则需上报项目部及业主，商议是否调整项目计划，无论如何，调整项目计划的前提是保证项目总工期不变。通常这种调整会带来一些费用的增加，如设计人员的加班或者加人，施工现场可能会采取冬季施工措施，或者增加每日施工时间等。

通过实际执行情况与基准计划的对比，找到进度滞后因素，列出清单，组织项目各参与专业召开临时会议，就滞后清单逐项进行分析，由相关专业负责人对滞后因素进行详细说明，给出原因，确定解决方法和具体负责解决人，明确解决时间，一般这个解决时间都是很短的，如果解决时间过长，则需要拆分工作任务，使每项解决方案控制在短时间，这样才能立即采取行动，达到可控可查，将落后的工作赶回来。

五、编制项目进度报告

项目进度报告大致分为例行的项目综合进度报告（如周报、月报甚至季报）和特殊的专题报告。其目的是要向相应层面的管理者乃至所有相关的参与者提供项目总体或局部的状态信息。使管理者全面、具体地了解项目的执行状况，对项目的发展及方向做到心中有数，以帮助管理者对项目进度实施有效的管理措施。

在项目执行过程中，应按合同要求及批准的项目执行计划中相关规定，定期编制提交项目进度报告。

工程项目进度报告的依据主要是项目计划、项目实际进展情况、主要数据及信息、报告周期内发生的事件记录及重要来往信函等。

1. 项目执行总体状况

此部分应该包括项目进度状态描述，本周期内主要事件概述，当前需要重点关注的问题以及健康、安全、环保等内容。

2. 项目整体及各部门的执行情况

通常此部分以项目阶段划分。例如设计、采购、施工、试车等，将各阶段分别进行描述，包含各阶段的计划和实际完成情况、各阶段汇总进度数据、发展趋势、下一步目标、存在问题等内容。

3. 进度偏差和产生偏差的原因分析

通常这部分会包括目标计划与实际进度之间的对比，逐项分析偏差原因。

4. 纠正措施和建议

此部分将针对上步中的偏差原因分析，逐条对照提出解决方案，要求落实到个人，并将完成纠偏所需工作落实到步骤，确定每个步骤完成时间。项目组安排专人负责每日跟踪，以确保项目纠偏的效果。

5. 报告附件

通常来说，报告附件至少包含定期更新的进度甘特图、项目总体进度“S”曲线、设计、采购、施工各阶段进度完成“S”曲线。

项目进度报告包括但不限于以上内容。项目进度报告用于向项目部及业主汇报当前的项目进展情况，报告内容要翔实，报告包含计划与实际数据对比图表等，这些详尽的信息与数据有助于项目部及业主了解和推动项目的后续执行。

六、进度会议

定期召开项目进度会议，是对项目进度控制的有效措施之一。在项目执行的整个周期内，各级、各类会议是管理控制的重要手段。定期、有效的进度会议将为各方面、各管理层面提供一个沟通的平台，使信息通达、管理到位、纠错及时，以保障项目的顺利实施。

承包商将全程参加由业主召集的进度协调会以及其他必要的会议。会上业主和承包商还将对双方关心的问题进行讨论并予以解决。

承包商内部通常也将于每周/每月定期安排项目内部例会，通报项目执行进展情况、落实管理措施、协调解决出现的问题等。同样地，承包商与分包商之间也应安排相应的进度例会。

在施工活动全面启动后，承包商将每天召开现场施工协调会。汇总各项活动的进展情况，包括质量、安全等方面的内容，安排第二天的工作内容、人员计划、机具投入等事项。

第四节 项目设计进度控制

一、设计进度控制工作程序

设计工作是整个工程项目的基础。所有采购、施工工作都是在设计工作的基础上来完成的，对设计进度控制需要从以下几方面进行考虑：

（1）编制设计总进度计划和各专业出图计划。

（2）执行各类计划，在执行过程中采取相应措施减少排除各种障碍，包括必要时对部分计划的调整，以保证关键路径作业和全部设计工作按时完成。

（3）配合施工单位的进度控制，在条件允许情况下，根据施工组织设计，配合施工计划安排发图。

（4）根据合同要求，定期更新进度计划，采用实际进度和计划进度对比的方法，对设计进度进行跟踪，反馈设计完成情况，人员消耗等。

（5）对分包单位加强监控，协助其实施所承包范围内的进度控制。

（6）为进度请付款提供依据。

设计进度控制的简要流程，如图5-4所示。

设计进度控制的主要工作是在项目设计阶段，按项目进度计划要求，协调设计人员按期完成设计交付物，提交设计成果，并通过业主或PMC的审核，最后形成正式文件用于项目设备及材料的采购或现场施工。根据合同要求，有些项目竣工图技术服务也属于设计合同中一部分工作要求，但由于竣工文件主要发生在项目后期，根据现场施工实际情况对设计图纸进行变更或补充，并结合最终施工情况和厂商文件来编制，属于工程项目后期设计服务阶段的工作，对总承包工程项目的逻辑执行顺序和执行进度无影响，故在一般的项目进度计算中，可暂不考虑这方面的影响。如果业主要求将竣工图服务工作纳入设计进度统计，其所占的权重也较低，一般为设计部分的5%左右。故以下设计进度控制的描述中均不包含竣工图技术服务工作。

首先，根据三级设计工作计划，编制设计条件协作表，用于初步设计、详细设计的内部进度控制，协作表中列出各专业提交主要设计条件的时间点，用来协调专业间的设计条件关系，作为项目内部设计进度控制的依据，一般每周根据实际进展情况进行跟踪、反馈、催交。设计协作表详细内容和示例在第七章中有单独的描述。

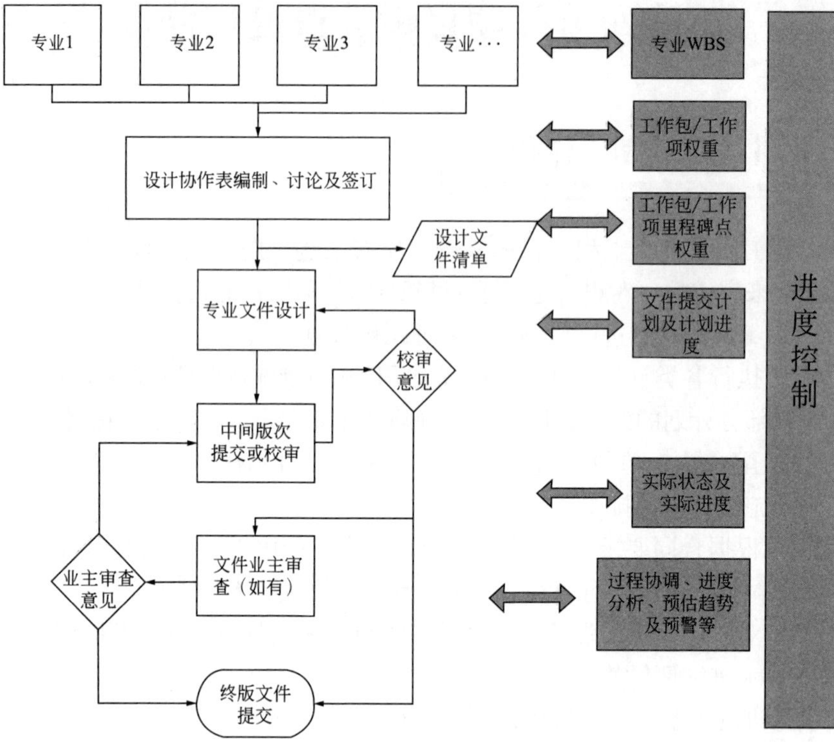

图5-4　设计进度控制流程图

同时，在项目基准目标计划的基础上，根据项目合同和工作范围中对设计工作的要求，协同设计经理，组织设计专业讨论设计工作WBS结构并要求设计各专业负责人对本专业的设计任务进一步详细分解，细化到交付物清单。设计交付物有中间版审查要求的（业主或监理审查等），需列出计划提交时间并定期进行督促和协调。设计进度控制工作要一直持续到设计交付物（施工图）全部提交完成。

在设计过程中，要及时收集和更新各设计交付物的实际进度完成状态，在基准计划要求的时间节点基础上，进行计划更新，对未按时完成的设计任务可能对后续任务作业的影响要进行分析、评估及进度趋势预警等，尽量避免对后续设计、采购和施工任务产生滞后影响。

二、设计进度检测

1. 设计进度的控制点

一般设计进度的控制点应包括下列主要内容：

（1）设计各专业间的重要条件关系及其进度。

（2）工艺包或初步设计完成和提交/交接的时间。

（3）设计关键节点的审核时间。

（4）关键设备和材料请购文件的提交时间。

（5）设计人员收到设备、材料供应商各类厂商技术资料的时间。

（6）关键路线上的设计文件提交时间。

（7）各级各类施工图设计完成和提交时间。

（8）设计工作结束时间。

2. 设计进度检测方法

通常来说，设计四级计划是进行设计进度检测的基础，设计进度统计通常是以交付物，即设计文件的进度状态为测量基础。所以，进行设计进度检测，首先需要确定各专业工作分解结构及对应检测点。而这个工作，其实在编制设计四级计划的时候就应该考虑并落实在计划中。也就是说，针对不同项目，设计进度检测可以采取不同处理方法，但是针对同一项目，在计划编制和实际进度检测过程中，必须采取同一方法，统一标准。

对设计交付物来说，进度测量通常采用里程碑法或固定任务工时法。

设计文件获得进度所设定的里程碑，根据项目特点和要求来确定，需要与设计深度规定、文档版次管理要求相符。通常，对不同专业类型的设计文件，设置不同的里程碑。在项目四级计划编制过程中，根据项目实际情况对设计里程碑进行定义设置，确定之后作为项目进度检测规定的一部分用于计算设计工作进度。

另外，在设计工作中，有一部分工作是不直接产生交付物的。例如3D建模、重要会议、图纸评阅等，通常针对这类工作，可以采用完成里程碑进行进度测量，也可以采用完成百分比法，即按照工作量来进行进度检测。

作为进度测量系统的一部分，设计进度检测表DSR（Documents Status Register），是设计进度统计的工具，详细形式可参考附件3–DSR模板。基本格式见表5–2。

表5-2　设计进度测量里程碑表例

××××1专业　××××　××××××　××××项目　设计图纸状态表（DSR）

序号	描述	文件编码	图幅	数量	折A1数量	定额	系数	工时	权重(%)		开始 10%	设计完成 75%	校核完成 85%	完成 90%	施工图发布 95%	竣工图完成 100%
	合计							[illegible]								
1	××××1 工作包															
	小计1							1,302.80	24.62 100.00							
1.1	×××××××××				6	40	1.50	360.00	27.63	计划	15/2/5	15/3/22	15/4/6	15/4/21	15/5/21	16/6/30
										实际	15/2/5	15/3/25	15/4/5	15/5/5	15/6/16	
1.2	×××××××××××	××××××××		2	4	32	1.50	192.00	14.74	计划	15/5/5	15/3/22	15/4/6	15/4/21	15/5/21	16/6/30
										实际	15/2/1	15/3/18	15/4/2	15/5/15		
1.3	×××××××××××	××××××××	A1	8	8	32	1.20	307.20	23.58	计划	15/2/15	15/4/1	15/4/16	15/5/1	15/5/31	16/6/30
										实际	15/2/14	15/4/1	15/5/6	15/5/23		
1.4	×××××××××××	××××××××	A1	2	2	24	1.00	48.00	3.68	计划	15/2/15	15/4/1	15/4/16	15/5/1	15/5/31	16/6/30
										实际	15/2/18	15/4/4	15/5/23			
1.5	×××××××××××	××××××××	A3	24	5	24	1.00	144.00	11.05	计划	15/3/2	15/4/16	15/5/1	—	—	16/6/30
										实际	15/3/1	15/4/15	15/5/10			
1.6	×××××××××××	××××××××	A4	15	2	28	0.75	42.00	3.22	计划	15/3/2	15/4/16	15/5/1	—	—	16/6/30
										实际	15/3/1	15/4/15	15/5/16			
1.7	×××××××××××	××××××××	A0	1	2	24	1.20	57.60	4.42	计划	15/2/18	15/4/4	15/4/19	15/5/4	15/6/3	16/6/30
										实际	15/2/20	15/4/3	15/5/4			
1.8	×××××××××××	××××××××	A3	10	25	32	1.00	80.00	6.14	计划	15/3/20	15/5/4	15/5/19	—	—	16/6/30
										实际	15/3/22	15/5/7	15/6/4			
1.9	×××××××××××	××××××××	A4	24	3	12	0.75	27.00	2.07	计划	15/4/20	15/6/4	15/6/19	—	—	16/6/30
										实际	15/4/28					
1.10	×××××××××××	××××××××	A4	60	75	12	0.50	45.00	3.45	计划	15/5/10	15/6/24	15/7/9	—	—	16/6/30
										实际						
××	…………… ……	…… …… ……	…	…					0.00							

设计进度统计表

序号	年	2015												2016					
	月	1	2	3	4	5	6	7	8	9	10	11	12	1	2	3	4	5	6
合计	计划	0.0	6.4	31.7	70.9	82.3	90.8	91.4	91.4	91.4	91.4	91.4	91.4	91.4	91.4	91.4	91.4	91.4	100.0
	实际	0.0	6.4	31.7	66.3	77.8	79.3												
1	M	1	2	3	4	5	6	7	8	9	10	11	12	1	2	3	4	5	6
小计1	计划	0.0	7.4	37.0	76.6	88.0	92.1	92.4	92.4	92.4	92.4	92.4	92.4	92.4	92.4	92.4	92.4	92.4	100.0
	实际	0.0	7.4	37.0	71.3	83.2	85.2	0.0	0.0	0.0	0.0	0.0	0.0	0.0	0.0	0.0	0.0	0.0	0.0
1.1	计划	0	10	75	90	95	95	95	95	95	95	95	95	95	95	95	95	95	100
	实际	0	10	75	85	90	95												
1.2	计划	0	10									95	95	95	95	95	95	95	100
	实际	0	10																
1.3	计划	0	10									95	95	95	95	95	95	95	100
	实际	0	10																
1.4	计划	0	10									95	95	95	95	95	95	95	100
	实际	0	10																
1.5	计划	0	0									85	85	85	85	85	85	85	100
	实际	0	0																
1.6	计划	0	0									85	85	85	85	85	85	85	100
	实际	0	0	10	75	85	85												
1.7	计划	0	10	10	85	90	95	95	95	95	95	95	95	95	95	95	95	95	100
	实际	0	10	10	75	85	85												
1.8	计划	0	0	10	10	85	85	85	85	85	85	85	85	85	85	85	85	85	100
	实际	0	0	10	10	75	85												
1.9	计划	0	0	0	10	10	85	85	85	85	85	85	85	85	85	85	85	85	100
	实际	0	0	0	10	10	10												
1.10	计划	0	0	0	0	10	75	85	85	85	85	85	85	85	85	85	85	85	100
	实际	0	0	0	0	0	0												
××																			

里程碑及对应的进度需根据项目要求做必要调整

注意：“月份”实际上有具体的日子。需根据项目月进度统计的截止日设定

“系数”应根据该项工作的难易程度分项定义

每一个工作包应该按CSWBS中的设定来定义

各个表中的黄色区域大多需要做设定或记录。其他区域的内容可以自动计算已生成

3. 设计进度检测实施

项目执行过程中，定期通过项目设计经理、各专业负责人和文件控制人员，了解各专业设计交付物的完成状态（如不同的版次完成时间或专业确认的完成进度等），并记录在进度检测表中，就能得到各个交付物在当前数据日期下的工作进度。

通过表5-2的统计方式可以看出，在某个数据日期时，记录统计可得到设计各专业下各工作包中每个作业的进度，再通过各个作业的权重，可以得到本专业该工作包的设计进度，同理，通过不同工作包的工作进度和权重，可以得到本专业的设计进度，具体操作过程将在下节设计进度计算中详述。

4. 设计进度计算

设计进度计算是从项目执行开始按周期进行的。前文已经提到，进度计算的基础工作，包括工作包分类、文件/图纸逐级分解、进度里程碑点、权重划分方式等，实际上在设计四级计划编制完成时就已经确定下来了。在进度计算过程中，只要采用跟计划进度计算时相统一的方法即可，也可以根据项目要求和实际情况，由计划工程师建议制定，获得项目经理和业主批准即可遵照执行。

根据设计四级计划编制时确定的单个作业权重和设计工作步骤的里程碑权重，在每个周期结束时，统计每个单项作业，即计划中最小工作分类，通常为每个图纸文件的完成状态，可以计算出单个工作包的设计进度，进而汇总出单个专业的设计进度。

同样，利用专业权重和专业进度，可以汇总计算出项目设计总进度，设计进度计算表见表5-3。

需要说明的是，设计进度计划对施工版图纸的进度统计，通常只到第一版正式施工图纸发布。对于后续因种种原因需要升版的图纸，其进度不计入进度统计计算中，但往往由于升版图纸也会引起一系列的工作量变化，并有可能对施工进度造成影响，因此对于这类图纸，可根据实际情况需要，单独编制图纸提交及升版计划并进行进度控制。通常采用Excel表格方式，落实到具体图纸具体人员和时间来进行控制。

在实际进度统计中，会遇到各种情况（如部分关键文件业主或PMC需中间审查，部分专业文件、材料、表等，随设计执行不需出过程版文件等），至于其对实际进度统计的影响，需要在项目执行初期进行确定，并写入到相关项目执行程序文件中。

表 5-3　设计进度计算表例

序号	专业	工时	权重	年					
				月	1月	2月	3月	4月	5月
1	××××1 专业	5292.40	16.67%	计划	0.0	6.4	31.7	70.9	82.3
				实际	0.0	6.4	31.7	66.3	77.6
2	××××2 专业	5292.40	16.67%	计划	0.0	6.4	31.7	70.9	82.3
				实际	0.0	6.4	31.7	66.3	77.6
3	××××3 专业	5292.40	16.67%	计划	0.0	6.4	31.7	70.9	82.3
				实际	0.0	6.4	31.7	66.3	77.6
4	××××4 专业	5292.40	16.67%	计划	0.0	6.4	31.7	70.9	82.3
				实际	0.0	6.4	31.7	66.3	77.6
5	××××5 专业	5292.40	16.67%	计划	0.0	6.4	31.7	70.9	82.3
				实际	0.0	6.4	31.7	66.3	77.6
6	××××6 专业	5292.40	16.67%	计划	0.0	6.4	31.7	70.9	82.3
				实际	0.0	6.4	31.7	66.3	77.6
××	……………………………………		0.00%	计划					
				实际					
	合计	31754.40	100.00%	计划	0.0	6.41	31.70	70.90	82.30
				实际	0.0	6.41	31.70	66.26	77.65

当实际执行过程中，与原计划相比，出现新的作业时，把这些新作业放入相应的工作包，往往这类新增的文件数量不大，对设计总进度影响不大，一般常采用两种方式处理：（1）此类作业的权重为零，即此类作业按正常统计文件的状态和进度，但因权重为零，故不计入和影响设计总进度；（2）此类作业与同专业同类型作业平分原计划中设定的权重，也同样进行文件状态和进度更新，有可能会影响设计进度出现负偏差。

同理，出现文件删除或取消情况时，同样可以将此类文件标注出来，其设计进度按假定正常更新，这样，对设计进度无任何影响；或者直接取设计进度完成（100%），可能造成设计进度正偏差，也可将此文件的权重取零，将原权重分解至同专业同类型的文件上，此种操作也可能会影响设计总进度的计算和统计。所以，建议项目进度管理人员在项目实际执行过程中，根据新增或删除的文件数量实际情况进行处理，尽量避免或减少设计实际进度统计的误差。

三、设计进度评估与偏差控制

在执行过程中，通过以下方法实现对设计进度的管控：

（1）对比计划和实际进度，找到落后专业，分析导致进度落后的主要工作包，找到关键节点，分析进度偏差原因。

（2）预计下一阶段的工作，利用预计进度曲线，提前发现进度趋势，提出预警。

（3）落实纠偏措施，将预期纠偏结果反映到预计日期中，检查纠偏工作的效果。

在项目的具体执行过程中，设计文件的工作进程不仅仅是单个专业的设计任务执行，还要根据最新标准规范的要求、上游专业和外界设计输入条件进行调整、深化，也要根据本专业对类似工程项目的经验积累，进行设计优化。所以，设计工作有一定的前提条件要求、时间周期要求、彼此之间逻辑关系复杂、设计条件也往来反复。设计过程也不仅仅是一个简简单单的较为平均持续性的进程，更多的是达到一定条件或深度后呈现阶梯性的跳跃发展，故对设计进度的评估与偏差控制往往应针对设计阶段的主要控制点和设计条件完成情况来进行整体的对比分析、评估、预测及纠偏等，不能单一地以某个文件的交付状态或进度数据滞后情况来简单判定对后续任务的不利影响，需考虑实际条件情况进行综合分析和评估。

举例说明，例如结构专业某上部结构施工图计划于本月末完成，而实际上本月未能提交，因此文件进度显示滞后。但相关的设计条件或施工条件已按时完成提交，后续的设计工作也已正常开始，施工准备也有相应的了解，这种情况评估本项作业对后续作业无滞后影响。纠偏建议仅为加快本文件或作业的执行状态，没有影响后续作业的预警。

四、关键设计活动进度控制

1. 设计条件进度控制

专业间的设计条件是设计工作开展的前提和基础。计划工程师和设计负责人应依照项目设计进度计划，参照设计工作流程和逻辑关系，编制设计条件协作表，组织设计各专业讨论并确定各设计条件提交时间点。根据确认后的设计条件协作表，督促设计各专业按时提交相关的设计条件，并及时将实际情况进行记录更新，分析和评估下一步的工作趋势。

2. 设计交付物进度控制

设计交付物是设计进度完成的最重要标志。依照项目基准计划，参照现场施工计划要求，编制详细的设计交付物提交计划/状态表（DSR），并参考设计条件协作表，设置设计交付物进度中间控制点，如中间版次、校审或审查点等。按照DSR中的时间要求，督促设计各专业按时提交设计交付物（不同版次）并及时将实际提交情况进行记录更新，分析和评估下一步的工作趋势。

3. 厂商设计文件进度控制

厂商设计文件既是制造商进行下一步生产制造的基础，又是下游设计专业继续深化设计、完成施工图的输入条件。在设备采购合同签订前，需根据设计进度计划，确定好厂商设计文件的提交计划，并作为合同附件一起签署，对于作为重要设计条件的关键厂商文件的提交计划，若延期提交，应设置相应的惩罚条款。

项目要严格按合同规定和要求，与设备制造商保持紧密联系，确认厂商文件按合同中的时间点提交，以推动下一步的设计和生产制造活动。

4. 设计变更进度控制

设计变更的起因，分为设计原因和非设计原因，其中非设计原因可能来自项目业主方的指示、国家规范和规定的新要求，设计原因的变更包括设计方案的变更或优化，现场实际施工过程中的调整等。设计部门应按照设计变更管理程序和规定，严格控制设计变更，评估设计变更对合同的影响，并评估其对质量、安全、费用、进度、环保等方面的影响。

设计变更必须经项目部、业主审批确认后才能执行，通常情况下，由于设计变更可能会引起设计进度的倒退，但在实际进度统计过程中，如果不是特别大的如整体方案的变更等，基本上是保持与变更项对应相关工作包的实际进度统计停滞不动，直到其实际进度高于变更前该工作项的进度统计。如果设计变更对项目进度有重大影响时，项目进度计划也需相应调整并建立新的基准目标计划，通常表现为第二目标计划。

五、设计进度报告

定期编制设计进度报告并提交项目部和计划控制人员，报告应包括但不限于以下内容：

（1）各专业设计工作的进展情况。

（2）设计条件往来情况。
（3）MR文件的编制及提交情况。
（4）需其他部门的设计输入条件或要求（业主、厂商等）。
（5）其他特殊说明等。
（6）设计文件状态表（DSR）的更新。
（7）设计进度趋势评估及纠偏措施（如有）。

第五节　项目采购进度控制

一、采购进度控制工作程序

采购工作应按下列程序实施：
（1）根据项目采购策划，编制项目采购执行计划。
（2）采买。
（3）对所订购的设备、材料及其图纸、资料进行催交。
（4）依据合同约定进行检验。
（5）运输与交付。
（6）仓储管理。
（7）现场服务管理。
（8）采购收尾。

二、采购进度检测

无论是实物采购还是采购服务，通常是以采购工作包作为进度统计和测量的基础。

1. 采购进度层级结构

在典型的采购进度层级结构中，专业下一级是最底层采购工作包。采购工作包是以设计询价文件为基础、参考工程采购市场资源供应情况来划分出的最低层级的工作包。为了便于采购工作的开展，往往不同主项单元的同一类型设备及材料的采购工作包会在设计阶段合并为一个采购工作包，所以采购进度结构的三级分类通常是直接使用采购工作包（采购订单），见表5-4。

表5-4 采购进度层级结构表例

级别	描述	备注
一级	采购	
二级	专业（采购）	
三级	主项（如有）	可省略
四级	采购工作包	

2. 采购进度权重

1）固定总价法

在EPC总承包项目中，按照合同规定，对于采购总费用有固定价的，往往采购进度的权重是以每个采购工作包的预算费用作为基础，按照工作范围，各个采购工作包的权重基于采购总费用得出，公式如下：

采购工作包权重=采购包费用/采购总费用

由下向上逐级推算得出。此种方式的优点在于，价值高的采购包在采购工作中权重也高，往往工作进度略有偏差就会对采购总进度影响大，会比较受项目人员关注；不足之处在于，价值低的采购包权重低，即使进度有极大偏差但由于其权重低，对采购总进度的统计影响也很小，但这其中可能包含对后期施工工作安排影响大的采购包，而且无论价值高还是价值低的采购包，在采购实际工作中的采购流程和所耗费的人工时相差并不多，故单凭采购包的价值不能真实合理地反映采购工作的总体进展。

2）人工时法

在采购服务项目中，不是固定总价的采购合同而是以人工时服务为主，这种情况下，采购进度的权重往往以预算工时作为基础，公式如下：

采购工作包权重=采购工作包人工时预算/采购服务总工时预算

此种方式同样不能反馈给业主关键设备或材料的采购进度影响，也是不够真实合理反映实际采购工作的总体进展。

3）综合权重法

结合以上固定总价法及人工时法的优缺点，在总承包项目中，往往建议项目部采用预算货值+预算工时的混合方式来决定采购工作包的权重，见表5-5。

表5-5 采购工作包权重表例

序号	专业	费用，元	工时，h	综合权重
1	动设备	160000.00	7600	11.24%
2	静设备	228000.00	7600	14.61%
3	电气仪表设备	591000.00	15200	35.89%
6	散材	638000.00	15300	38.26%
××	……			
	合计	1617000.00	45700	100%

在实际工程项目执行中，采购进度的权重测算方式需基于项目的请款方式，与业主及监理方协商确定后，方可用于采购进度的统计。

3. 采购进度测量方法

针对每一个采购工作包，其进度测量通常采用加权里程碑法，具体里程碑的定义根据所采购物资分为设备类和材料类两种，采用不同的里程碑进行进度统计。

通常来说，采购的设备到场后，厂商后续安装指导等服务会持续很长一段时间，且安装、调试等工序交叉复杂，但这部分工作一般不考虑在采购进度统计中，而是以采购设备或材料的现场交付工作为采购形象进度测量完结。在实际工程项目执行过程中，如果项目业主方或监理方有特殊要求，也可在采购部分综合考虑此类工作，建议所占的里程碑权重宜低，避免影响整体采购形象进度的统计，容易产生总包商采购工作周期过长过慢等误解。

采购进度测量里程碑为采购进度检测设置提供参考，根据项目实际需要可以做修改调整，一旦确定，即可作为项目进度检测规定的一部分用于该项目的采购进度测量。

每个采购工作包的进度确定后，结合各个采购工作包在采购工作中的权重，自下而上可汇总出采购工作的总进度。

同理于设计作业的增加和删减，在实际采购活动中，采购也将根据设计需求、市场及厂商能力、项目组及业主的综合考虑等因素，对采购工作包进行拆解或合并，在进度统计中的处理方式与设计类似，就不在此处赘述。

4. 采购进度统计工具

作为进度测量系统的一部分，采购进度检测表PSR（Procurement Status Register），是采购进度统计的工具，基本格式见表5-6。

表5-6 采购进度检测表例

序号	描述	费用（元）	每项费用权重	服务（工时）	每项服务权重	每项综合权重	计划工期（月）		收到MR文件	发出询价	收到标书	完成技术评标	完成商务评标	签订采购合同	收到第一批厂商文件	厂商文件确认	厂商主材入厂	中间检验	出厂检验	收到发货单	运抵出场	检验完成出场
									5%	10%	12%	20%	25%	30%	35%	40%	50%	65%	85%	90%	98%	100%
1.1	xxxxxxxxx xxx xxxxxx xxxxxxxx	80,000	35.09%	2400	31.58%	34.39%	9	计划	16/2/5	16/2/9	16/3/18	16/4/1	16/4/8	16/4/22	16/6/3	16/6/17	16/7/8	16/9/30	16/12/23	16/12/30	17/1/20	17/1/27
								预计							16/6/25	16/7/19	16/7/30	16/10/22	17/1/14	17/1/21	17/2/11	17/2/18
								实际	16/2/5	16/3/25	16/4/5	16/4/30	16/5/10	16/5/24								
1.2	xxxxxxxxx xxx xxxxxx xxxxxxxx	50,000	21.93%	1600	21.05%	21.75%	9	计划	16/2/5	16/2/9	16/3/18	16/4/1	16/4/8	16/4/22	16/6/3	16/6/17	16/7/8	16/9/30	16/12/23	16/12/30	17/1/20	17/1/27
								预计							16/6/23	16/7/7	16/7/28	16/10/20	17/1/12	17/1/19	17/2/9	17/2/16
								实际	16/2/1	16/3/1	16/4/2	16/4/18	16/4/28	16/5/12								
1.3	xxxxxxxxx xxx xxxxxx xxxxxxxx	30,000	13.16%	1200	15.79%	13.68%	9	计划	16/2/16	16/3/1	16/3/29	16/4/12	16/4/19	16/5/3	16/6/14	16/6/28	16/7/19	16/10/11	17/1/3	17/1/10	17/1/31	17/2/7
								预计							16/6/30	16/7/14	16/8/4	16/10/27	17/1/19	17/1/26	17/2/26	17/2/23
								实际	16/2/14	16/3/5	16/4/6	16/4/25	16/5/5	16/5/19								
1.4	xxxxxxxxx xxx xxxxxx xxxxxxxx	30,000	13.16%	1000	13.16%	13.16%	9	计划	16/2/16	16/3/1	16/3/29	16/4/12	16/4/19	16/5/3	16/6/14	16/6/28	16/7/19	16/10/11	17/1/3	17/1/10	17/1/31	17/2/7
								预计							16/6/26	16/7/10	16/7/31	16/10/23	17/1/15	17/1/22	17/2/12	17/2/19
								实际	16/2/18	16/3/14	16/4/20	16/5/25	16/5/11	16/5/25								

5. 采购进度评估与偏差控制

采购工作进程不是自发性的工作，是要根据上游设计专业提供询价文件和材料表，再依据下游现场施工的到场需求，结合国家和集团公司的相关法律法规、本身的工作流程、厂商的生产周期、各种清关运输等情况，编制出符合项目工程进展和现场需要的采购工作安排。所以采购工作往往受限于设计提供询价文件和材料表的时间，受限于业主或上级公司对采购的审批流程、受限于现场施工的需求计划、受限于生产厂商的配合度、受限于进口设备所在国的特殊规定或国家政策，还有国际运输空运/船期及清关手续等等限制条件，以上种种限制条件的不确定性，都有可能对采买工作、采购周期和采购价格等产生不利的影响。所以，在工程项目执行过程中，采购工作进度往往是最容易产生偏差的，尤其是因各种原因引起的厂商不配合，更难以纠偏且容易影响现场施工工作安排和设计图纸的深化完善。因此，在采购计划编制时，要尽量给采购工作考虑足够的周期，同时，要掌控好采购进度测量点，每个采购订单的产品质量、进度、费用都是采购控制关键点，都会对项目执行总进度产生影响。

所以，对采购进度的评估工作更要慎重。具体到项目执行过程中，通常采用如下方法实现对采购进度的管控：

（1）对比实际进度和基准计划，找到落后节点，分析进度偏差原因。

（2）预计下一阶段的工作，利用预计进度曲线，提前发现进度趋势，提出预警；此项工作其实早在采购计划编制的过程中就已经开始，在项目采购计划的编制过程中，就应该根据同类项目的经验或者同地区采购的经验，将容易发生进度问题的采购项提前做出预警，在采购过程中给予高度重视，及时催促检查进度执行情况。

（3）落实纠偏措施，将预期纠偏结果反映到预计日期中，检查纠偏工作的效果。

在采购进度出现偏差时，应从项目总体工作上予以评估，综合考虑此项采购工作是否对现场施工产生影响，对项目总体工期有无影响，并积极与采购人员沟通协调，在不影响采购合同价格的基础上，通过优化生产工期、分批交付等方式，保证后期施工的需求。

如采购工作需业主主导或采购流程需业主审批，在计划编制时，建议充分考虑相关周期，避免相关工作周期不可控带来的采购计划滞后。

三、关键采购活动进度控制

采购活动的控制依据是经业主确认的项目计划，计划工程师在此基础上根据各部门的工作程序进行深化并确定各关键活动的时间节点。在采购状态表（PSR）中，应包含采购活动的关键里程碑点，根据项目计划，预估各里程碑点的计划时间，并根据实际执行情况，进行实时记录更新，结合设计进度，施工需求、厂商反馈等，可以更灵活地控制采购活动进程。采购关键点一般主要包括：收到询价文件、询价文件发出、收到厂商报价文件、完成技术评标、商务评标、发出中标通知、完成合同签订、设备的关键厂商文件（用于设计深化）、厂商签订主材采购合同、主材到达厂家、出厂检验、运输（确认发货通知或装箱单）、现场交付等。

1. 采购请购单进度控制

采购请购单的进度控制，是根据项目的设计询价文件（MR）提交计划，督促设计人员按时交付MR文件，同时编制相配套的采购文件或采购计划，并将实际接收设计MR文件，采购实际发出厂商询价包的时间点记录在采购状态表中，对后续的活动时间点进行预估，并与原计划时间进行对比，评估有无偏差及影响。

2. 采购订单进度控制

根据采购计划和采购工作程序，结合采购设备和材料的生产周期，现场预估的需求时间，完成采购订单的签订工作，将实际时间记录在采购状态表中，并根据合同约定周期，对后续活动时间进行预测后，与原计划时间对比，评估有无偏差及影响。

在此阶段，尤其要注意项目采购订单流程要求。例如招标挂网时间、专家评审时间（包括组织专家评审会的安排）、业主审批时间等，需要独家采购的设备，或者低于三家厂家供货的特殊设备，需要提前考虑采购方案，落实相关流程，以确保相关采购进度可控。

3. 供货厂商提交资料或图纸确认进度控制

根据采购合同/订单中关于对供货厂商提交资料或图纸的节点要求，采购人员严格按合同规定来要求和督促供货厂商按期提供资料，用于设计审核、确认开始下一步的生产及下游的设计深化工作。尤其是对于大型设备，重要资料和图纸。例如荷载、总布置图等的提交节点，一定要在采购状态表中记录、检查及对比，评估有无偏差及其影响。对于项目中的重点设备或者大订单的厂家，通常总包商要派专人驻场进行进度跟踪控制。

4. 供货厂商主材采购

厂家设计图纸得到项目总承包商设计专业批准后，厂商将开始进行主材的采购。对于厂商来说，这也相当于他们的一个总进度计划，而对总包商来说，了解厂家的采购计划，监督督促厂商在采购中遇到的问题，也是保证总体项目采购进度的重要关注点之一。通常，有驻场人员的厂家需要总包商驻场人员跟踪反馈厂家执行情况，没有驻场人员的厂家也需要定期给总包商汇报其进度执行情况，并且总包商采购专业会组织人员定期巡查厂家执行情况。

5. 供货厂商加工制造进度控制

根据采购合同的规定及现场需求计划，合理监督、协调供货厂商的加工制造及检验工作，如发生合同变更或增补合同，采购人员应根据现场的实际需求计划，协调好主合同、变更合同或增补合同的关系，以现场需求计划为指导，控制好生产进度，尽量避免过早生产和交付引起的厂商和施工现场的储存压力，同时也要避免延期交货对现场施工的影响。

6. 设备材料运输进度控制

对设备材料的运输，采购部门应依据采购合同约定，制定设备、材料的运输计划并实施。计划内容宜包括运输前的准备工作、运输时间、运输方式、运输路线、人员安排和费用计划等。在运输过程中，按运输计划进行监督管理。对于超限和有特殊要求设备的运输，采购部门还需制定专项运输方案，可委托专门运输机构承担，但同样对运输过程中的各项工作要进行监督管理。

7. 设备材料接保检发放进度控制

对于国际运输，应依据采购合同约定、国际公约和惯例进行，做好办理报关、商检及保险等手续。采购部门需与项目部、施工现场相关部门落实接货条件，编制卸货方案，做好现场接货工作。

设备、材料运至指定地点后，接收人员应对照送货单清点、签收、注明设备和材料到货状态及其完整性，填写接收报告并归档。

在设备材料接保检及发送过程中，需按照合同约定中要求和里程碑点进行过程控制，项目部、采购部门和计划人员对此过程均需了解，同时也应配合现场施工计划的执行，来监督和协调设备材料的发放工作。

8. 设备材料变更增补进度控制

采购合同文件签订后，对其内容的任何修改（增补、删减和修订等）均要得到合同签订双方的书面认可，并形成书面协议，成为补充合同。在补充合同中，应明确发生变更的原因、范围、费用和进度情况。在项目的执行过程中，按照补充合同中的约定条款，严格进行进度控制。

四、采购进度报告

采购专业人员应定期编制采购进度报告并提交给项目部和计划控制人员，报告内容应包括但不限于以下内容：

（1）订单请购状态。

（2）合同签订状态。

（3）合同执行情况。

（4）催检运情况。

（5）设备材料的交付情况。

（6）其他特殊说明等。

（7）采购状态表（PSR）的更新。

第六节　项目施工进度控制

一、施工进度控制工作程序

施工工作是整个项目的成果体现，可以说设计、采购工作都是服务于施工，通过施工工作将项目转化为实物装置。施工工作内容庞杂，所涉及的专业、工种、方法、材料、机具等，绝非设计工作、采购工作可比。本节内容主要对施工计划分类、编制，进度测量、管理等几个方面做简要的介绍。

施工进度控制需要从如下几个方面进行考虑：

（1）设计图纸对施工工作的影响。

（2）采购物资到场情况对施工工作的影响。

（3）施工安全管理。

（4）外部物资的保证，例如施工用水、用电的保证。

（5）施工条件的影响，例如暴雨、高温、严寒、政治活动、宗教活动等。

（6）现场施工材料管理。

（7）施工资源的保证对施工活动的影响，例如人员、机具以及施工单位自采材料对施工的影响。

（8）对不同施工分包商界面之间的管理。

（9）对各个施工分包商加强监控。

（10）为进度请付款提供依据；

工程项目的施工过程包括施工准备阶段和现场施工阶段。施工进度管理的过程通常指从施工准备到现场机械竣工之间的进度监督控制。

施工进度控制的简要流程，如图5-5所示。

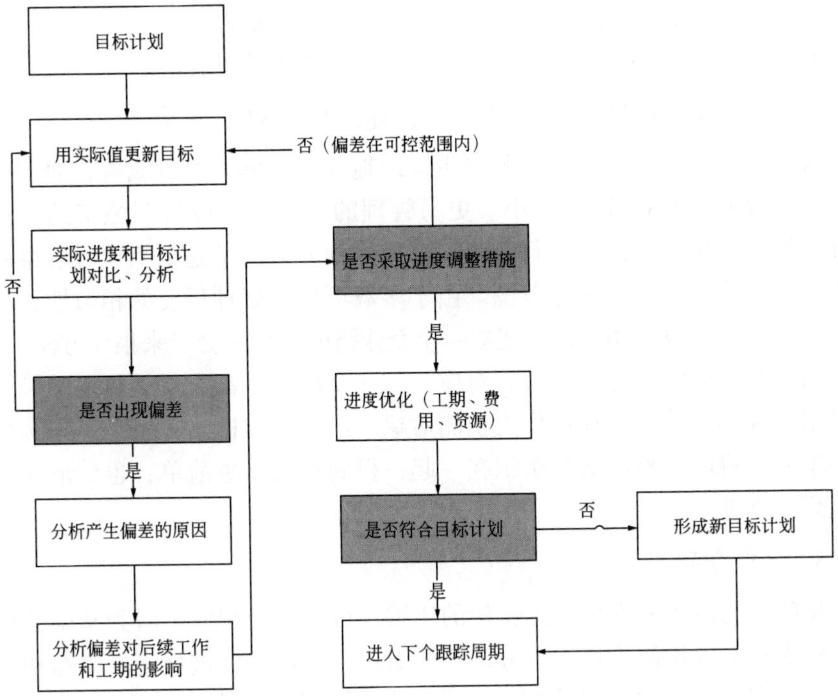

图5-5　施工进度控制流程图

在施工过程中，要通过现场对各分包商的施工工程量确认，及时收集和录入实际完成工作量状态，进行计划更新，再与基准计划的数据进行对比，对未按期完成的施工工作任务可能对后续作业的影响进行分析，落实其影响程度，并及时对未按时完成工作进行落实赶工。

二、施工进度检测

施工进度检测与设计、采购进度检测类似，可采用Excel来建立施工检测系统，通常称之为CSR（construction status register）。检测系统的建立，首先要明确施工进度检测工作清单、确定清单中各项工作的权重和各项工作的进度统计里程碑点。

1. 施工进度检测体系基准建立的原则

（1）采用直观和客观参数作为进度测量的基础。

（2）采用计划或预测工时作为主要权重划分的依据。

（3）性质不同的项目内容采用不同的权重分解方法。

（4）进行权重分级，逐级分解、细化，使之能够测量。

2. 确定工作分解结构（WBS），建立检测对象清单

确定了施工工作范围后，就要更详细地描述具体可交付成果，通常采用工作分解结构WBS来定义更小、更易管理的单元。可以按照施工的阶段、专业、区域将可交付成果进行分组，这样的划分形成了施工工作分解结构，组织并定义了整个施工工作范围。由于多数项目有某种程度的相似性，所以WBS经常能被重复使用，因此建立一个企业级的模板库会带来很大方便。

当工作分解结构建立之后，对应于每一个层次，都有对项目可交付成果更详细的描述，这些描述可作为检测对象。最基本的检测对象是工程实物的最小单元。将所有检测对象组织在一起，得到检测对象清单，也就形成了进度检测工作包。

3. 权重分配

某项活动占所考察范围工作量的比重，可以以费用或工时为基础进行计算。权重是进度检测工作中十分重要的概念，是对进度进行定量跟踪和控制的基础。实际执行中一般采用权重分级控制的方式，逐级分解，直到细分到直观、简单、有效和可测量单位。每一级的权重和为100%，然后再根据

项目的实际情况、项目合同的要求进一步逐级分解，直到能够测量的最小单位。

二级/三级权重可按照WBS结构，按专业或（装置）单元（按项目WBS特点决定优先级）进行权重分配。专业权重可通过下一级的工序权重汇总预算人工时后按比例进行分配，特定项目专业人工时可参照公司历史经验数据库或者针对此特定项目的专业工程特点进行综合评估后设定基准；（装置）单元权重可按项目合同预算金额中各自占比进行分配。

施工专业权重体系（工作内容包括但不限于）见表5-7。

表5-7 施工专业权重体系表

工作内容	权重
现场准备	××%
临设	××%
基础	××%
建筑	××%
结构（包括钢结构）	××%
转动设备安装	××%
静设备安装	××%
管道安装	××%
电气 / 仪表安装	××%
防腐 / 保温等	××%
施工汇总	100%

4. 工序权重分配

某一类活动的特定步骤占该活动的工作量的比重。在实际工作中，工序权重并无固定的标准，一般可由特定项目的承包商与业主依据WBS结构，按照经验进行估计，协商一致，在工作中逐级进行分解和执行即可。

特定项目各工序权重与业主协商后，由业主统一规定各工序权重，然后根据具体项目进行结构分解，分配权重。

典型化工项目工序权重体系见表5-8。

表5-8 典型化工项目施工工序权重体系

类别	序号	检测内容	赢得里程碑					
			M1		M2		M3	
一、工艺设备	1	加热炉 & 附件	就位	70%	找正	20%	试验	10%
	2	换热器类	就位	70%	找正	20%	试验	10%
	3	冷却塔	就位	70%	找正	20%	试验	10%
	4	锅炉	就位	60%	找正	20%	试验	20%
	5	塔类	就位	80%	找正	10%	试验	10%
	6	反应器 & 再生器	就位	80%	找正	10%	试验	10%
	7	容器	就位	70%	找正	20%	试验	10%
	8	存储设备	就位	70%	找正	20%	试验	10%
	9	金属储罐			制作安装	80%	水压试验	20%
	10	泵	就位	60%	找正	20%	试验	20%
	11	压缩机	就位	40%	找正	30%	试验	30%
	12	成套设备	就位	60%	找正	20%	试验	20%
	13	其他设备	就位	70%	找正	20%	试验	10%
	14	催化剂，化学制品，填料			安装	90%	试验	10%
	15	供货商代表			安装	50%	试验	50%
二、土建 / 结构 / 建筑 / 铁路	1	土方工程	开挖	40%	回填	40%	平整	20%
	2	水下土石方工程	炸礁清淤	40%	水下抛石	50%	平整	10%
	3	打桩和钻孔桩			打桩	70%	试验	30%
	4	混凝土	成模	40%	浇筑	40%	拆模	20%
	5	预制砼工程			预制	65%	安装就位	35%
	6	道路，铺砌			基层完成	65%	路面完成	35%
	7	厂外公路	土石方	50%	桥涵及防护设施	25%	砼垫层及面层	25%
	8	土建测试					完成	100%

续表

类别	序号	检测内容	赢得里程碑					
			M1		M2		M3	
二、土建/结构/建筑/铁路	9	钢结构	预制	50%	就位	40%	检验	10%
	10	建筑物	基础	20%	结构	70%	接受	10%
	11	可以移动设施家具设备			安装	80%	接受	20%
	12	实验室设施			安装	60%	接受	40%
	13	铁路	土石方、桥涵及防护设施	60%	基层完成	15%	铺设铁轨	25%
三、管道系统	1	管道	预制	40%	安装	40%	水压试验	20%
	2	阀门			安装	70%	水压试验	30%
	3	特殊件 & 专用支架			安装	70%	试验	30%
	4	化学清洗处理					试验	100%
	5	消防系统	预制	40%	安装	40%	试验	20%
四、给排水		地下管道	预制	40%	安装	40%	水压试验	20%
五、电气	1	电线 & 电缆	拉伸	70%	接线	20%	试验	10%
	2	电缆桥架及其支架			安装	70%	接受	30%
	3	照明设备	安装	50%	接线	30%	接受	20%
	4	电气设备	安装	50%	接线	30%	接受	20%
	5	其他电气	安装	50%	接线	30%	接受	20%
六、仪表	1	现场仪表	安装	30%	校准	50%	试验	20%
	2	分析仪表	安装	30%	校准	40%	试验	30%
	3	仪表阀	安装	30%	校准	40%	试验	30%
	4	控制系统	安装	50%	校准	30%	回路检测	20%
	5	通信系统	安装	50%	校准	30%	试验	20%
	6	安全检测 & 保护	安装	50%	校准	30%	试验	20%

续表

类别	序号	检测内容	赢得里程碑					
			M1		M2		M3	
六、仪表	7	全厂信息管理系统	安装	50%	校准	30%	回路检测	20%
	8	其他仪表 & 调节装置	安装	30%	校准	40%	试验	30%
七、保护涂层	1	保温			安装	70%	接受	30%
	2	防火 & 刷漆 & 防腐			应用	70%	接受	30%
……								

5. 建立施工进度检测体系

根据上节所述过程确定施工活动进度统计结构及模型，建立进度测量电子报表系统，实现项目在任一报告时间点上进度数据的自动计算。可采用Excel等文档来建立检测系统，将各项工作达到的里程碑进度通过公式设定逐级汇总到上一级的检测工作包，最后汇总成施工总进度。根据各工作包制订数据采集表分配到各专业负责人，按检测周期进行实际完成进度数据的统计。

6. 施工进度检测方法

施工的本质是将工程设计图纸进行物化的过程，因此施工过程中，各专业已完成工程实物量无可争议地成为表征该专业施工进度的主要属性参数。但由于不同专业的工程实物量（如1m^3混凝土和1t钢结构）无法直接比较，再加上EPC项目要求所有专业必须纳入同一个测量体系内进行统一衡量，所以EPC条件下，各专业工程实物量必须转换到同一当量体系后进行进度测量。施工进度测量，一般用施工人工时预算确定各施工工作包在整个施工测量子系统中的权重，而对专业内进度测量，则可视具体情况基于已完成工程实物量进行。

EPC总承包项目包含的工作内容是十分繁杂的，这种繁杂性决定了它进度属性的多样化特征。针对这些多样化特征，进度测量可采用连续测量、当量测量、间断测量、混合测量的方法。

1）连续测量

连续测量又称精确测量，指被测量对象的进度量，在任一测量点上均可被准确计量的测量类型。工程实践中，土方开挖及回填、混凝土浇筑、钢结构预制及安装等，均可按照其相应的实物量计量单位，如立方米、吨等进行连续准确测量。

2）当量测量

当量测量又称准精确测量，指被测量对象的进度量，在任一测量点上不能被准确地进行同质性计量，但可以按照某种合理的计算规则，换算为与其对应的某个当量值后，统一用当量值进行进度测量的测量类型。工程实践中，管道预制就可以采用ID 数（英文Inch Diameter 的缩写，指焊道口径英寸数×该口径的焊道数，如5条4in口径焊道的ID=5×4=20）、管道安装可以用IM数（英文Inch Meter 的缩写，即管道口径英寸数×该管道的长度米数，如10in 5km管道安装的IM=10×5000=50000）为当量单位进行相对准确的进度测量。

3）间断测量

间断测量又称里程碑测量，指被测量对象的进度属性具有明显的阶段性特征，其进度数据必须预先进行阶段权重设置后，才能在任一测量点基于预设权重框架和阶段间进度百分数，进行进度测量的测量类型。工程实践中，一般先根据各专业总体工程工时估算确定专业权重，其次，对各专业项下的施工工序、阶段再做阶段性权重分配。例如，动力设备安装常常被预先设定为吊装就位、冷找正、热找正、单机试运等进度阶段，并赋予相应的进度权重。实际测量时，通过评价其阶段内进度百分数，再结合阶段权重，最终确定出被测量对象的进度数据。

4）混合测量

混合测量指综合运用多种测量原理的进度测量方法。EPC项目由于工作内容繁杂，各专业进度属性差异性大等特点决定了必须综合采用以上测量方法的混合型测量模型来建立其进度测量体系。

7. 施工进度计算

1）确定各工作包的进度权重

工作包的进度权重，指该工作包全部完成后其本身对整个项目的进度贡献百分数（全部工作包的权重和为100%）。按照上述对EPC项目进度属性的分析，其工作包进度权重一般根据各工作包的预算人工时确定。

2）设定各工作包的间断测量模型

EPC项目条件下，大多数的工作包需要采用间断测量模型进行过程进度评价，这就要求进度测量系统必须根据各工作包的自身特点，设定其进度里程碑，然后确定各里程碑在工作包内的权重值，最后用混合型测量模型建立其进度测量体系，经历上述步骤后才能完成一个工作包的间断测量模型。

3）建立电子报表系统

根据上述过程确定的结构及模型，建立进度测量电子报表系统，实现项目在任一报告点上进度数据的自动计算由于施工活动具有周期长的特点，所以要实现相对精确的进度测量，就需要引入工作包间断测量模型、工作包进度测量模型、总体施工进度测量模型。

（1）工作包间断测量模型。

工作包间断测量模型针对不同专业建立，其基本步骤是首先将工作包按其施工特点分解为施工工序，然后根据各工序的人工时预算（实际工作中为简便计算，也可根据经验大致确定），确定各工序里程碑在该工作包内的进度权重，最后确定各工序内过程进度的评价方法。其模型为：

$$W_{iwk}=\sum_{i=1}^{n}W_{jst}\text{（约束条件：}\sum_{t=1}^{n}W_{jst}=1;\ i,\ j,\ m,\ n\in N)$$

式中　W_{iwk}——第i个施工工作包占整个施工进度的权重；

W_{jst}——第i个工作包内第j道工序占该工作包的进度权重；

i——施工工作包的顺序编号；

j——第i个工作包包含的工序编号；

m——第i个工作包包含的工序总数；

n——施工工作包总数。

（2）工作包进度测量模型。

基于上文中的定义，任一测量点上某施工工作包的进度为：

$$C_{iwk}=\sum_{i=1}^{m}C_{j}W_{jst}\text{（约束条件：}j,\ m\in N)$$

式中　C_{iwk}——第i个施工工作包进度赢得值；

C_j——第i个施工工作包中第j道工序的百分比进度（根据约定的方法如连续测量、当量测量等计算获得）；

W_{jst}——第j道工序的权重；

j——工作包内工序编号；

m——工作包内工序总数。

（3）总体施工进度测量模型。

以上面两点为基础，总体施工进度测量模型为：

$$P_c=\sum_{i=1}^{n}C_{iwk}\text{（约束条件：}i,\ n\in N)$$

式中　P_c——总体施工进度；

C_{iwk}——第i个施工工作包的进度赢得值；

i——工作包顺序编号；

n——工作包总数。

（4）进度测量模型示例。

复杂EPC总承包项目进度测量系统，由于大量采用间断测量模型，所以在实际应用中必然体现为一个相对庞大的文档系统。下面以混凝土基础施工的间断测量为例，说明其局部构成原理和搭建过程。

①根据实际工法，将某个混凝土基础施工工作包（如压缩机基础工作包，假设其占整个施工测量系统的权重为0.00001）分解为打垫层、支模板、绑钢筋、混凝土浇筑、养护、拆模及修补等工序。

②根据工作包内各工序的人工时预算或经验评价（本例用经验百分比方法），确定各工序在工作包内的进度权重分别为：

打垫层：0.00001 × 5%=0.0000005；

支模板：0.00001 × 20%=0.000002；

绑钢筋：0.00001 × 35%=0.0000035；

混凝土浇筑：0.00001 × 30%=0.000003；

养护：0.00001 × 3%=0.0000003；

拆模及修补：0.00001 × 7%=0.0000007。

③根据各工序特点，确定 工序内进度测量方法为：打垫层为一次性测量，支模板按完成面积测量，绑钢筋按完成重量测量，混凝土浇筑为一次性测量，养护按已养护天数测量，拆模及修补按已完成修补面积测量。

④假设在某报告日的进度状态为垫层已完成，模板完成50%，钢筋完成20%，则该工作包的进度对整个施工进度的贡献为：

$$0.0000005+0.000002 \times 50\%+0.0000035 \times 20\%=0.0000022$$

按上述方法建立了进度检测系统后，就可以按照实物进展状态实施进度跟踪。

4）检测深度

一般各专业可考虑按以下深度进行检测：

（1）打桩工程按桩点检测。

（2）基础施工按独立框架和设备基础检测。

（3）上部结构按独立单项检测。

（4）钢结构按构件（主体结构）检测。

（5）管线按单线图检测。

（6）电气按台件和系统检测。

（7）仪表按台件和系统检测。

（8）吹扫、气密按系统检测。

根据上述条款描述，结合项目特点建立进度检测表。机械设备施工计划及进度检测表可参见本书附件4。其他各类施工活动例如打桩、混凝土施工、钢结构安装、工艺管道施工以及仪电施工等进度检测表雷同。

施工进度检测表编制过程中，需要确定项目检测日历，即检测周期的截止日。

具体来说，进度跟踪的周期根据项目需要和项目执行的好坏来确定，可以周、月为检测周期，当项目执行不好时，检测周期应短一些，以便随时掌握动向，及时发现问题、采取措施。

三、施工进度评估与偏差控制

在项目执行过程中，由于变更的产生，工作范围和工程量会发生变化，这就需要按照实际情况对系统进行随时的维护和更新，使之反映项目的真实状态，正确执行合同，有效实施项目的进度控制工作。

施工进度的测量和确认，通常是施工工程款支付的基础。在项目执行过程中，承包商根据进度测量系统计算的月进度数值（等同于占总价的比例）乘以合同总价来确定进度款数额，是项目支付管理的国际惯例，该方法有效避免了在其他支付方式下容易发生的合同双方在支付数额上的争议，保证了合同双方在权利义务上的公平合理。

具体到施工进度检测过程中，通常采用如下方法实现对施工进度的管控：

（1）按照分项—分部—单元—项目的顺序逐级汇总，生成项目本统计周期的工作完成量，即项目本期实际的赢得值。将它与总的工程预算人工时/费相比得到项目本期的实际工作完成百分比，并与计划工作完成百分比相比较，按时间坐标绘制出工程进度计划曲线（BCWS）和赢得值曲线（BCWP）。二者进行比较，分析实际进度与目标计划的差异。如存在偏差SV，分析原因，并提出纠偏措施。

（2）预测今后进度发展情况，如发现进度严重滞后并存在重大问题时，应及时分析原因，报告有关方面，以便调整计划。通常罗列出偏差项清单，并落实到专人负责，每日汇报进度及实施阻碍，推动进度回归基准计划安排。

（3）定期审核施工分包方所报的劳动力负荷表，以进度时间为横坐标，劳动力负荷数和劳动力累计出勤百分比为纵坐标，绘制劳动力负荷曲线，分析劳动力负荷情况及其与工程进度的关系，结合单位工效等指标对分包方的劳动力投入提出纠偏和改进措施。

四、施工分包商进度管理

EPC总包商应把施工分包商的进度管理纳入自身的管理体系，包括计划的分级定义、权重和测量体系、沟通渠道、进度报告体系等。

为了加强对分包商计划工作的控制力度，总包商也可以在分包合同中明确对分包商计划工作的要求和约束条件，包括分包商的管理团队组织机构、软硬件配置、计划编制、人力和机具的配置及动迁安排等。在项目执行过程中，监督施工分包商的进度状态更新、资源投入数量、工作报告编制提交、后续工作的落实情况等，推动施工分包商的各项工作顺利开展。

如果有多个施工分包商，EPC总包商应整体规划各分包商的工作界面，协调各分包商之前出现的各类问题，以保障各方的工作顺利推进。

五、关键施工活动进度控制

石油石化工程项目的重点工作大多集中于施工阶段，而施工过程中的关键施工活动往往决定着项目最终的进程。例如，桩基工程、大型设备基础、大型钢框架、大型设备的吊装就位、大型静设备的现场组装等。制定好这些关键施工活动的方案并及时落实相应措施，使这些工作或节点按项目计划按期完成，是项目顺利执行的重中之重。EPC总包商管理团队应充分认识到关键施工活动的重要性，充分调动各参与方的组织、人力、机具的力量，保证所有关键施工活动的如期实现。

六、施工进度报告

1. 概述

作为施工进度控制的重要手段，施工进度报告不仅仅是对施工进度状况、计划工作安排的全面描述，也在参建各方沟通信息、协调关系、纠错提案等方面发挥着重要作用，同时可为施工管理进程留下可追述的“痕迹”。

2. 进度报告分类及内容

1）分类

按照EPC总承包项目的一般做法，作为项目进度报告的一部分，承包商应编制并提交“项目进度月报”和“项目进度周报”。

在施工活动展开之后，还应填写/编制“施工日报”。

2）施工进度月报

每月应定期编制真实和客观的施工进展情况书面说明：“施工进度月报”。月报应至少包括以下内容：

（1）施工执行情况综述。

（2）施工进度数据。

（3）施工进展详述。

（4）人力、机具报告。

（5）施工质量状况及质量控制活动。

（6）待定事宜（包括需要解决的问题）。

（7）下月施工活动安排，要达到的关键控制点。

（8）下月人力、机具投入预测。

（9）施工主要形象进度照片。

（10）附件（包括但不限于）：

①施工进度检测状态表和“S”曲线；

②三月滚动计划；

③人力负荷表及曲线。

3）施工进度周报

与“施工进度月报”类似，每周应定期编制“施工进度周报”。周报应至少包括以下内容：

（1）施工进展描述。

（2）人力、机具报告。

（3）待定事宜（包括需要解决的问题）。

（4）下周施工活动安排。

（5）下周人力、机具投入预测。

（6）附件（包含三周滚动计划）。

4）施工日报

在施工活动展开之后，承包商应监督其施工分包商对每天的施工情况做出“施工日报”。“施工日报”不仅是每天施工状况的记录，也为人力机具的投入对进度的影响提供了分析依据。

“施工日报”应至少包括以下内容：

（1）当天活动记录：

①当日主要施工活动；

②对应于各施工活动投入的工种及人力；

③对应于各施工活动投入的机具种类及数量；

④事故记录（如有）；

⑤天气状况及对施工活动的影响。

（2）第二天活动安排：

①第二天主要施工活动；

②对应于各施工活动将投入的工种及人力；

③对应于各施工活动将投入的机具种类及数量。

3. 报告周期及提交时间

1）施工进度月报

“施工进度月报”的统计周期为一个日历月，提交时间应以承包商与业主在合同中约定的时间为准。

2）项目进度周报

“施工进度周报”的统计周期为一个日历周，提交时间应以承包商与业主在合同中约定的时间为准

3）施工日报

“施工日报”应在当天施工活动完成后填报，并签字存档。

七、施工进度会议

1. 施工现场内部进度例会

EPC总包商的现场施工部门应按计划定期召开现场内部进度例会（周会或月会）。主要目的是内部通报当前的施工进展状态、提出需总包商的设计及采购部门配合解决的问题（如施工图纸的提交、设备和材料的交付等），落实解决方案，上一报告周期的纠偏措施落实情况及纠偏效果，推动施工工作的顺利执行。

2. 施工现场外部例会

EPC总包商的现场施工部门应按计划定期召开有业主及监理参加的现场进度例会（周会或月会）。主要目的是向业主汇报当前的施工进展状态、提出存在的问题（如政府部门的审查及报批、外部界面条件的落实情况等），通报上一报告周期提出问题的落实情况及解决方案。通过双方的沟通与管理手段的落实，保障施工进度按计划正常运行。

3. 总包商与各施工分包之间的进度会议

石油石化EPC总承包项目往往参与的施工单位较多，各施工分包单位的工作界面多有交叉，往往容易会出现相互干扰、相互掣肘，降低施工工作效率，影响施工工作进展。因此，总包商应定期与各施工分包商举行进度会议，主要目的是了解各施工分包单位当前的运行状况，推动各项工作的需求和落实，并协调解决各分包单位之间出现各种问题。

4. 施工现场每日会议

施工现场应召开每日工作会议，汇报前一天的施工过程（至少包括完成的主要工作、人力机具消耗、出现问题的解决方案、需要协调的问题等），安排当天工作（至少包括当天应完成的主要工作、人力机具消耗、遗留问题的解决手段、对需要协调的问题的协商等）。要特别关注关键控制点或关键节点的工作进展及重大事项的安排。

第七节　试车进度控制

一、试车进度控制工作程序

试车是工程项目设计、采购和施工的延续，是对设计、采购和施工成果的检验，试车将工程项目从建设阶段向生产阶段转化，是EPC总承包商向业主移交工程的一个重要里程碑。本节内容主要对试车进度控制、测量和评估等几个方面做简要的介绍。

试车进度控制需要从如下几个方面进行考虑：

（1）施工进度对试车的影响。

（2）试车执行策略和方案的影响。

（3）采购物资到场情况对试车的影响。

（4）试车安全管理。

（5）公用工程系统工程的保证，例如试车用水、电、汽、风和物料的保证。

（6）试车条件的影响，例如自然、气候和社会活动等。

（7）试车材料管理。

（8）试车人员培训进度和效果的影响。

（9）试车组织和人员执行过程和效果。

（10）进度请付款情况。

一般来说、试车过程包括准备阶段和现场操作的所有活动。试车进度管理通常指从试车准备到装置试运行和性能考核完成之间的进度监督和控制。

试车进度控制的简要流程，如图5-6所示。

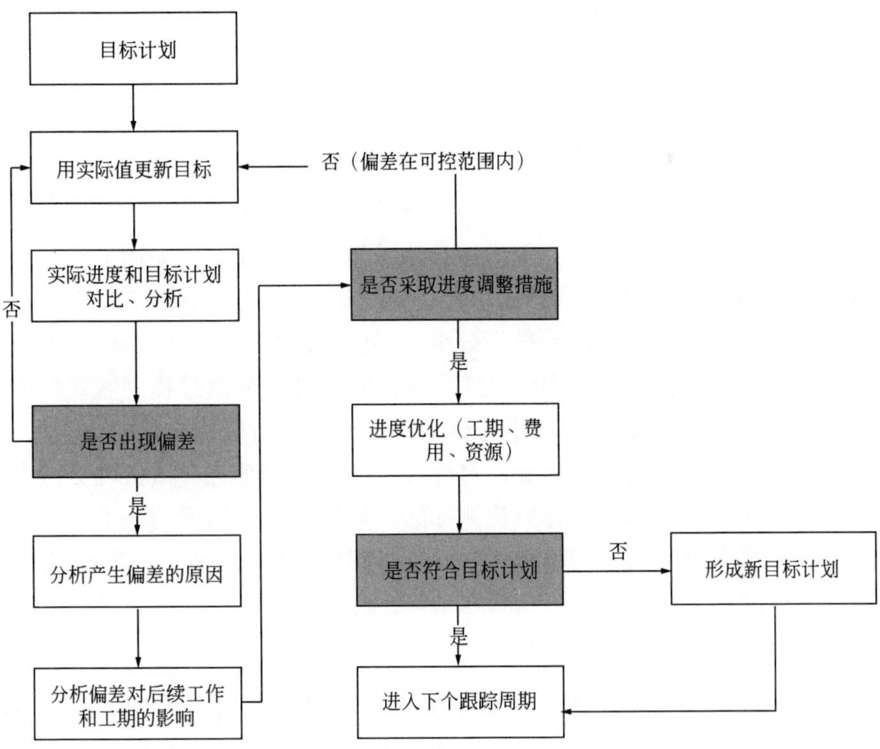

图5-6　试车进度控制流程图

在试车过程中，通过对分包商或试车团队试车执行过程和结果确认，及时收集和录入实际完成试车进度，与试车计划进行对比。对未按期完成的试车工作，分析其对后续作业的影响，理清其影响程度，及时对未按时完成的工作制定加快进度措施。

二、试车进度检测

试车进度检测与项目前期（设计、采购、施工）进度检测类似，建立详细可操作性的试车进度检测系统。为检测系统的建立，首先要明确试车进度检测工作清单，并制定清单中各项工作的权重和各项工作的进度统计里程碑。

1. 试车进度检测体系基准建立的原则

（1）采用直观和客观参数作为进度测量的基础。

（2）采用计划或预测工时作为主要权重划分的依据。

（3）性质不同的项目内容采用不同的权重分解方法。

（4）进行权重分级，逐级分解、细化，使之能够测量。

2. 确定工作分解结构（WBS），建立检测工作清单

确定了试车工作范围，详细描述具体工作可交付成果，采用工作分解结构WBS来定义更小、更易管理的单元。试车阶段可以按照施工的阶段、专业、区域和系统将可交付成果进行分组，形成了试车工作分解结构，组织并定义整个试车工作范围。考虑到试车工作的特殊性，分组过程中需要试车负责人全程参与，并对试车工作范围和工作分解结构进行确认。

试车工作分解结构建立之后，对应每一个层次，都有对项目可交付成果更详细的描述，这些描述可作为检测标的。最基本的检测标的是工程实物的最小单元。将所有检测标的组织在一起，得到检测标的清单，也就形成了进度检测工作包。

3. 权重分配

某项活动占所考察范围工作量的比重，可以以费用、工时或者对后继工作的重要性为基础进行计算。权重是进度检测工作中十分重要的概念，是对进度进行定量跟踪和控制的基础。实际执行中一般采用权重分级控制的方式，逐级分解，直到细分到直观、简单、有效和可测量单位。每一级的权重和为100%，然后再根据项目的实际情况、项目合同的要求进一步逐级分解，

直到能够测量的最小单位。

二/三级权重可按照WBS结构，按专业或（装置）单元（按项目WBS特点决定优先级）进行权重分配。专业权重可通过下一级的工序权重汇总预算人工时后按比例进行分配，特定项目专业人工时可参照公司历史经验数据或者针对此特定项目的专业工程特点进行综合评估后设定基准；（装置）单元权重可按项目合同预算金额中各自占比进行分配。

试车专业权重体系（工作内容包括但不限于）见表5-9。

表5-9　试车专业权重体系表

工作内容	权重
试车准备	××%
系统清洗	××%
系统检漏	××%
授电与送电	××%
回路测试	××%
设备单试	××%
烘炉煮炉	××%
SAT SIT	××%
冷试车	××%
热试车	××%
试车汇总	100%

4. 工序权重分配

某一类活动的特定步骤占该活动的工作量的比重。在实际工作中，工序权重并无固定的标准，一般可由试车组与业主依据WBS结构，按照经验进行估计，协商一致，在工作中逐级进行分解和执行即可。

5. 建立试车进度检测体系

在试车进度管理中，预试车可纳入施工的管理体系中进行进度检测，试车可根据WBS分解结构采用Excel等文档来建立检测系统，将各项工作达到的里程碑进度通过公式设定逐级汇总到上一级的检测工作包，最后汇总成试车总进度。

6. 试车进度检测方法

试车过程中，因牵涉到不同专业和工种进行平行工作和推进，相互之间考量不一定能够统一，所以预试车进度测量，一般用人工时预算确定各施工工作包在整个施工测量子系统中的权重；试车过程中主要以工艺专业为主，其他专业均是围绕或者配合工艺进行推动，所以可以按照单一专业进行直接检测和计算进度。而对专业内进度测量，则可视具体情况基于已完成工程实物量进行。其测量方法与施工进度的测量方式基本一致，主要是连续测量。间断测量及混合测量。

7. 试车进度计算

1）确定各工作包的进度权重

工作包的进度权重，指该工作包全部完成后其本身对整个项目的进度贡献百分数（全部工作包的权重和为100%）。按照上述对EPC项目进度属性的分析，其工作包进度权重一般根据各工作包的预算人工时确定。

2）设定各工作包的间断测量模型

EPC项目条件下，大多数的工作包需要采用间断测量模型进行过程进度评价，这就要求进度测量系统必须根据各工作包的自身特点，设定其进度里程碑，然后确定各里程碑在工作包内的权重值，最后用混合型测量模型建立其进度测量体系，经历上述步骤后才能完成一个工作包的间断测量模型。

3）建立电子报表系统

根据上述过程确定的结构及模型，建立进度测量电子报表系统，实现项目在任一报告点上进度数据的自动计算由于试车活动具有周期长的特点，所以要实现相对精确的进度测量，也需要引入间断测量模型。

具体来说，在试车过程中，进度跟踪的周期根据项目需要和项目执行的好坏来确定。可以周、月为检测周期，当项目执行困难时，检测周期应短一些，以便随时掌握动向，及时发现问题、采取有效措施。

三、试车进度评估与偏差控制

在项目试车过程中，由于变更和现场工况的变化，这就需要按照实际情况，结合进度偏差状态对整个试车进度系统进行评估，随时进行维护和更新，使之反映项目的真实状态，正确执行合同，有效实施项目的进度控制工作。

试车过程中，一旦发现进度评估偏差较大，通常采用如下方法实现对试车进度的管控：

（1）按照分项—分部—单元—项目的顺序逐级汇总，生成项目统计本周期的工作完成量，即项目本期实际的赢得值。将它与总的工程预算人工时/费相比得到项目本期的实际工作完成百分比，并与计划工作完成百分比相比较，按时间坐标绘制出工程进度计划曲线（BCWS）和赢得值曲线（BCWP）。二者进行比较，分析实际进度与目标计划的差异。如存在偏差SV，分析原因，并提出纠偏措施。

（2）预测今后进度发展情况，如发现进度严重滞后并存在重大问题时，应及时分析原因，报告有关方面，以便调整计划。通常罗列出偏差项清单，并落实到专人负责，每日汇报进度及实施阻碍，推动进度回归基准计划。

（3）结合现场实际情况，采用改变作业方法、增加人力投入或延长劳动时间等措施进行纠偏。

四、试车进度控制措施

石油石化工程的试车阶段是项目建设中重要、复杂和风险较高的最后阶段，是关系到项目能否顺利投产的关键工序，也是装置安全、稳定、经济运行的第一步。在试车过程中，从人员培训，材料准备到电仪设备初次授电、动设备初次启动，冷试车、热试车每一个环节都制约着进度的推进。制定好这些关键试车活动的方案、并及时落实相应措施，使这些工作或节点按项目计划按期完成，是项目顺利执行的关键。EPC总包商管理团队应充分认识到试车活动的重要性，充分调动各参与方的组织和资源，保证所有关键试车活动的如期实现。

1. 人员配备和培训

试车是一个复杂的测试和调试过程，要求参与人员必须具备相应的经验和资质，在试车团队组建时，加强人员技能审核。试车团队在进入现场作业前，应结合项目实际情况，进行有针对性的设计原理、操作要求、模拟操作等方面的理论和实操培训，并经考核合格，实现对操作团队的有效控制。

2. 消耗材料的准备

试车期间需要的润滑油脂、化学药剂、备品备件和相关工具设备，在试车开始前根据设计和厂家文件要求进行采购并准备就绪。在试车过程中，建立相关材料台账，时时跟踪库存量和需求量的平衡。

3. 施工和试车的衔接

从施工后期开始，试车人员逐步介入到施工过程中，参与预试车的执行过程和结果确认。通过对该过程质量的监控来部署下一步试车工作的策略和方案。在这个过程中，现场的作业主导权也会根据现场预试车、试车需要逐步由施工转向试车，让重点和难点工作始终处于可控范围。

4. 试车方案的编制和审核

试车方案一般在机械竣工前2～4个月编制和审核完成。整个试车方案编制过程中，需要设计、供货厂家、施工和试车（含业主）参与，各专业方均应给予充分的合作和支持，以防止试车方案执行过程中出现返工。方案一旦确认，各方需要按照方案严格执行。

5. 试车过程的监控

试车过程中，试车管理人员需要监控试车工作质量和效果，按照已审批方案进行管理和验收，所有相关信息应及时和计划人员进行沟通。

6. 与业主方的沟通

整个试车过程中，业主生产人员将一直参与、见证和确认相关工作。为避免返工，每日计划和进度应及时和业主开车团队沟通，保证试车过程的每一道工序均处于可控状态。

第六章　EPC总承包项目进度管理工作的组织与实施

第一节　EPC总承包项目进度管理组织机构与岗位职责

一、项目进度管理组织机构

项目进度管理组织机构的划分如图6-1所示。

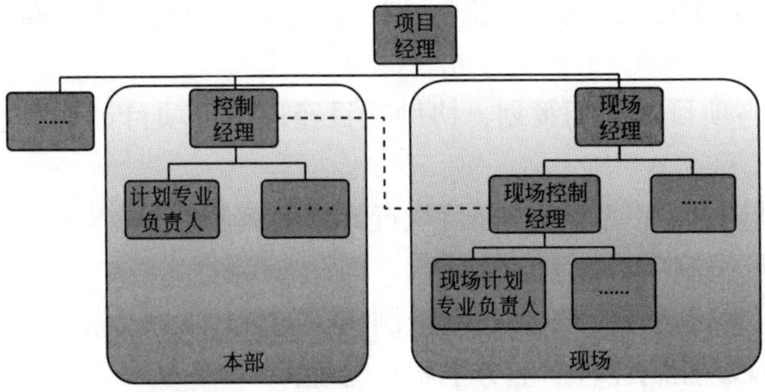

图6-1　项目进度管理组织机构图例

二、项目进度管理岗位职责

1. 项目经理（计划及进度控制方面的职责）

项目经理是整个项目计划及进度控制工作的第一责任人，应确保项目计划及进度控制体系的顺利运行，最终完成项目进度控制目标。

（1）负责整个项目计划及进度控制的全面管理，组织建立项目的计划及进度控制体系。

（2）监督并确保计划及进度控制体系正确、有效地运行。

（3）负责批准计划及进度控制的相关程序、规定。

（4）负责批准项目工作分解结构（WBS）、项目组织分解结构（OBS）。

（5）负责批准项目的一级、二级、三级计划，批准项目的进度测量体系。

（6）负责批准项目的进度报告。

（7）监督、检查项目整体计划的实施情况，定期组织项目会议，协调项目计划执行过程中出现的问题，确保项目实现合同进度目标。

（8）若项目实际进度与总体计划要求偏差较大，应及时组织采取纠偏措施或更新基准进度计划。

（9）负责批准项目内部变更（项目变更）和对业主变更（用户变更）的申请。

（10）负责组织项目的索赔与反索赔工作。

2. 控制经理（计划及进度控制方面的职责）

控制经理对整个项目的计划及进度控制工作负责，向项目经理汇报工作。对于较小项目，也可以不设置控制经理，由计划专业负责人直接向项目经理报告。

（1）参与项目的前期策划，协助项目经理完成项目计划及进度控制管理工作。

（2）参与项目管理计划、项目执行计划的编制。

（3）负责编制项目控制计划。

（4）负责编制项目计划及进度控制相关的程序、规定。

（5）对现场控制经理从业务上归口管理。

（6）组织编制项目工作分解结构（WBS）、项目组织分解结构（OBS）。

（7）组织编制项目里程碑计划（一级计划）和项目总体进度计划（二级计划），审核详细进度计划（三级计划）。

（8）监督、检查进度计划的实施情况，对存在的问题及时向项目经理汇报。

（9）协调设计、采购、施工、试车之间的工作，使其按项目计划顺利完成。

（10）根据项目的进度数据及执行状况，进行进度的趋势分析，向项目部提出纠偏措施建议，协助项目经理落实纠偏措施的实施和效果评价。

（11）审核业主变更（用户变更）和内部变更（项目变更）对项目进度的影响，供项目经理决策。

（12）配合项目经理进行项目的索赔与反索赔工作。

（13）审核项目进度报告。

（14）负责编制项目的进度控制工作完工报告和总结报告，组织项目计划文件、资料的整理、归档。

3. 计划专业负责人

计划专业负责人协助控制经理对整个项目的计划及进度控制工作负责，向控制经理汇报工作。

（1）参与项目管理计划、项目执行计划的编制。

（2）协助控制经理负责编制项目计划及进度控制相关的程序、规定。

（3）协助控制经理编制项目工作分解结构（WBS）和项目组织分解结构（OBS）。

（4）负责编制项目里程碑计划（一级计划）和项目总体进度计划（二级计划），组织编制详细进度计划（三级计划）。

（5）负责协助设计/采购/施工/试车经理编制专业详细的进度计划（四级计划）及交付物计划（五级计划）。

（6）根据批准的详细进度计划（三级计划）建立项目基准进度计划，编制项目进度测量基准和项目计划曲线。

（7）监督、检查进度计划的实施情况，对存在的问题及时向控制经理或项目经理汇报。

（8）协助控制经理协调设计、采购、施工和试车部门之间的进度工作。

（9）定期跟踪项目的执行情况，统计项目实际进度信息，测量项目进度数据，分析项目进度偏差及产生原因，进行项目进度趋势分析，发出项目进度预警，预测最终完工时间，提出纠偏及改进建议，协助控制经理落实纠偏措施的实施和效果评价。

（10）定期组织编制项目进度报告（每月/每周），上报控制经理审核。

（11）评估业主变更（用户变更）和内部变更（项目变更）对项目进度的影响，提出建议。

（12）协助控制经理进行项目的索赔及反索赔工作。

（13）配合项目其他管理人员，及时准确地提供项目进度信息。

（14）项目结束时，进行项目进度计划工作的总结，对项目进度计划文件、资料进行整理、归档。

4. 现场经理（计划及进度控制部分职责）

（1）负责项目现场计划及进度控制工作的全面管理，组织建立项目现场的计划及进度控制体系。

（2）负责监督并确保项目现场计划及进度控制体系正确、有效地运行。

（3）负责批准项目现场计划及进度控制的相关程序、规定。

（4）负责批准细化的项目现场工作分解结构（WBS）。

（5）负责监督现场计划的执行情况，按时参加总部组织的进度协调会议、施工各分包商之间的界面进度等会议，协调现场计划执行过程中出现的问题，确保现场工作满足项目总体计划要求。

（6）若现场实际进度与计划要求偏差较大，应及时采取纠偏措施。

（7）负责批准现场进度报告，发送总部控制经理和项目经理。

（8）负责审核现场变更，报送项目经理。

（9）负责组织现场的索赔与反索赔工作，报送项目经理。

5. 现场控制经理（计划及进度控制方面的职责）

现场控制经理受现场经理和本部控制经理的双重领导，在工作上直接向现场经理汇报，全面负责现场的计划及进度控制工作。在业务上受本部控制经理的归口管理，确保现场计划及进度控制工作符合整个项目的计划及进度控制管理体系的要求。对于较小项目，也可以不设置现场控制经理，由计划专业负责人直接向现场经理报告。

（1）协助现场经理对现场计划及进度控制进行全面管理。

（2）参与现场管理计划及执行计划的编制。

（3）负责编制现场计划及进度控制程序。

（4）根据总部编制的WBS及现场的实际情况，进一步细化现场工作的WBS。

（5）负责对施工承包商的计划及进度控制工作进行管理。

（6）审批施工分包商编制与计划及进度控制相关的规定、程序。

（7）审批施工分包商编制的四级、五级施工进度计划。

（8）审批施工分包商编制的进度报告及三周滚动计划。

（9）审核现场计划专业负责人编制的现场进度报告。

（10）根据现场的进度数据及执行状况，进行现场进度的趋势分析，向现场经理提出纠偏措施建议，协助现场经理落实纠偏措施的实施和效果评价。

（11）审核现场变更对项目进度的影响，供现场经理决策。

（12）协助现场经理进行现场索赔和反索赔的工作。

（13）负责编制项目现场的控制工作总结和完工报告。

6. 现场计划专业负责人

现场计划专业负责人在现场控制经理的领导下负责现场的计划及进度控制工作。

（1）参与现场管理计划及执行计划的编制。

（2）协助现场控制经理编制现场计划及进度控制程序。

（3）根据总部编制的WBS，指导并审核施工分包商编制其施工范围的WBS。

（4）协助现场控制经理对施工承包商的计划及进度控制工作进行管理。

（5）指导并审核施工分包商编制与计划及进度控制相关的规定、程序。

（6）根据总部编制的详细进度计划（三级计划），指导并审核施工分包商编制其承包范围的四级、五级施工进度计划，建立项目基准计划。

（7）根据总部建立的进度测量体系要求，指导并审核施工分包商编制其承包范围的进度测量体系，建立计划曲线。

（8）根据施工计划，监督、检查现场施工进展，定期审核施工承包商更新的四级、五级进度计划及施工进度报告（每日/每周/每月），组织审核施工承包商提交的完成工作量。

（9）根据现场工程的实际完成情况，每月更新项目三级计划中的施工部分，编制现场三月滚动计划，下发施工承包商，并审核施工分包商编制的三周滚动计划。

（10）参加施工现场施工调度会议，定期跟踪现场的执行情况，统计现场实际进度信息，测量现场进度数据，分析现场进度偏差及产生原因，进行现场进度趋势分析，发出现场进度预警，预测现场最终完工时间，提出纠偏及改进建议，协助现场控制经理落实纠偏措施的实施和效果评价，编制现场进度报告，经现场审批后报送总部计划专业负责人。

（11）评估现场变更对项目进度的影响，提出建议。

（12）协助现场控制经理进行现场索赔和反索赔的工作。

（13）配合项目其他管理人员，及时准确地提供项目现场的进度信息。

（14）项目结束时，进行现场进度计划工作的总结，评价施工承包商的计划及进度控制工作，按规定对现场的进度计划文件、资料进行整理、归档。

第二节　EPC总承包项目进度管理专业界面关系

一、内部界面

1. 计划专业与项目执行各专业的界面关系

（1）计划专业应参与项目设计、采购、施工及试车部门执行计划的编制工作，就其中有关计划及进度控制方面的问题给予支持。

（2）计划专业应编制与项目计划及进度控制相关的规定、程序、模板等，发布给项目各部门遵照执行。

（3）计划专业应编制项目的WBS和OBS，发布给项目各部门遵照执行。

（4）计划专业应负责编制项目里程碑计划（一级计划）和项目总体进度计划（二级计划），发布给项目设计、采购、施工及试车部门。

（5）计划专业应在设计、采购、施工及试车部门的密切配合下，编制详细进度计划（三级计划），再发布给设计、采购、施工及试车部门，各部门需要就计划中的关键控制点进行确认，计划专业应确保详细进度计划满足项目总体进度计划的要求。该计划经业主批准后成为项目的基准进度计划。

（6）设计、采购、施工及试车部门应按照项目批准的详细进度计划（三级计划），组织部门内部各专业编制专业详细的进度计划（四级计划）及交付物计划（五级计划），计划专业应提供相应计划模板并给予相应专业支持。

（7）设计、采购、施工及试车部门应按照计划专业的要求，提供相关信息，由计划专业建立项目进度测量系统，结合项目各级计划，生成项目的总体、各阶段、各专业、各区域计划曲线。

（8）在项目执行过程中，设计、采购、施工及试车部门应定期更新四、五级计划的实际完成信息，并提供给计划专业用于更新三级计划。

（9）计划专业应定期收集各部门完成的工作内容，结合项目计划及实际完成数据，分析项目进度偏差情况及产生原因，预测项目完工时间，发出进度预警，提出纠偏建议及改进措施，汇编成项目进度报告，经项目经理批准后指导各部门工作。

（10）计划专业应按照项目各专业的要求及时准确地提供项目的计划及进度信息。

（11）当项目其他专业发生变更时，计划专业应评估该变更对项目进度的影响，并将其影响返回给该专业作为变更实施的依据。

2. 设计与采购的界面关系

（1）根据采购部要求，设计部应基于设计内容和以往的工程经验，协助采购部推荐供货厂商名单。

（2）设计部向采购部提出设备/材料采购的请购文件（招标文件中的技术部分），由采购部加上商务文件编制成完整的招标文件后发出。

（3）针对可不招标采购方式，设计部负责对供货厂商的报价提出技术评审意见，供采购部选择或确定供货厂商。

（4）在设备供货合同签订后，设计部应安排设计人员参加由采购部组织的与供货厂商之间的各项会议，如开工会、协调会等，设计人员应与供货厂商澄清并确认设备/材料有关供货范围、技术及质量要求等方面的内容，落实报价技术评审和协调会上提出的技术问题。

（5）由采购部负责催交供货厂商编制的先期确认图纸及最终确认图纸，转交设计部组织审查，审查意见应及时经由项目文控返回供货厂商。经审查确认后的厂商图纸即作为设计部开展详细工程设计的正式条件，也是制造厂商进行设备制造的正式依据。

（6）在设备制造过程中，设计部应安排设计人员协助采购部处理有关设计问题或技术问题。

（7）根据订货合同规定，需由供需双方共同参加检验、监造的环节，采购部需安排人员参加，必要时可请设计人员参加。

（8）设计部负责按照合同约定时间向供货商提供炼化专用设备工程图或施工图，供制造厂做设备详细设计或制造使用。

3. 设计与施工的界面关系

（1）在工程设计阶段，施工部应参加设计部组织的各项审查，如总图审查、3D模型审查、HAZOP审查等，从施工的角度向设计部提出有关设备布置的要求和建议。

（2）设计部应根据项目总体计划的要求按时向施工部提供现场所需的设计文件。

（3）施工部门应该在对现场调查的基础上，向设计部门提出重大施工方案，以使设计与施工方案协调一致。

（4）在施工前期准备阶段，设计部门应基于设计内容和以往工程经验，向施工部提出施工分包方面的建议，以便施工部组织分包时进行考虑。设计部应向现场派驻设计代表，负责协调处理现场与设计相关的各项事宜。即使没有派驻设计代表的专业，设计部门也应负责及时处理现场提出的有关设计问题。

（5）设计部应安排设计代表参加现场施工部组织的施工图纸会审，进行设计交底，解答施工管理人员提出的问题，并会签图纸会审纪要。

（6）设计代表应参加施工过程中的有关检查。

（7）设计代表应参加施工过程中的质量事故处理。

（8）现场施工部应协助设计代表，一起解决处理施工中出现的变更。

（9）设计部门应与施工部协调处理好设计变更的相关安排。

4. 设计与试车的界面关系

（1）设计部负责提出装置试车的操作原则和原理，并协助试车部门组织编制和提交工艺系统开车操作手册、试车方案和性能考核等程序文件。

（2）工程设计阶段，设计部应向试车部门提供必要的设计资料，以便试车部门熟悉装置内容、开展试车准备工作。

（3）试车部门应参加由设计部组织的相关审查，如工艺方案审查、管道仪表流程图（P&ID）审查、总图审查、3D模型审查、HAZOP审查等，向设计部提出装置试车和操作方面意见和建议。

（4）设计部应参加试车方案的讨论，参与编制试车方案中与设计相关的内容，解决试车方案中与设计相关的问题。

（5）设计部应参与审核试车方案及试车工作突发事件应急预案。

（6）试车阶段，试车部负责对业主的试车服务工作，设计部应根据需要安排人员到现场，负责处理试车中出现的有关设计问题。

（7）设计部应参与最终性能考核和验收工作。

5. 采购与施工的界面关系

（1）采购部应按照项目总体计划的要求，按时向现场提供设备/材料，满足施工进度的要求。施工部应做好接货的准备，如存放场地、接货手续、建立接货台账等。

（2）根据设备/材料的类型，施工部应准备不同等级的库房设施和临时堆场，在材料运抵现场之前，把库房、堆场准备完毕。库房、堆场所必备的设施，如道路、照明、排水、货架以及吊车、机具等设施必须备齐。

（3）库房管理人员必须提前准备好开箱检验用的工具、量具，以及必需的仪器等。

（4）设备/材料运抵现场后，采购人员要及时与施工部的库房管理人员进行交接，按库房管理要求一起进行开箱检验，主要是数量的清点和外观检查，并详细做好检验记录。

（5）采用抽真空、氮封等特殊防腐包装措施的设备/材料，开箱后要较长时间才能安装时，双方可先办理验收备忘录，待临安装时，再开箱检验。这类材料为避免安装时因缺件而影响工期，需要在装运前做好更细致的清点检查。

（6）设备/材料检验后，双方办理验收入库手续，由库房主管和验收人签字的入库单要返回一联交采购部留存。

（7）入库的设备/材料，库房管理人员要做好维护、保养工作。

（8）开箱检验出现的产品质量、缺件、缺资料等问题，应在检验记录中做详细记载，由采购部负责与供货厂商联系解决。

（9）如采购合同要求或施工部需要，在设备/材料的安装过程中，采购部应联系供货厂商安排人员到现场指导。

（10）设备/材料在安装和试车过程中，出现与制造质量有关的问题，采购部应及时与供货厂商联系，查找原因，采取相应措施尽快解决问题。

（11）仓库管理部门，在项目完工后，要分类将库存物资清点统计清楚，并注明物资的由来（如：变更遗留、设计采购余量等），提交采购部处理。

6. 采购与试车的界面关系

（1）试车部门应参与项目初期的采购策划工作，就试车过程中需要的备品备件及润滑油脂和化学药剂等用料向采购部提出需求并汇编到设计请购文件中。

（2）采购部应参加试车方案的讨论，参与编制试车方案中与采购相关的内容，解决试车方案中与采购相关的问题。

（3）采购部应参与审核试车方案及试车工作突发事件应急预案。

（4）业主不提供试车用物料的情况下，根据合同要求，采购部负责试车方案中涉及试车用料、临时设备/设施的采买、催交、检验和运输、到货验证、贮存和发放。

（5）采购部负责协调设备供货厂商按时提交其范围内的试车方案，在装置试车过程中按照试车方案的要求及时提供试车服务或技术支持。

（6）在试车过程中，如出现与设备/材料制造质量有关的问题，试车部门要及时通知采购部，由采购部负责及时与供货厂商联系，找出问题的原因，及时采取处理措施。

7. 施工与试车的界面关系

（1）在施工过程中，试车部门应提前介入施工，熟悉装置内容，准确掌控施工过程的质量管理情况，为编制试车方案及顺利地开展开车工作做好准备。

（2）施工部应参加试车方案的讨论，参与编制试车方案中与施工相关的内容，解决试车方案中与施工相关的问题。

（3）施工部应参与审核试车方案及试车工作突发事件应急预案。

（4）施工部应按照试车方案的要求，在施工末期，及时调整施工顺序和重点，按时完成试车准备工作中与施工相关的内容，为试车工作创造条件。

（5）施工部应参与试车阶段的工作，及时处理影响试车的相关AB类尾项。

二、外部界面

1. EPC总承包商与专利商界面关系

EPC总承包商一般不直接与专利商签订合同，它与专利商的接口关系主要是通过业主与专利商的合同约定来实现的，主要体现在以下几个方面：

（1）专利商应按照与业主的合同约定，分批提交设计文件给业主审核批准。按照业主要求，EPC总承包商可参与工艺包设计文件的审核工作，并就其中的设计问题可与专利商进行澄清。

（2）按照业主要求，EPC总承包可参与专利商的工艺包设计阶段的各项审查工作，如工艺设计审查、总图审查、工艺包审查等，协助业主确保工艺包的设计质量。

（3）为了便于EPC总承包商尽早熟悉工艺包内容，尽快开展基础设计工作，业主可分批向EPC承包商提供批复的工艺包设计文件。EPC总承包商应详细审查工艺包文件，并就其中发现的问题与专利商进行澄清。

（4）在EPC阶段，专利商应派人参加EPC总承包商组织的各项审查工作，如P&ID审查、总图审查、3D模型审查、HAZOP审查、施工审查等，审核项目的设计、施工方面的内容是否满足工艺包的要求。

（5）对于专利设备及关键设备的安装，专利商应按照合同的约定，派人到现场指导安装工作、检查安装质量。

（6）专利商应参加试车方案的编制，审核开车方案是否满足专利中有关试车原则的要求。

（7）专利商应派人指导试车工作，处理试车过程中出现的与专利商有关的问题。

2. EPC总承包商与业主／监理界面关系

（1）EPC总承包商应编制与项目计划及进度控制相关的程序、规定等，报业主/监理审批。

（2）EPC总承包商应先后编制项目里程碑计划（一级计划）、项目总体进度计划（二级计划）和详细进度计划（三级计划），报业主/监理审批。详细进度计划（三级计划）经批准后作为项目目标计划（基准计划）。

（3）EPC总承包商应定期更新项目计划、计算项目进度数据、进行进度分析、编制项目进度报告（每季度/每月/每周），报送业主/监理。

（4）EPC总承包商应按照业主/监理的要求，编制特殊的项目计划，如专项计划、赶工计划、人力资源计划、施工机具计划等，报业主/监理审批。

（5）业主方将建立并运行其自身的项目计划管理体系，确定项目总体目标。落实项目基础数据，负责组织实施甲供物资计划，并与承包商互通信息。

3. EPC总承包商与政府部门界面关系

项目的立项及建设工作，离不开当地政府部门的审批及审查，如建设许可、消防审查、与当地供电、供水部门的接入，给排水的排放处理及许可、质安部门审查等，EPC总承包商需配合业主与当地政府部门进行沟通、协调，完成必需的各类审查及审批。

4. EPC总承包商与设计/制造/施工分包商界面关系

（1）设计/制造/施工分包商应按照EPC总承包商的计划及进度控制体系要求，编制相关的管理程序报EPC总承包商审批。

（2）设计/制造/施工分包商应严格按照EPC总承包商发布的三级计划要求，编制分包范围内的WBS分解和权重体系，以及四级、五级进度计划，报EPC总承包商审批。

（3）设计/制造/施工分包商应定期更新四级、五级进度计划、进行进度分析、提出项目执行过程中出现的问题，进行进度偏差分析和趋势预测，提出处理意见和措施，编制进度报告（每周/每月），报送EPC总承包商审批。

（4）按照EPC总承包要求，设计/制造/施工分包商应编制特殊的项目计划，如三周/三月滚动计划、专项计划、赶工计划、人力资源计划、施工机具计划等，报EPC总承包商审批。

第三节 EPC总承包项目进度管理工作的组织落实

一、一切以进度计划为龙头

“工欲善其事，必先利其器”，要执行好EPC总承包项目，准备工作是非常重要的，而进度计划就是准备工作中非常关键的一环。

项目进度计划的编制不单单是项目工作的时间安排，它的编制过程就是总承包商梳理工作范围、划分工作界面、确定工作职责、理清工作思路、制定工作策略的过程，是把合同上的一个进度目标层层分解、层层落实的过程。在计划编制过程中，总承包商能够抓住项目控制的重点和难点、识别项目关键路径、分析项目风险、制定应对措施，使其能把有限的控制力量放到项目重点工作和关键线路上。

EPC总承包项目的特点是项目设计、采购、施工和试车统一策划、统一组织、统一指挥、统一协调，进行全过程控制。各阶段工作合理、有序、深度交叉，有利于整体优化，实现局部服从整体，阶段服从全过程，在保证各自合理周期的前提下，极大地缩短了项目的总周期，当然，这也同时给EPC总承包项目的进度管理带来了相当大的挑战和要求。在项目启动初期，EPC总承包商应该根据总承包合同及业主的要求，研究合同工作范围，明确项目工期目标，编制项目里程碑计划（一级计划），该计划应包含合同规定的时间节点和整个项目的关键里程碑，作为项目各阶段编制下一级计划的依据。

随着设计、采购、施工和试车管理人员的逐渐介入，讨论并制定相关的管理策略和执行计划，编制项目WBS，将项目里程碑计划逐渐深化成项目总体进度计划（二级计划），此计划应包含项目各阶段的关键控制节点以及主要活动的时间安排，并将作为编制详细进度计划（三级计划）的依据。

在三级计划编制过程中，总承包商应将项目视为一个整体，以现场施工和试车计划为驱动，编制项目设计和采购计划，满足现场施工和试车的需要。项目三级计划应严格考虑项目各阶段、各专业、各项活动之间的逻辑关系，采用CPM计划编制方法，利用专业的计划软件，编制出科学、系统、全面、严谨的项目三级计划，并显示出整个项目的关键路径。此计划一旦被业主批准，将成为整个项目的基准计划，作为项目执行层的工作依据和项目各参与方沟通项目计划及进度信息的工具。在三级计划之下，项目具体工作实施人员和分包商还要编制交付物级别的计划文件（四级、五级计划），作为开展具体工作的依据，也是项目进度跟踪及测量的基础。

EPC总承包项目的计划体系，从最高的里程碑计划（一级计划）到最低的作业计划（五级计划），项目的计划目标从上到下逐级分解、逐步落实，项目计划的执行情况从下到上逐级汇总、逐步保障，形成了一个健全系统的计划体系。EPC项目的各参与方都应该以这个计划体系为龙头，作为自己开展各项工作的依据。EPC总承包商作为这个计划体系的维护主体，应确保这个计划体系的严肃性、完整性和可执行性，能够及时反映整个项目的进展情况，及时发现影响整个项目进度的问题，维护计划体系的有效运转。

二、坚持和强化项目经理负责制

项目经理是工程公司法人代表在项目上的全权委托代理人，行使并承担工程承包合同中承包方的权利和义务，对外代表工程公司与业主及分包单位进行联系处理合同有关的一切重大事项，对内全面负责组织项目的实施，是项目的直接领导者和组织者。项目经理应按合同规定的承包工作范围、内容和约定的建设工期、质量标准、投资限额全面完成项目的建设任务。项目经理是项目完成工期目标的第一责任人，是项目计划体系建立及运转的最高领导者，他对项目计划及进度控制工作的重视程度和领导水平将直接影响项目计划体系运转的成功与否。

在项目启动阶段，项目经理应组建项目管理团队、任命项目管理人员、明确项目各个部门的职责及分工，建立项目的工作流程和制度，确定项目目标，有效地开展项目工作。项目经理应组织项目各个部门认真研究项目合同要求，明确项目工作范围，制定符合项目要求的项目执行计划，详细说明项目是如何执行，最终达到项目目标的。项目经理与项目控制部（包括项目控制经理和计划工程师）一起，组织项目各个部门编制项目的WBS、编制一级到五级的项目计划、建立项目进度测量体系、明确项目进度更新流程、规范项目进度报告周期和内容，建立一个完整、统一、系统、科学的项目计划管理体系，明确项目各个部门在这个体系中的职责和分工，确保整个计划体系能够正确、有效、顺利地运转。

在项目执行阶段，项目经理应审批发布项目的一级至三级进度计划，明确项目各个部门的进度控制目标，监督检查设计、采购、施工、试车和控制经理关于进度控制的工作，定期审查项目控制部编制的项目进度报告，协调项目执行中出现的问题，当项目进度出现较大偏离时采取必要措施挽回滞后的进度。也可以通过项目协调例会、专题会议等方式检查项目进度，协调项目问题，应确保整个项目管理团队能够利用统一的计划管理工具作为计划编制、跟踪进度、协调工作的手段，而不是每个部门各自有一套计划管理的工具，各部门之间的计划信息不流通、不共享。项目经理应保证项目的计划目标能够从一级计划向下有效分解到各级计划中，最终落实到具体的负责人上，确保项目每个人知道自己的工作内容和进度要求，并获得每个人对于进度的承诺，确保项目计划在项目的各个阶段之间、各个专业之间的逻辑联系，使项目计划真正成为一个统一的计划，而不是一个个孤立的计划。确保项目实际进度信息能够及时、准确、有效地从项目WBS的最底层汇总到WBS的任一个节点、层级，以满足项目不同层级的管理要求。

在项目的收尾阶段，项目经理应将项目计划及进度管理作为一个考核指标，制定相应的考核办法对项目管理人员的计划管理成果进行考核。组织项目管理人员回顾计划及进度控制方面的工作，总结和归纳相关的经验和教训，收集相关的管理文件，以便公司后续项目能够参照和借鉴。

项目经理只有带头组织和指导项目计划和进度控制工作，明确项目管理人员有关计划管理的职责和分工，使用统一的计划管理工具进行沟通和管理，才能使项目管理团队有压力也有动力在整个项目计划管理体系下工作，最终顺利地完成项目进度目标。

三、全员参与

项目计划体系的建立和实施离不开项目全体人员的共同努力，它是业主、项目管理承包商（PMC）、监理、总承包商和各个分承包商（供应商）相互协作、共同努力的结果。

在项目外部，业主及其项目管理承包商和监理，与总承包商一起编制并批准项目一级、二级计划，编制并批准项目的高层WBS（PSWBS），审查并批准总承包编制的项目三级计划，确认项目三级计划中与业主相关的界面关系（如业主提供的设计输入条件、设计基础资料、采购长名单、现场开工许可等）和活动时间安排（如图纸审查、招标文件审查、询价文件审查、3D模型审查等），审查并批准项目的进度测量体系，审查总包商提交的进度报告，参加总承包商组织的进度协调会议，审查并批准总承包商编制的赶工计划或计划变更，处理项目执行过程中与其相关的各项事宜等。项目各个分承包商在总承包商编制的WBS的基础上深化其工作范围的WBS，确定三级计划中与总承包商的接口内容和进度安排，并在三级计划的基础上编制四级、五级进度计划，按照总承包商计划体系的要求建立自身的进度测量体系，定期跟踪及更新进度计划，编制进度报告，参加总承包商组织的进度协调会议，处理项目执行过程中与其相关的各项事宜等。

在项目内部，项目经理组织项目各部门经理和相关管理人员共同编制项目的WBS和一级、二级计划，配合项目控制人员编制项目三级计划并审批发布，协助组织各专业负责人编制项目四级、五级计划，将项目总进度目标和工作内容层层分解并落实到具体的负责人，让项目所有参与人员了解项目进度控制的目的、内容、流程、方法和各自承担的工作和职责，定期让具体的工作人员汇报工作的进展情况，定期组织项目进度协调会议和专题会议分析项目进展状态，协调处理与进度相关的各项事宜。

只有项目所有参与人员（包括内部和外部的）在同一个计划体系下工作，各自明白它们与进度相关的内容、职责和相互关系，按照项目计划统一的步调协同工作，才能确保项目计划体系顺利、有效地运行，最终确保项目进度目标的顺利实现。

四、正确认识安全、质量、费用（资金）和进度的关系

总承包商的项目管理是一个系统工程，它包括范围、沟通、合同、进度、费用、质量、安全、风险、人力资源等方面的管理，涉及业主、监理、供货厂商、各分包商等单位，在诸多管理要素中最为人们所关注的是安全、质量、费用和进度四个要素的管理。在项目进度管理方面，如何正确地认识安全、质量、费用和进度的关系，将成为正确管理项目进度的先决条件。

质量是进度的根本保证，质量管理贯穿项目的始终，项目上出现的任何一个质量问题都有可能影响项目进度。在设计阶段，确保设计各专业间设计条件的质量，能够避免接受条件专业重复设计而耽误设计进度。确保设计成品的质量，能够避免在业主、监理和当地政府部门审核设计文件的时候提出大量审核意见，影响设计进度。能够避免采购根据设计要求采购的设备材料不满足项目功能需要，导致重新采购影响采购进度。能够避免现场根据错误的施工图施工产生返工或者修改，影响施工进度。在采购阶段，加强采购的质量管理，能够避免运送到现场的设备/材料出现制造质量问题而不能安装，或者现场安装不合格的产品而导致的返工，影响施工进度。在施工阶段，加强施工的质量管理，能够避免施工工序或成品检验不合格而导致的返工，避免最后试车阶段出现大量的施工质量问题而导致的处理、整改工作，影响项目进度。

安全是进度的前提条件。执行总承包项目一般都会面临时间紧、任务重的局面，工期目标虽然对总承包商十分重要，但也要在保证安全的前提下执行项目、追赶进度。在执行项目时，要做到安全与进度并进、安全与进度同行、安全与进度共赢。进行现场安全管理、采取安全防护措施，必然会影响施工进度。但是一味追求施工进度、缩短建设工期而忽视安全管理，就会给施工埋下诸多安全隐患，一旦安全事故发生，整个工地都要整改，总承包商要受到处分，还得花费大量人力财力处理伤亡者的医疗和善后事宜，工程进度严重拖延，总承包信誉受到严重影响，更谈不上成功的执行一个总承包项目了。

费用和进度是对立统一的关系，在项目的执行过程中它们相互影响、相互制约。在项目进度目标和费用目标的限制下，总承包商应认真制定进度控制和费用控制的执行计划，利用赢得值技术将进度和费用统一进行计划和管理，并按照既定计划执行项目，监控项目进度和费用状态，及时采取纠偏

措施，确保进度和费用按照计划路线执行。进度管理不力将会导致费用的增加，如：施工图发布和设备材料的供应滞后导致现场窝工，设备材料的提前供应导致现场仓储管理力量的增加，进度滞后导致的赶工费用增加，项目完工滞后导致的罚款等。费用管理不力将会导致进度的拖延，如：没有及时给供货厂商付款导致设备材料没有按时到场影响施工进度。没有及时给施工分包商付款导致施工资源投入较少影响施工进度。大幅压低施工分包商的合同费用，导致施工分包商资金紧张、投入施工力量不足，以致施工无法正常开展，拖延施工进度。合理的进度是节约费用、降低建设成本的有效手段，有效的费用控制又是项目进度保证的基础，只有进度和费用有效统一，才能最终实现项目目标，同时也为保证项目质量和安全留下足够的空间。

五、信息保障

项目的进度控制过程包括制定项目的控制目标和进度计划，建立项目进度测量体系。跟踪项目实际运行状态，测量项目实际进度，获取进度偏差。分析偏差产生的原因和趋势，采取适当的纠偏措施，直至项目结束。在整个项目进度控制的过程中，信息作为控制工作的载体起着至关重要的作用。项目进度计划的信息从上到下传递到项目相关实施人员，以使计划得以贯彻落实。而项目实际进度信息则自下而上反馈到项目各参与方，供其分析并做出决策、调整，以使计划执行能够符合预定工期目标。这就需要建立信息系统，以便不断地进行信息的传递和反馈工作。所以，项目进度控制过程也是一个信息传递和反馈的过程。

在项目启动阶段，计划工程师需要收集计划相关信息，用于编制项目进度计划。这些信息应真实、全面地反映项目合同要求、项目外界限制条件、项目执行计划（策略）、项目包含的各项工作内容、逻辑关系及所需时间、项目的资源投入等，确保项目组能够编制一个可供执行的项目计划。在此阶段，计划工程师所收集的信息越全面，越完整，项目组越能够编制出一个切合实际、具有执行力的项目计划。此外，项目组还应该建立项目进度报告制度及进度信息沟通系统，确保项目进度信息能够在项目各参与方之间及时、高效地传输。

在项目执行阶段，计划工程师需要定期收集项目执行信息，测量项目实际进度，获取进度偏差。这些信息应真实、准确、及时地反应项目执行状态，为项目各参与方对下一步工作的决策提供有力依据。在此阶段，计划工程师应确保项目信息的真实性，收集的信息应来自项目执行人员的实际进度数据反馈。确保项目信息的准确性，项目的交付物应通过事先建立的测量标准，确定实际的执行进度。确保项目信息的及时性，所有的进度信息应在规定的时间内收集、汇总、分析，以使项目组能够及时了解项目进度情况，制定相应的应对措施。

为了更好地管理项目信息，国际上知名的工程公司都开发了自己的项目管理平台，如TechnipFMC公司的EasyPlant、JANUS平台，Worley Parsons的WPMP平台等。国内一些先进的工程公司也逐步开发了自己的项目管理平台，让项目信息能够在不同部门、不同专业间共享、流通，更好地为项目管理服务。

六、动态监控、及时预警

“世界上唯一不变的是变化本身”，对于项目进度管理也是如此。一个EPC总承包项目的时间跨度往往为数十个月，项目环境常处于变化之中，计划的实际执行状态往往会偏离项目基准计划。因此，项目计划要随着项目的执行情况、项目外界环境和条件的变化而不断调整和修改，以保证完成项目目标。这就要求我们在项目执行过程中，对项目执行状态进行动态监控，随时掌握项目的最新状态。

由于项目在前期计划工作中面临诸多不确定性，在实施过程中又常常面临多种因素的干扰，所以项目在执行过程中，其进展必然会或多或少偏离预定的轨道。所谓项目控制，就是指项目管理者根据项目的进展情况，对比原计划（或既定目标），找出偏差、分析成因、研究纠偏措施并实施的过程，而这一过程存在于项目整个生命周期中。这就要求在管理项目时，要动态监控项目的进展，定期将实际进度与计划进度进行对比，当进度偏差超出预定值或者有进一步扩大的趋势时，及时预警，对偏差原因进行分析并采取相应调整措施，以保证项目阶段目标及最终目标的实现。

七、强力协调

EPC总承包项目的执行需要多个单位、部门及项目组内部各专业、人员的协调和配合，共同努力。其中涉及多个界面关系，既有项目组内部的，包括各部门及各专业间的关系。同时也有项目组外部的，包括与业主、政府部门、监理、第三方、供货厂商、分包单位等的关系，存在着大量的协调工作。项目经理只有协调好方方面面的工作和关系，才能使项目顺利地执行下去。

在项目启动初期，项目组应全面识别这些界面关系，通过建立健全的组织机构，明确岗位职责及分工，将项目协调工作层层分解、层层落实。其中，项目经理负责项目内部的总体协调及对外的协调工作。设计、采购、施工、试车及其他专业经理负责本部门内部各专业间的协调以及与其他部门的协调工作。各部门内部的专业负责人负责本专业内部各人员之间的协调工作。项目经理要确保整个项目组按照岗位职责的要求开展工作，捋顺项目工作流程和界面关系，提高项目的运行效率，确保项目能够按计划顺利执行。在这一阶段，项目经理可以发布项目协调程序，将项目协调工作落实到项目文件中并要求项目相关方严格履行。

在整个项目启动或者项目中的一部分重要内容启动时，项目组需要召开相关部分的开工会，其中一项重要内容就是向相关方介绍该部分内容的进度计划，明确各相关方的工作范围、职责和沟通程序，通过开工会的召开可以更好地促进项目相关方工作的开展。在项目执行过程中，项目组应定期召开项目例会或者专题会议，召集相关人员共同检查当期项目的执行情况，协调项目的各项工作，讨论当期发现的各项问题，落实处理措施，并及时检查处理结果。

八、严控进度保障措施落实

目前，在残酷的市场竞争环境下，EPC总承包项目一般都会具有项目规模大、工艺技术复杂、建设周期长、实施地域广、参与方众多的特点。要完成项目的工期目标，项目组在编制详细进度计划的同时，还要研究制定相应的执行计划，并采取配套的进度保障措施，包括：合同保障、组织保障、技术保障、资源保障、资金保障、后勤保障等保障措施。其中，有些保障措施是短时间内完成的，如合同的签订、项目组的建立、项目管理制度的制定、技术方案的编制等。有些保障措施一直伴随着项目直至项目完成，如：资源保障、资金保障、后勤保障等。这就要求项目经理在项目执行过程中，及时跟踪检查进度保障措施的执行情况，确保措施落实到位，为项目执行提供一个有利的环境。只有相应的保障措施实施到位，项目计划才能顺利完成。

第四节　EPC总承包项目进度目标的保障措施

一、信息及时准确

执行一个EPC总承包项目在项目上的一切管理决策都基于获取的项目信息。对于项目计划管理而言，有些信息是直接就可以使用的，如工作进展描述、工程量完成情况、项目资源的投入及使用情况等。有些信息是需要进行处理后才能使用的，如项目各区域/装置/阶段/专业进度的计划值/实际值、进度偏差、进度绩效指数等。这些信息需要按照项目的要求定期收集、整理、分析，提供给项目相关管理人员使用。由于项目的管理人员不可能时刻都盯在工作第一线，他们对项目的了解大部分依赖于报送的项目信息。如设计经理对各专业工作进展情况的了解，采购经理对设备制造进度的了解，施工经理对施工分包商施工进度的了解等。这些信息通过会议、进度报告、邮件、电话、项目管理平台等各种各样的渠道反馈到项目管理人员，以便他们根据计划进行下一步的工作安排。如果这些信息不及时、准确，就会让项目管理人员反应不及时或者判断错误。比如：如果设计部门没有及时更新图纸到场计划，那么有可能导致现场施工人员窝工。如果采购部门向现场施工发送了错误的设备到场顺序，那么有可能导致现场施工组织混乱。如果设计部门没有及时向采购部发出变更的材料量，那么采购部可能按照原有的材料量需求采购，导致材料不足或浪费等。以上种种由于信息不及时、不准确可能导致的后果，都会影响项目顺利进行，最终影响项目进度目标的实现。

二、偏差监测及预警

进度偏差是项目在实际执行过程中的某一时间点实际进度与计划进度的差值，它反映了项目当前执行状态偏离计划的程度。项目进度控制就是测量项目实际进度，及时发现进度偏差并找出这些偏差产生的原因，采取措施使偏离的项目进度回归到计划的轨道上来，直至完成最终的项目进度目标。这就要求项目组能够采取有效的方法和措施，及时测量并发现这些偏差。在分析这些偏差时，如果偏差在非关键路径上且不影响项目总体进度时，可以不采取措施只加以监控。如果偏差发生在关键路径上，影响项目最终进度目标时，应立即向项目组发出预警。项目组应分析偏差产生的原因，并采取有效措施挽回进度。项目进度统计及偏差分析是一个持续性的过程，项目组应定期（每周/每月）收集项目进度数据，分区域/装置/阶段/专业绘制实际进度曲线，并与相应的计划曲线相对比。有时进度偏差在允许的范围之内，但是偏差有扩大的趋势，这种现象也要引起足够的重视，项目组要分析偏差扩大的原因，并采取有效措施预防偏差进一步扩大。

三、进度协调会议

在项目启动初期，项目组制定了一个详细的进度计划并不意味着项目会按照计划完全执行下去。工程项目的特点决定了项目必然处于一个时刻变动的环境当中，而当初在编制进度计划时的诸多不确定因素也将影响项目计划的顺利执行。这就要求项目组在执行项目时，除了要根据制定好的进度计划组织安排工作，还要根据项目的实际情况机动地调整项目计划，及时处理项目执行过程中遇到的各种问题。会议是项目组织和协调的重要手段，项目组可以根据项目的合同关系、工作范围、工作界面等内容，采取多种协调会议分别处理不同方面的问题。例如与业主之间的协调会、与第三方之间的协调会、项目协调例会、项目专题会议、现场协调例会、项目各部门内部的协调例会等。通过各种协调会议，能够很好地部署项目计划工作，检查项目相关方的工作进展，及时协调处理项目执行过程中出现的问题，明确下一步的工作安排等。

四、纠偏措施及时落实

当项目整体进度偏差较大或者关键路径上的工作严重滞后时，项目组应尽可能从源头上杜绝进度滞后的现象，分析偏差产生的原因，尽快消除该因素造成的不利影响。对于已经造成的进度滞后，应研究制定纠偏措施，争取将滞后的进度赶回来。这些措施按照性质可以分为组织措施、管理措施、经济措施和技术措施。一旦项目组决定采取相关纠偏措施后，应及时组织措施的实施，将相关工作落实到具体的负责人，确保措施落实到位。纠偏措施的实施并不表明项目组纠偏工作的完成，在纠偏措施实施过程中，项目组还应持续监控项目进度和纠偏措施的实施效果，一旦纠偏措施没有效果或者效果不明显，项目组应及时采取调整措施并继续监控，直至将该部分的进度赶回来。纠偏措施的及时落实和效果监控将使项目在这一部分工作上的滞后情况逐步减小，从而避免给项目造成工期和费用上的损失。对于滞后原因的分析，也会为项目后续工作积累宝贵的经验，避免同样事情再次发生。

五、其他常规措施

其他常规措施主要包括组织、技术和经济保障措施。组织上，建立健全的项目进度管理组织机构及进度管控制度和体系，明确各方进度管控责任。技术上，充分论证设计、采购、施工各阶段的技术方案，综合考虑技术方案的先进性、经济性及与进度目标的匹配性。经济上，通过设定激励和惩罚机制，调动项目参与各方的积极性和执行力，如制定进度目标考核办法，建立奖惩机制。

第七章　EPC总承包项目进度管理的基础工作建设

基础工作是支撑企业健康平稳发展的基石，是企业内部各项生产经营活动中最为基础的标准、数据、规定和程序等。它是企业发挥其制度、社会和经济功能的基础，主要内容包括标准化和信息化工作、规章制度编制工作以及培训再教育工作等。工程公司作为承担EPC项目的主体，面对的是大量涉及设计、采购和施工多方面的项目管理活动，尤其需要夯实自身基础。进度管理作为工程公司项目管理的关键一环，其基础工作建设须给予重点关注。

第一节　项目进度管理基础工作建设的作用和意义

“项目是一种临时性的创造一项唯一的产品和服务的任务”，这是美国项目管理学会（Project management Institute，简称PMI）对项目的定义。项目具有相对性、临时性、目标性、唯一性、相对独立性、多变性、系统性与整体性，正是由于项目的这些属性，在项目执行过程中，项目管理是非常重要的；而进度管理作为项目管理的一部分，包含了项目进度计划、进度检查监督以及进度控制等方面，在项目管理中的重要性不言而喻。其基础工作的建设也是企业必不可少的重要工作内容之一。

一个公司的基础建设完善程度决定了公司员工的工作效率、工作成果。在这个信息化的时代，信息化管理是企业管理的基础，也是基础建设的基础。

一、进度管理基础工作的特点

1. 标准化

所谓标准化就是建立样本，作为后续项目执行过程中工作的依据，因此会采取目前最完善、最有效的做法来建立标准。但是标准化并不代表一成不变，在公司的发展过程中，当出现更优秀、更有效的方法时，标准化也是可以改进的。进度控制基础工作的标准化，包括各类项目标准三级计划、各项作业标准定额、各类项目标准报表等。在使用过程中，根据项目具体要求，可以在标准化文件的基础上进行删减更改，获得项目控制部、项目组和业主批准后遵照执行。

2. 严肃性和科学性

基础工作作为开展各个项目的依据，需要保证其数据的严肃性和科学性。进度控制过程应用到的基础数据，例如定额数据，会应用于进度计算中的权重确认，从而影响项目阶段进度、总体进度的计算。如果定额数据不具备严肃性和科学性，会导致计算出的总体项目数据不能真实反映项目的执行情况，对项目请款、进度控制都不能提供有利的支撑数据。

3. 全面性

一个公司的基础工作需要尽量完善，对于工程公司而言，根据公司承包范围的各类项目，例如化工类项目、炼油类项目、长输管道项目，其中化工类举例可以细分为聚丙烯、乙烯、EOEG等等，LNG类细分为不同容量的储罐等，针对不同的项目，或者同类项目不同的建设地点，又或者类似项目不同的业主，各种基础数据都需要根据项目执行的情况进行更新后留存。这样公司将来再次承担类似的工程项目时，在计划编制过程中，就知道哪些方面是项目难点，从而给予重视并留出合理的计划时间。在项目执行进度控制过程中，就会提前对其他类似项目发生过问题的方面提前注意，保证条件具备的情况下，先完成这些工作，安排工作时提前催促落实这些工作的输入条件，为项目的执行保留更充足的时间，以便应对面临的其他临时状况。

4. 信息化

现在是信息时代，基础工作的建设也具有信息化的特点。计算机的信息化管理已经渗透到人们生活和工作的方方面面。以前的工程项目，EPC总包公司都会将项目图纸保存纸文件到底图库，随着时代的发展，目前已经基本过渡到将完成项目电子文档入公司底图库保存，计算机的应用范围越来越广阔。

在进度控制上，通过计算机管理，可以实现进度统计和文件图纸状态的直接结合，杜绝了人工层层汇总带来的弊端，保证了进度统计数据的真实可靠。报表也是传统的常用数据统计传递形式，但表格形式也会根据需要进行各种调解，通过计算机管理系统，可以从同一数据源中提取所需数据汇总成项目需要的形式，并且对项目报表汇总和表现的新要求也可以做到快速响应。

二、进度管理基础工作的作用

1. 进度管理基础工作是对项目进度进行控制的依据

有经验的EPC承包商，其进度控制在公司内部应该是一套成熟的体系。在任何一个项目中，每个管理者的角色，例如项目经理、设计经理、采购经理、施工经理、试车经理、各专业负责人都知道自己该做什么，对自己责任内部的进度知道控制范围、接口关系，对进度管理人员发布的进度统计表格等也都能够轻车熟路地配合汇报，这样在项目执行过程中，进度会处于受控状态，即便有进度落后的问题发生，也能很快得到预警，及时采取措施扭转进度偏差，使项目执行平稳顺利。

试想一下，如果没有统一的标准要求，完全因人而异，对项目进度控制每个人心中各有不同的一杆秤，拿出的表格也是各不相同，这样的进度控制，在公司内部没法得到各专业的积极配合，对存在的问题也难以及时发现，直到对项目的影响渐大才被发现，既影响工作的执行效率，又会因为问题发现晚，加大了治理难度，从而需要花费更多的精力和费用去解决。

而进度基础工作的建设，正是通过建立一整套标准文件和规定，来规范项目执行过程中对进度控制的措施和手段、流程和标准。

2. 进度管理基础工作是提高工作效率的重要手段

任何工作都是由一系列的步骤来完成的，但这些步骤的组合顺序却有很多，经过多次摸索，肯定有一条是具有更高效率和更好的执行结果的。将其规定下来，作为文件写入到公司的程序中，后续的员工将直接按照说明来进行工作，减少了摸索的过程，个人提高了工作效率，公司节省了费用。

3. 进度管理基础工作是实现进度控制信息化的基本前提条件

一个企业，尤其是总承包企业，通过其多年的经验积累，对各级各类项目有不同的数据记录，基于对这些数据进行电脑录入，分类、整理、汇总，可以分析得到各类项目计划时间分布、进度的重要控制点、进度控制的分解方式等信息，这些信息在企业执行新的相关项目时，具有非常重要的参考意义。

三、基础工作的意义

规范的基础工作能够提高企业的形象，进度管理的基础工作做好，能够使企业对各级各类项目有统一管理标准，企业发布的文件也能整齐有序，避免项目管理因人而异。进度管理基础工作，能够为项目进度管理过程提供手段和依据，是提高项目执行效率、增加公司效益的先决条件。它的要旨是通过科学而系统的手段，全方位地挖掘进度管理的基本原理和客观规律。EPC总承包企业在进度管理上应该有一整套自己的管理方法、流程、规定、责任分工，以及报告要求、模板，有统一的控制目标和控制深度，这样可以避免因为不同项目参加进度管理的人员不同、经验不同而造成在进度管理上差异过大，使同一企业在不同项目的管理上都能达到公司要求，让业主满意，树立良好的公司形象。

进度管理基础工作，是摆脱个体化、随意化进度管理的关键，工程公司打造专业化、规范化的进度管理人才和制度的前提，是实现科学项目管理的必要条件。只有这样才能避免因为有经验的员工退休、离职等原因造成的人走经验走的现象，也能使新的进度管理人员加入工作后就做到心中有标准，控制有依据，从而很快胜任进度管理的工作。

第二节　进度管理主要基础工作

以工程公司为主体，其在进度管理方面的基础工作，主要可概括为标准化工作、专业化工作、信息化工作。

一、标准化工作

标准化是指在经济、技术、科学及管理等社会实践中，对重复性事物和概念通过制定、发布和实施标准，达到统一，以获得最佳秩序和社会效益的活动。

1. 工作规定和程序

标准化工作，首要的是工作程序上的标准化和规范化，用于规范公司工作程序、工作规定、工作流程，明晰工作责任分工、工作范围、标准表格、模板等。进度管理相关的工作规定和程序，是对进度管理的基本原则和方法进行规范化，为项目进度管理过程提供准则和依据。此类规定和程序旨在指导进度管理实践过程，确保其应用性及可操作性强，避免仅停留于纸面上。基于此，工作规定和程序经由专业进度管理人员编制完成后，应听取进度管理人员在不同项目上实践后的反馈意见，进行优化、完善、更新、升版。与此同时，也应将进度管理工作规定和程序向公司所有参与项目人员进行宣贯，保证其执行过程的顺畅。

进度管理工作规定和程序应包括但不限于：

（1）项目一级、二级计划编制程序。

（2）项目一级、二级计划编制工程规定。

（3）项目三级计划编制程序。

（4）项目三级计划编制规定。

（5）进度控制程序。

（6）各级各类计划编制及评审的规定和程序。

（7）项目文件状态表编制规定。

（8）项目进度报告编制规定。

2. 标准工作分解结构

工作分解结构（WBS）是项目成功执行的重要基础，是项目进度计划编制、进展跟踪及进度报告编制的重要依据。工作分解结构以可交付物为导向对项目的各个要素进行分组，直至将工作范围细化至可操作层级。工作分解结构可以采取多种方式进行分解，包括按物理结构分解、按功能分解、按区域分解等，同时由于项目具体情况不同、业主要求不同以及项目执行团队能力不同，最终会形成形形色色的工作分解结构。因此，须从公司层面考虑，组织项目管理人员根据项目类型，对各类项目分别进行工作分解编制，从而确定几套不同方式的标准工作分解结构，这样各项目在应用过程中，只要根据项目具体情况，选择相应的标准，进行剪裁，即可使用，从而避免了重复性的工作，亦可避免由于各种原因导致的工作分解结构编制不合理的情形。

标准工作分解结构，首先应具有一定的适应性，即至少能应用于某一类（如同种装置、同种规模、国内国外等）项目。其次除考虑进度管理需求外，也应将费用管理的需求加以考虑。最后还应确保其动态性，即能够定期更新以保持其适用性。

两种典型WBS的示例：

（1）以阶段划分的典型WBS示例如图7-1所示。

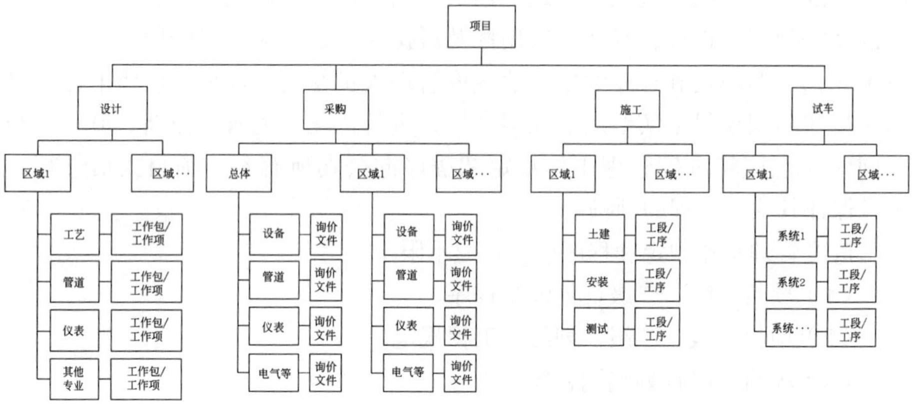

图7-1　典型WBS示例（以阶段划分）

（2）以主项划分的典型WBS示例如图7-2所示。

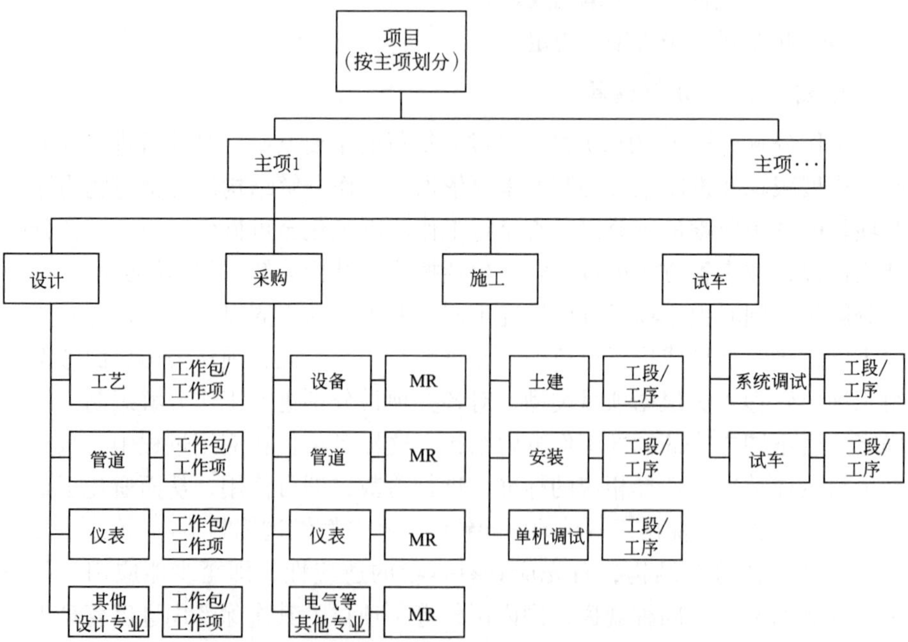

图7-2　典型WBS示例（以主项划分）

3. 进度管理模板库

进度管理过程，需要经历前期策划阶段、进度计划编制阶段、实际进度跟踪阶段和控制阶段，各自的主要工作可分别概括为进度管理策略的选取和确定，合同规定之工作在进度网络中的安排和体现，项目进展情况跟踪和偏差分析与解决。其中，第一阶段的工作所形成的文件通常为项目进度控制程序、项目管理计划等。第二阶段形成的文件为各级各类进度计划。第三阶段则主要依靠进度检测体系，包括设计协作表、DSR、PSR、CSR、进度报告文件等。对于以上这些进度管理过程文件，如若完成相应种子文件，为各个项目进度管理提供相关模板，既可减少冗余工作从而提升进度管理效率，亦可统一衡量标准，便于进度管理工作的审查。

项目月度报告模板可参考附件五内容。

二、专业化工作

进度管理基础工作中的专业化工作，指的是通过一系列方式使得进度管理实践过程更加专业。

1. 工程量清单计价体系及企业定额库

工程量清单计价是国际上较为通行的工程招标方式，是市场化竞争机制的体现。相对于定额计价法，清单计价与市场价格挂钩，采用综合单价法从而真正实现了量价分离。对于采用工程量清单计价的项目，其进度款由所完成的实际工程量决定，因此会促使工程公司在项目执行过程中主动提升项目管理质量、追求精细化管理，其中进度管理显得尤为重要。

精细化的进度管理必须基于严谨的、可执行性强的进度计划，并参照各工程公司的基准定额进行工程进度的精准测算。只有基于工程公司完善的定额库，进度管理才能真正满足工程量清单计价项目的要求，才能实现项目最大收益。

2. 历史项目总结与归档

任何项目在执行过程中，其实际进度都会与原定计划产生偏离，其中缘由因项目而异。进度管理人员会对这些偏离进行分析判断并提出应对措施，但更重要的是，应在事后对其进行总结反思，即偏离是何种原因导致，是不可抗力或是自身原因、抑或是由于进度管理实施方案欠妥等，最终目的是从中汲取经验以提升项目进度管理实践能力。总之，在各个项目开始直至结束的全生命周期内，持续对进度管理实践经验进行总结和记录，并在后续项目中加以参考和利用，是进度管理能力稳步提升的有力保障。

3. 培训及再教育

员工培训是企业风险最小但收益最大的战略性投资。进度管理工作需要人来实践，只有加强对进度管理人员的培训和再教育，才能确保一切进度管理方法和工具得以有效实施，目标和任务得以如期实现。培训不仅包括上岗前的知识技能培训，还应包括从事进度管理工作期间持续性培训及再教育，公司应统筹安排具有针对性、实用性的培训，诸如项目管理知识培训、专业进度管理工具培训、进度管理程序文件培训、外部专家培训、各项目团队间进度管理经验交流研讨会等。同时，须引入考核和激励措施以确保各项培训效果，防止培训工作流于形式。

三、信息化工作

所谓信息化，指的是利用计算机、通信网络等工具辅助生产生活，包括微观的企业信息化、中观的产业信息化、宏观的经济结构信息化以及整个社会的全面信息化。其中企业的信息化是基石也是先行者，信息技术的发展同样推动了现代企业生产方式的变革。对于项目进度管理工作而言，由于其主要工作都是围绕着进度计划开展，而进度计划又是基于进度管理软件进行编制和使用，因此进度管理的信息化工作更显重要。进度管理信息化，旨在将进度管理过程与计算机和网络技术相结合，主要包括如下几个方面：

1. 资料和知识共享平台

具有相似项目建设经历，对于承接EPC项目的总承包商来说，是取得项目成功的有利条件。EPC项目体量大、专业多，形成种类繁多的与进度管理直接和间接相关的资料，例如进度管理体系文件、进度报告文件、项目各类合同、设计采购施工文件等，这些资料蕴含着丰富的项目执行经验和教训。搭建一个进度管理资料和知识共享平台，可以为进度管理人员提供互相借鉴的平台和渠道。这不应仅仅是资料收纳平台，更是知识共享平台，即共享由进度管理人员思考、提炼并文档化的进度管理知识，从而达到更深层次的交流和学习。此外，为加强平台的实际应用效果，公司或部室层面可以加以引导使用，以确保进度管理人员确实从中汲取知识和经验。

2. 进度管理软件应用

进度管理的核心是对项目进度的控制，表现为进度计划的编制、更新和维护，这些工作都离不开进度管理软件。进度管理软件的使用以进度管理人员为主，但在软件使用过程中，需要由项目相关人员对进度计划进行评阅和审核。若仅仅使用pdf版本的进度计划用于评审，将无法让评审人清晰的了解进度计划内部逻辑关系等细节，进而是评审效果大大降低。针对此种情况，可在公司内部推广进度管理软件的使用，为相关项目管理人员及专业负责人开通使用权限，以提升进度评审的实际功效。

3. 创建沟通平台

进度管理工作的一大特点是需要大量的沟通工作，包括进度计划编制期间的评审过程、进度跟踪过程与相关人员的互动，而这些人员通常分布在不同地点，故此仅仅依靠常规的电话、电子邮件、例会等沟通方式有时难以满足便利性及时效性的要求。进度管理人员应主动利用“互联网+”时代及“移动时代”的便利，积极使用基于手机等移动端的通信工具，建立沟通互动平台，以实现高效的进度管理。

例如，公司可以建立项目管理平台来实现全生命周期的进度协同管理。通过该平台，项目内部设计、采购和施工的各个专业、不同人员可共同参与进度管理工作，从项目计划的编制及进度数据的统计等方面协助专业进度管理人员。同时，项目各相关方如业主、分包商，以及项目本部和现场等处于不同工作地点的人员，可通过平台同时、高效地了解和掌握项目进展，及时反馈并解决项目存在的问题以实现进度纠偏。

第三节　专业计划管理人员的培养

在国内经济已开始由高速增长向高质量增长转变的大环境下，精细化管理必然是工程项目所面临的目标和挑战。由此突显出项目进度管理的重要性，再加之国内进度管理发展较为缓慢，故此培养专业进度管理人员的需求较为迫切。

一、专业进度管理人员基本条件

进度管理作为一门偏应用的专业，除需掌握相关项目管理知识外，更多的是需要在项目当中去实践和探索。作为专业进度管理人员，其应当具备的基本条件主要有：

（1）具备工程概念，了解项目设计、采购、施工和试车各阶段的基本工作内容和过程。

（2）了解工程设计工作内容和专业间的上下游关系以及内外部条件关系。

（3）项目进度计划管理属于项目管理的一部分，这就决定了从事该专业的人员必须具备组织领导、信息沟通、分析问题解决问题等项目管理方面的基本技能，并对项目进度管理工作的理论、理念、技术、技巧、方法、手段等有从基本到深入的了解。

（4）全面掌握项目进度管理工作的工作程序、规定及模板并据此开展工作。

（5）熟练运用项目进度管理软件，如Primavera P6和Microsoft Project。熟练使用汇总统计软件如Excel，文字处理软件如Word等。

（6）能够运用包括英语在内的至少一门外语，并至少达到能够沟通、书写的要求。

（7）具有现场工作经验。

二、专业进度管理人员的培养途径和方式

专业进度管理人员，首先应专职从事进度管理工作，从汇总报表、准备报告开始，通过时间及经验的积累，在具备一定的项目管理和进度管理知识后，进入项目进度控制工作，并逐渐过渡到项目计划编制，从而掌握项目进度管理人员的技能。

1. 设立进度管理专业部门

工程公司应设立专门的进度管理部门，统一招纳、培养和管理专业进度管理人员。负责为进度管理人员提供所需学习资料和平台、日常培训以及协调人员在项目上的分配等，作为进度管理人员与项目之间的纽带。

2. 自上而下引导

工程公司应在全公司层面引导项目人员对进度管理工作加以重视，并采取相应措施提升项目人员对进度管理重要性的理解和对进度管理工作的支持和配合，诸如，建立和启用进度绩效评价体系，对项目经理、专业经理等

各级管理人员实行进度绩效考核，并将其与个人工作评价、职业等级职级挂钩，最终让项目进度管理工作落到实处，为项目进度管理营造出优良的实践环境，进而为进度管理人员创造出锻炼提升的空间。

3. 自下而上推动

进度管理人员，也应从自身出发，通过在一个又一个的项目当中，积极发挥进度管理人员职责，推动项目顺利执行，将进度管理的作用体现出来，让进度管理获得认可，使进度管理推动顺畅，最终造就良性循环，加速自身的成长。

4. 知识和技能培训

进度管理人员应是复合型人才，不仅需要具备进度管理专业技能，更应熟悉EPC总承包项目全生命周期各个阶段的工作，同时还需具有较强的组织、管理、协调能力。由于项目管理技术（进度管理技术）不断更新和进步，项目本身的特质也随着经济社会发展而推陈出新，故此需确保进度管理人员的知识和技能与时俱进。基于此目的，需要建立完善的培训机制和体系，使进度管理人员能够始终胜任项目计划及进度控制工作。培训内容可包括：进度管理专业理论培训；设计、采购、施工各专业工作流程培训；进度管理工具和技术的再培训。培训形式可包括讲授、研讨、交流、自学等，也可包括定期轮岗、现场锻炼等。

三、专业进度管理人员的职业发展

由于进度管理工作的特殊性，专业进度管理人员在项目当中对其他专业的工作会有比较全面的了解，也会接触和介入项目管理的其他工作。因此当其能完全胜任进度管理工作后，可逐渐尝试培养其从事控制经理甚至项目经理工作岗位的能力，不仅人尽其才，也能激励进度管理人员更好地完成进度管理实践工作。

切实开展多种形式的、行之有效的进度管理基础工作，让工程公司进度管理工作的实践氛围逐步浓厚，既助力工程公司向精细化项目管理转变进而收获更高的经济和社会效益，又使进度管理人员实现个人的发展，二者相得益彰。

附录一　典型一级计划模板

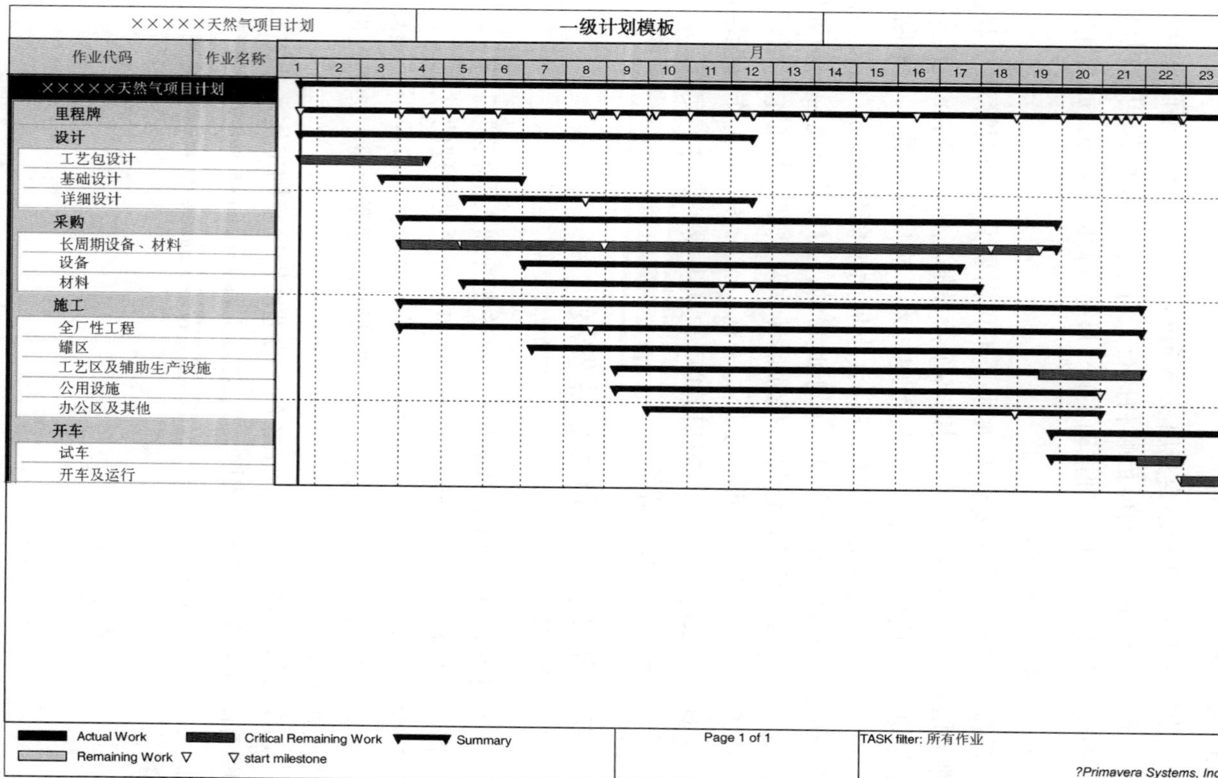

附录二 典型二级计划模板

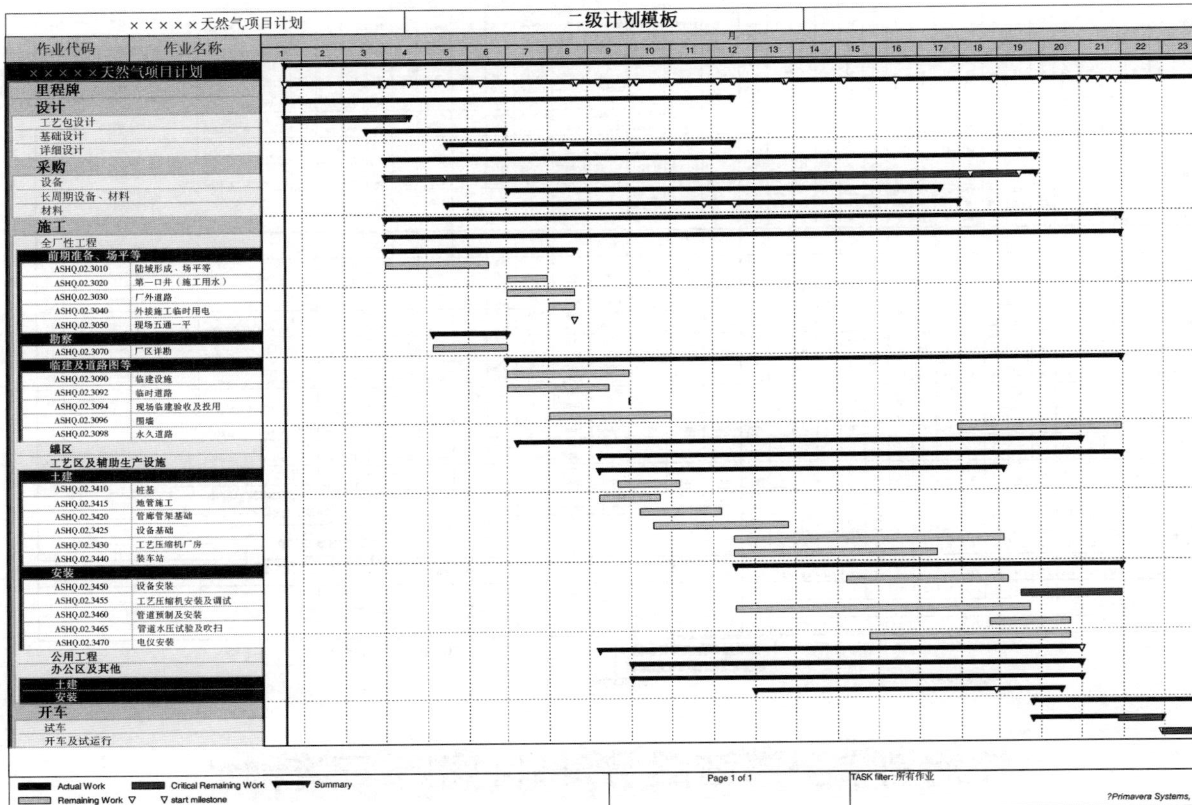

附录三　设计进度检测表模板（局部）

××××　×××××　××××项目

××××1专业　设计图纸状态表（DSR）

里程碑及对应的进度需根据项目要求做必要调整

“系数”应根据该项工作的难易程度分项定义

每一个工作包应该按CSWBS中的设定来定义

序号	描述	文件编码	图幅	数量	折A1数量	定额	系数	工时	权重(%)		开始	设计完成	校核完成	[illegible]完成	施工图发布	竣工图完成
											10%	75%	85%	90%	95%	100%
	合计							5,292.40	100.00							
1	××××1工作包															
	小计1							1,302.80	24.62 100.00							
1.1	xxxxxxxxx xxx xxxxxx xxxxxxxx	[illegible]	[illegible]	[illegible]	6	40	1.50	360.00	27.63	计划	15/2/5	15/3/22	15/4/6	15/4/21	15/5/21	16/6/30
										实际	15/2/5	15/3/25	15/4/5	15/5/5	15/6/16	
1.2	xxxxxxxxx xxx xxxxxx xxxxxxxx	XXXXXXX XX XXXX XX	A0	2	4	32	1.50	192.00	14.74	计划	15/2/5	15/3/22	15/4/6	15/4/21	15/5/21	16/6/30
										实际	15/2/1	15/3/18	15/4/2	15/5/15		
1.3	xxxxxxxxx xxx xxxxxx xxxxxxxx	XXXXXXX XX XXXX XX	A1	8	8	32	1.20	307.20	23.58	计划	15/2/15	15/4/1	15/4/16	15/5/1	15/5/31	16/6/30
										实际	15/2/14	15/4/1	15/5/6	15/5/23		
1.4	xxxxxxxxx xxx xxxxxx xxxxxxxx	XXXXXXX XX XXXX XX	A1	2	2	24	1.00	48.00	3.68	计划	15/2/15	15/4/1	15/4/16	15/5/1	15/5/31	16/6/30
										实际	15/2/18	15/4/4	15/5/23			
1.5	xxxxxxxxx xxx xxxxxx xxxxxxxx	XXXXXXX XX XXXX XX	A3	24	6	24	1.00	144.00	11.05	计划	15/3/2	15/4/16	15/5/1	–	–	16/6/30
										实际	15/3/1	15/4/15	15/5/10			
1.6	xxxxxxxxx xxx xxxxxx xxxxxxxx	XXXXXXX XX XXXX XX	A4	16	2	28	0.75	42.00	3.22	计划	15/3/2	15/4/16	15/5/1	–	–	16/6/30
										实际	15/3/1	15/4/15	15/5/16			
1.7	xxxxxxxxx xxx xxxxxx xxxxxxxx	XXXXXXX XX XXXX XX	A0	1	2	24	1.20	57.60	4.42	计划	15/2/18	15/4/4	15/4/19	15/5/4	15/6/3	16/6/30
										实际	15/2/20	15/4/3	15/5/4			
1.8	xxxxxxxxx xxx xxxxxx xxxxxxxx	XXXXXXX XX XXXX XX	A3	10	2.5	32	1.00	80.00	6.14	计划	15/3/20	15/5/4	15/5/19	–	–	16/6/30
										实际	15/3/22	15/5/7	15/6/4			
1.9	xxxxxxxxx xxx xxxxxx xxxxxxxx	XXXXXXX XX XXXX XX	A4	24	3	12	0.75	27.00	2.07	计划	15/4/20	15/6/4	15/6/19	–	–	16/6/30
										实际	15/4/28					
1.10	xxxxxxxxx xxx xxxxxx xxxxxxxx	XXXXXXX XX XXXX XX	A4	60	7.5	12	0.50	45.00	3.45	计划	15/5/10	15/6/24	15/7/9	–	–	16/6/30
										实际						
XX	…………	………… -- ---- --	--	--					0.00							
2	××××2工作包															
	小计2							1,692.80	31.99 100.00							
2.1	xxxxxxxxx xxx xxxxxx xxxxxxxx	XXXXXXX XX XXXX XX	A0	3	6	40	1.50	360.00	21.27	计划	5-Feb-15	22-Mar-15	6-Apr-15	21-Apr-15	21-May-15	30-Jun-16
										实际	5-Feb-15	25-Mar-15	5-Apr-15	5-May-15	16-Jun-15	
2.2	xxxxxxxxx xxx xxxxxx xxxxxxxx	XXXXXXX XX XXXX XX	A0	2	4	32	1.50	192.00	11.34	计划	5-Feb-15	22-Mar-15	6-Apr-15	21-Apr-15	21-May-15	30-Jun-16
										实际	1-Feb-15	18-Mar-15	2-Apr-15	15-May-15		
2.3	xxxxxxxxx xxx xxxxxx xxxxxxxx	XXXXXXX XX XXXX XX	A1	8	8	32	1.20	307.20	18.15	计划	15-Feb-15	1-Apr-15	16-Apr-15	1-May-15	31-May-15	30-Jun-16
										实际	14-Feb-15	1-Apr-15	6-May-15	23-May-15		
2.4	xxxxxxxxx xxx xxxxxx xxxxxxxx	XXXXXXX XX XXXX XX	A1	2	2	24	1.00	48.00	2.84	计划	15-Feb-15	1-Apr-15	16-Apr-15	1-May-15	31-May-15	30-Jun-16
										实际	18-Feb-15	4-Apr-15	23-May-15			
2.5	xxxxxxxxx xxx xxxxxx xxxxxxxx	XXXXXXX XX XXXX XX	A3	2	0.5	24	1.00	12.00	0.71	计划	2-Mar-15	16-Apr-15	1-May-15	–	–	30-Jun-16
										实际	1-Mar-15	15-Apr-15	10-May-15			
2.6	xxxxxxxxx xxx xxxxxx xxxxxxxx	XXXXXXX XX XXXX XX	A1	16	16	28	0.75	336.00	19.85	计划	2-Mar-15	16-Apr-15	1-May-15	–	–	30-Jun-16
										实际	1-Mar-15	15-Apr-15	16-May-15			
2.7	xxxxxxxxx xxx xxxxxx xxxxxxxx	XXXXXXX XX XXXX XX	A0	1	2	24	1.20	57.60	3.40	计划	18-Feb-15	4-Apr-15	19-Apr-15	4-May-15	3-Jun-15	30-Jun-16
										实际	20-Feb-15	3-Apr-15	4-May-15			
2.8	xxxxxxxxx xxx xxxxxx xxxxxxxx	XXXXXXX XX XXXX XX	A3	10	2.5	32	1.00	80.00	4.73	计划	20-Mar-15	4-May-15	19-May-15	–	–	30-Jun-16
										实际	22-Mar-15	7-May-15	4-Jun-15			
2.9	xxxxxxxxx xxx xxxxxx xxxxxxxx	XXXXXXX XX XXXX XX	A4	200	25	12	0.75	225.00	13.29	计划	20-Apr-15	4-Jun-15	19-Jun-15	–	–	30-Jun-16
										实际	28-Apr-15					
2.10	xxxxxxxxx xxx xxxxxx xxxxxxxx	XXXXXXX XX XXXX XX	A4	100	12.5	12	0.50	75.00	4.43	计划	10-May-15	24-Jun-15	9-Jul-15	–	–	30-Jun-16
										实际						
XX	…………	………… -- ---- --	--	--					0.00							30-Jun-16

设计进度统计表

序号	年	2015												2016					
	月	1	2	3	4	5	6	7	8	9	10	11	12	1	2	3	4	5	6
合计	计划	0.0	6.4	31.7	70.9	82.3	90.8	91.4	91.4	91.4	91.4	91.4	91.4	91.4	91.4	91.4	91.4	91.4	100.0
	实际	0.0	6.4	31.7	66.3	77.6	79.3												
1	M	1	2	3	4	5	6	7	8	9	10	11	12	1	2	3	4	5	6
小计1	计划	0.0	7.4	37.0	76.6	88.0	92.1	92.4	92.4	92.4	92.4	92.4	92.4	92.4	92.4	92.4	92.4	92.4	100.0
	实际	0.0	7.4	37.0	71.3	83.2	85.2	0.0	0.0	0.0	0.0	0.0	0.0	0.0	0.0	0.0	0.0	0.0	0.0
1.1	计划	0	10	75	90	95	95	95	95	95	95	95	95	95	95	95	95	95	100
	实际	0	10	75	85	90	95												
1.2	计划	0	10	75	90	95	95	95	95	95	95	95	95	95	95	95	95	95	100
	实际	0	10	75	85	90	90												
1.3	计划	0	10	10	85	95	95	95	95	95	95	95	95	95	95	95	95	95	100
	实际	0	10	10	75	90	90												
1.4	计划	0	10	10	85	95	95	95	95	95	95	95	95	95	95	95	95	95	100
	实际	0	10	10	75	85	85												
1.5	计划	0	0	10	75	85	85	85	85	85	85	85	85	85	85	85	85	85	100
	实际	0	0	10	75	85	85												
1.6	计划	0	0	10	75	85	85	85	85	85	85	85	85	85	85	85	85	85	100
	实际	0	0	10	75	85	85												
1.7	计划	0	10	10	85	90	95	95	95	95	95	95	95	95	95	95	95	95	100
	实际	0	10	10	75	85	85												
1.8	计划	0	0	10	10	85	85	85	85	85	85	85	85	85	85	85	85	85	100
	实际	0	0	10	10	75	85												
1.9	计划	0	0	0	10	10	85	85	85	85	85	85	85	85	85	85	85	85	100
	实际	0	0	0	10	10	10												
1.10	计划	0	0	0	0	10	75	85	85	85	85	85	85	85	85	85	85	85	100
	实际	0	0	0	0	0	0												
XX																			
2	月	1	2	3	4	5	6	7	8	9	10	11	12	1	2	3	4	5	6
小计2	计划	0.0	5.7	29.4	67.3	77.2	90.3	90.7	90.7	90.7	90.7	90.7	90.7	90.7	90.7	90.7	90.7	90.7	100.0
	实际	0.0	5.7	29.4	63.2	73.3	74.9	0.0	0.0	0.0	0.0	0.0	0.0	0.0	0.0	0.0	0.0	0.0	0.0
2.1	计划	0	10	75	90	95	95	95	95	95	95	95	95	95	95	95	95	95	100
	实际	0	10	75	85	90	95												
2.2	计划	0	10	75	90	95	95	95	95	95	95	95	95	95	95	95	95	95	100
	实际	0	10	75	85	90	90												
2.3	计划	0	10	10	85	95	95	95	95	95	95	95	95	95	95	95	95	95	100
	实际	0	10	10	75	90	90												
2.4	计划	0	10	10	85	95	95	95	95	95	95	95	95	95	95	95	95	95	100
	实际	0	10	10	75	85	85												
2.5	计划	0	0	10	75	85	85	85	85	85	85	85	85	85	85	85	85	85	100
	实际	0	0	10	75	85	85												
2.6	计划	0	0	10	75	85	85	85	85	85	85	85	85	85	85	85	85	85	100
	实际	0	0	10	75	85	85												
2.7	计划	0	10	10	85	90	95	95	95	95	95	95	95	95	95	95	95	95	100
	实际	0	10	10	75	85	85												
2.8	计划	0	0	10	10	85	85	85	85	85	85	85	85	85	85	85	85	85	100
	实际	0	0	10	10	75	85												
2.9	计划	0	0	0	10	10	85	85	85	85	85	85	85	85	85	85	85	85	100
	实际	0	0	0	10	10	10												
2.10	计划	0	0	0	0	10	75	85	85	85	85	85	85	85	85	85	85	85	100
	实际	0	0	0	0	0	0												
XX																			

Page 1 of 1

附录四　采购进度检测表模板（局部）

××××　×××××　××××项目

动设备采购状态表（PSR）

里程碑及对应的进度需根据项目要求做必要调整

序号	描述	费用（元）	每项费用权重	服务（工时）	每项服务权重	每项综合权重	计划工期（月）		收到MR文件	发出询价	收到标书	完成技术评标	评标	采购合同	收到第一批厂商文件	厂商文件确认	中间检验	出厂检验	收到发货单	运抵现场	完成开箱检验
									5%	10%	12%	20%	25%	30%	35%	40%	65%	85%	90%	98%	100%
1	xxxxxxxxx xxx xxxxxx xxxxxxxx	50,000	31.25%	2400	31.58%	31.32%	8	计划	16/2/5	16/2/19	16/3/18	16/4/1	16/4/8	16/4/22	16/6/3	16/6/17	16/9/9	16/11/18	16/11/25	16/12/16	16/12/23
								预计							16/6/21	16/7/5	16/9/27	16/12/6	16/12/13	17/1/3	17/1/10
								实际	16/2/5	16/3/25	16/4/5	16/4/20	16/5/5	16/5/10							
2	xxxxxxxxx xxx xxxxxx xxxxxxxx	40,000	25.00%	1600	21.05%	24.21%	8	计划	16/2/5	16/2/19	16/3/18	16/4/1	16/4/8	16/4/22	16/6/3	16/6/17	16/10/7	17/1/13	17/1/20	17/2/10	17/2/17
								预计							16/6/8	16/6/22	16/10/12	17/1/18	17/1/25	17/2/15	17/2/22
								实际	16/2/1	16/3/18	16/4/2	16/4/15	16/4/22	16/4/27							
3	xxxxxxxxx xxx xxxxxx xxxxxxxx	30,000	18.75%	1200	15.79%	18.16%	6	计划	16/2/16	16/3/1	16/3/29	16/4/12	16/4/19	16/5/3	16/6/7	16/6/21	16/8/24	16/10/13	16/10/20	16/11/4	16/11/11
								预计						16/6/10	16/7/15	16/7/29	16/10/1	16/11/20	16/11/27	16/12/12	16/12/19
								实际	16/2/14	16/4/1	16/5/6	16/5/20	16/5/27								
4	xxxxxxxxx xxx xxxxxx xxxxxxxx	20,000	12.50%	1000	13.16%	12.63%	7	计划	16/2/16	16/3/1	16/3/29	16/4/12	16/4/19	16/5/3	16/6/14	16/6/28	16/8/27	16/10/26	16/11/2	16/11/23	16/11/30
								预计				16/6/6	16/6/13	16/6/27	16/8/8	16/8/22	16/10/21	16/12/20	16/12/27	17/1/17	17/1/24
								实际	16/2/18	16/4/4	16/5/23										
5	xxxxxxxxx xxx xxxxxx xxxxxxxx	10,000	6.25%	800	10.53%	7.11%	8	计划	16/3/2	16/3/16	16/4/13	16/4/27	16/5/4	16/5/18	16/6/29	16/7/13	16/10/5	16/12/14	16/12/21	17/1/11	17/1/18
								预计					16/6/1	16/6/15	16/7/27	16/8/10	16/10/9	16/12/8	16/12/15	17/1/5	17/1/12
								实际	16/3/1	16/4/16	16/5/10	16/5/24									
		10,000	6.25%	600	7.89%	6.58%	8	计划	16/6/2	16/6/16	16/7/14	16/7/28	16/8/4	16/8/18	16/9/29	16/10/13	17/1/5	17/3/16	17/3/23	17/4/13	17/4/20
								预计					16/6/6	16/6/20	16/8/1	16/8/15	16/10/14	16/12/13	16/12/20	17/1/10	17/1/17
								实际	16/3/1	16/4/16	16/5/16	16/5/30									
XX	……							计划													
								预计													
								实际													
	合计	160,000	100.00%	7,600	100.00%	100.00%															

原则上，此列各项的内容应以独立的

费用与服务比重	
费用	服务
80%	20%

“费用与服务比重”应根据该项工作的情况设定

进度统计表

序号	年	2016												2017					
	月	1	2	3	4	5	6	7	8	9	10	11	12	1	2	3	4	5	6
1	计划		10	12	30	30	40	40	40	65	65	90	100	100	100	100	100	100	100
	预计						35	40	40	65	65	65	90	100	100	100	100	100	100
	实际		5	10	20	30	30	30	30	30	30	30	30	30	30	30	30	30	30
2	计划		10	12	30	30	40	40	40	40	65	65	65	90	100	100	100	100	100
	预计						40	40	40	40	65	65	65	90	100	100	100	100	100
	实际		5	10	30	30	30	30	30	30	30	30	30	30	30	30	30	30	30
3	计划		5	12	25	30	40	40	65	65	90	100	100	100	100	100	100	100	100
	预计						30	40	40	40	65	90	100	100	100	100	100	100	100
	实际		5	5	10	25	25	25	25	25	25	25	25	25	25	25	25	25	25
4	计划		5	12	25	30	40	40	65	65	85	100	100	100	100	100	100	100	100
	预计						30	30	40	40	65	65	90	100	100	100	100	100	100
	实际		5	5	10	12	12	12	12	12	12	12	12	12	12	12	12	12	12
5	计划			10	20	30	35	40	40	40	65	65	90	100	100	100	100	100	100
	预计						30	35	40	40	65	65	90	100	100	100	100	100	100
	实际			5	10	20	20	20	20	20	20	20	20	20	20	20	20	20	20
	计划						10	20	30	35	40	40	40	65	65	90	100	100	100
	预计						30	30	40	40	65	65	90	100	100	100	100	100	100
	实际			5	10	20	20	20	20	20	20	20	20	20	20	20	20	20	20
XX	计划																		
	预计																		
	实际																		
合计	计划		7.1	11.1	25.8	28.0	37.7	38.7	47.0	55.2	70.4	82.0	86.9	95.3	97.7	99.3	100.0	100.0	100.0
	预计					25.5	34.0	37.7	40.0	47.8	65.0	69.5	85.8	97.6	100.0	100.0	100.0	100.0	100.0
	实际		4.3	7.8	18.0	25.5													

附录五　施工计划及进度检测总表模板

×××× ××××××××××项目

施工计划及进度检测总表

序号	专业	工时	权重	年	进度																	
					2016												2017					
				月	1	2	3	4	5	6	7	8	9	10	11	12	1	2	3	4	5	6
1	打桩	123 750	9.99%	计划	2.97	13.88	28.07	68.71	80.74	90.97	100.00	100.00	100.00	100.00	100.00	100.00	100.00	100.00	100.00	100.00	100.00	100.00
				预计	-	-	-	-	-	-	-	-	-	-	-	-	-	-	-	-	-	-
				实际	2.26	6.60	21.03	60.41	74.34	-	-	-	-	-	-	-	-	-	-	-	-	-
2	混凝土	501 201	40.45%	计划		-	3.02	14.84	26.29	41.29	56.29	71.29	85.15	94.46	97.35	100.00	100.00	100.00	100.00	100.00	100.00	100.00
				预计		-	-	-	-	-	-	-	-	-	-	-	-	-	-	-	-	-
				实际		-	2.61	7.04	17.16	-	-	-	-	-	-	-	-	-	-	-	-	-
3	钢结构	276 570	22.32%	计划		-	-	2.57	16.13	31.80	49.20	62.81	77.95	94.31	97.94	99.89	100.00	100.00	100.00	100.00	100.00	100.00
				预计		-	-	-	-	-	-	-	-	-	-	-	-	-	-	-	-	-
				实际		-	-	0.93	1.68	-	-	-	-	-	-	-	-	-	-	-	-	-
6	机械设备	190 000	15.33%	计划		-	-	0.07	6.57	23.20	39.01	54.31	69.65	90.40	99.28	100.00	100.00	100.00	100.00	100.00	100.00	100.00
				预计		-	-	-	-	-	-	-	-	-	-	-	-	-	-	-	-	-
				实际		-	-	0.30	4.86	-	-	-	-	-	-	-	-	-	-	-	-	-
6	工艺管道	64 468	5.20%	计划		-	-	-	1.49	8.41	19.24	32.03	43.37	66.41	75.93	84.90	93.45	98.84	100.00	100.00	100.00	100.00
				预计		-	-	-	-	-	-	-	-	-	-	-	-	-	-	-	-	-
				实际		-	-	-	0.13	-	-	-	-	-	-	-	-	-	-	-	-	-
6	仪电	83 010	6.70%	计划		-	-	0.08	1.19	6.88	10.44	13.92	26.87	40.72	58.75	73.00	80.80	86.47	97.74	100.00	100.00	100.00
				预计		-	-	-	-	-	-	-	-	-	-	-	-	-	-	-	-	-
				实际		-	-	0.06	0.46	-	-	-	-	-	-	-	-	-	-	-	-	-
XX	……			计划																		
				预计																		
				实际																		
	合计	1 238 999	100.00%	计划	**0.30**	**1.39**	**4.02**	**13.45**	**23.46**	**37.34**	**51.42**	**63.77**	**76.57**	**89.30**	**94.34**	**97.38**	**98.37**	**99.03**	**99.85**	**100.00**	**100.00**	**100.00**
				预计																		
				实际	**0.23**	**0.66**	**3.16**	**9.14**	**15.53**													

附录六 机械设备施工计划及进度检测表模板

××××××××××××××××××××项目

机械设备施工计划及进度检测表（模板）

里程碑及对应的进度需根据项目要求做必要调整

序号	描述(装置/分区)	工作类型	工程量 单位：标准台套 基准	工程量 预计	权重(基于基准)		工序步骤 工序A	工序B	工序C	工序D	工序E	工序F	工序G	工序H	工序I	工序J	完成百分比	本月已完成量	累计完成量
1	xxxxxxxxx xxx xxxxxx xxxxxxxx	装置/分区汇总	156.0	156.0	32.84%												11%	15.4	16.6
1.1	xxxxxxxxx xxx xxxxxx xxxxxxxx	压缩机 1	120.0	120.0	25.26%	工序	主机就位	附属设备	灌浆	油洗	电机运转	最终找正	运转测试	接收			13%	13.9	15.0
						权重	30%	10%	10%	15%	5%	20%	5%	5%					
						累计完成	50.0												
1.2	xxxxxxxxx xxx xxxxxx xxxxxxxx	风机、泵	17.0	17.0	3.58%	工序	安装	找正	灌浆	测试	接收						9%	1.4	1.6
						权重	80%	10%	10%	5%	5%								
						累计完成	2.0												
1.2	xxxxxxxxx xxx xxxxxx xxxxxxxx	静设备(塔器、容器、换热器)	18.0	18.0	3.79%	工序	安装	灌浆	附件安装	检验								-	-
						权重	27%	3%	50%	10%									
						累计完成													
1.3	xxxxxxxxx xxx xxxxxx xxxxxxxx	起重设备	1.0	1.0	0.21%	工序	安装找正	载荷试验	接收									-	-
						权重	80%	15%	5%										
						累计完成													
2	xxxxxxxxx xxx xxxxxx xxxxxxxx	装置/分区汇总	67.0	67.0	14.11%														
2.1	xxxxxxxxx xxx xxxxxx xxxxxxxx	风机、泵	38.0	38.0	8.00%	工序	安装	找正	灌浆	测试	接收						11%	4.0	4.0
						权重	80%	10%	10%	5%	5%								
						累计完成	5.0												
2.2	xxxxxxxxx xxx xxxxxx xxxxxxxx	塔器、容器、换热器	27.0	27.0	5.68%	工序	安装	灌浆	附件安装	检验								-	-
						权重	27%	3%	50%	10%									
						累计完成													
2.3	xxxxxxxxx xxx xxxxxx xxxxxxxx	起重设备	2.0	2.0	0.42%	工序	安装找正	载荷试验	接收									-	-
						权重	80%	15%	5%										
						累计完成													
3	xxxxxxxxx xxx xxxxxx xxxxxxxx	装置/分区汇总	40.0	40.0	8.42%														
3.1	xxxxxxxxx xxx xxxxxx xxxxxxxx	风机、泵	28.0	28.0	5.89%	工序	安装	找正	灌浆	测试	接收						6%	1.7	1.7
						权重	80%	10%	10%	5%	5%								
						累计完成	2.0	1.0											
3.2	xxxxxxxxx xxx xxxxxx xxxxxxxx	塔器、容器、换热器	10.0	10.0	2.11%	工序	安装	灌浆	附件安装	检验								-	-
						权重	27%	3%	50%	10%									
						累计完成													
3.3	xxxxxxxxx xxx xxxxxx xxxxxxxx	起重设备	2.0	2.0	0.42%	工序	安装找正	载荷试验	接收									-	-
						权重	80%	15%	5%										
						累计完成													
4	xxxxxxxxx xxx xxxxxx xxxxxxxx	装置/分区汇总	212.0	212.0	44.63%														
4.1	xxxxxxxxx xxx xxxxxx xxxxxxxx	压缩机 2	150.0	150.0	31.58%	工序	主机就位	附属设备	灌浆	油洗	电机运转	最终找正	运转测试	接收				-	-
						权重	30%	10%	10%	15%	5%	20%	5%	5%					
						累计完成													
4.2	xxxxxxxxx xxx xxxxxx xxxxxxxx	风机、泵	34.0	34.0	7.16%	工序	安装	找正	灌浆	测试	接收						2%	0.6	0.8
						权重	80%	10%	10%	5%	5%								
						累计完成	1.0												
4.3	xxxxxxxxx xxx xxxxxx xxxxxxxx	塔器、容器、换热器	23.0	23.0	4.84%	工序	安装	灌浆	附件安装	检验								-	-
						权重	27%	3%	50%	10%									
						累计完成													
4.4	xxxxxxxxx xxx xxxxxx xxxxxxxx	起重设备	5.0	5.0	1.05%	工序	安装找正	载荷试验	接收									-	-
						权重	80%	15%	5%										
						累计完成													
	合计		475.0	475.0	100%														

序号	年 / 月	2016 4	5	6	7	8	9	10	11	12	2017 1	2	3	4	5	6
1	计划	0%	15%	34%	49%	64%	79%	94%	99%	100%	100%	100%	100%	100%	100%	100%
	预计															
	实际	1%	11%													
1.1	计划		18%	38%	53%	68%	83%	98%	100%	100%	100%	100%	100%	100%	100%	100%
	预计															
	实际	1%	13%													
1.2	计划	2%	11%	26%	41%	56%	71%	86%	100%	100%	100%	100%	100%	100%	100%	100%
	预计															
	实际	1%	9%													
1.2	计划		3%	18%	33%	48%	63%	78%	93%	100%	100%	100%	100%	100%	100%	100%
	预计															
	实际															
1.3	计划			15%	58%	78%	100%	100%	100%	100%	100%	100%	100%	100%	100%	100%
	预计															
	实际															
2	计划		7%	20%	36%	51%	66%	85%	100%	100%	100%	100%	100%	100%	100%	100%
	预计															
	实际		6%													
2.1	计划		13%	33%	48%	63%	78%	100%	100%	100%	100%	100%	100%	100%	100%	100%
	预计															
	实际		11%													
2.2	计划			3%	18%	33%	48%	63%	100%	100%	100%	100%	100%	100%	100%	100%
	预计															
	实际															
2.3	计划				43%	63%	85%	85%	85%	100%	100%	100%	100%	100%	100%	100%
	预计															
	实际															
3	计划		6%	20%	35%	51%	66%	89%	98%	100%	100%	100%	100%	100%	100%	100%
	预计															
	实际		4%													
3.1	计划		8%	28%	43%	58%	73%	100%	100%	100%	100%	100%	100%	100%	100%	100%
	预计															
	实际		6%													
3.2	计划				13%	28%	43%	58%	95%	100%	100%	100%	100%	100%	100%	100%
	预计															
	实际															
3.3	计划				38%	58%	80%	80%	90%	100%	100%	100%	100%	100%	100%	100%
	预计															
	实际															
4	计划			17%	33%	49%	64%	90%	99%	100%	100%	100%	100%	100%	100%	100%
	预计															
	实际	0%	0%													
4.1	计划			23%	38%	53%	68%	90%	100%	100%	100%	100%	100%	100%	100%	100%
	预计															
	实际															
4.2	计划				8%	23%	38%	93%	100%	100%	100%	100%	100%	100%	100%	100%
	预计															
	实际	1%	2%													
4.3	计划				33%	53%	75%	80%	95%	100%	100%	100%	100%	100%	100%	100%
	预计															
	实际															
4.4	计划			22%	57%	72%	80%	100%	100%	100%	100%	100%	100%	100%	100%	100%
	预计															
	实际															
合计	计划	0.1%	6.6%	23.2%	39.0%	54.3%	69.6%	90.4%	99.3%	100.0%	100.0%	100.0%	100.0%	100.0%	100.0%	100.0%
	预计															
	实际	0.3%	4.9%													

附录七　项目月进度报告模板

××××××××××项目

项目月进度报告（模板）

文件编号：

20××年第××期

总第××期

报告周期：（×× 月×× 日—××月××日）

		供执行			
版次	日期	说明	编制	校审	批准

目　录

1. 项目总体执行情况
  1.1　本周期主要完成工作
  1.2　HSE
  1.3　项目进度统计数据
  1.4　重点关注问题及建议措施
  1.5　重要里程碑的执行情况
2. 设计
  2.1　设计进度汇总
  2.2　设计各专业本月主要工作及下月工作安排
    2.2.1　工艺专业
    2.2.2　安全专业
    2.2.3　×××专业
    2.2.4　×××专业
3. 采购
  3.1　采购进度汇总
  3.2　采购本月主要工作及下月工作安排
    3.2.1　设备
    3.2.2　设备催检（列出主要设备催检情况、落后于计划进度设备催检情况）
    3.2.3　散材
4. 施工
  4.1　施工进度汇总
  4.2　施工本月主要工作及下月工作安排
    4.2.1　临设施工
    4.2.2　桩基施工
    4.2.3　土建施工
    4.2.4　安装施工
    4.2.5　电气仪表施工作
    4.2.6　防腐等其他工作

5. 预试车及开车

6. 费用、变更

6.1 合同价格状态（含变更）

6.2 费用执行状态

7. 附件

7.1 横道图更新

7.2 总进度 S 曲线

7.3 设计状态表（DSR）

7.4 采购状态表（PSR）

7.5 施工状态表（CSR）

7.6 开车状态表

7.7 施工图纸发布情况统计表

7.8 技术澄清统计状态表

7.9 人力状态表

7.10 现场人员表

7.11 现场机具统计表

1. 项目总体执行情况

1.1　本周期主要完成工作

（简述本周期里主要工作完成情况，以项目管理、进度、费用、质量和项目总的情况为主，该部分控制在10条左右，以使不同级的管理人员能够在读取报告时一目了然）。

●× × × × × × × × ×

●× × × × × × × × ×

●× × × × × × × × ×

1.2　HSE

（此部分可含文字叙述和表格，但至少应该有包含了安全工时数等与HSE 相关的内容的表格）

●× × × × × × × × ×

●× × × × × × × × ×

●× × × × × × × × ×

1.3　项目进度统计数据（以总承包项目为例）

表1.3–1　项目进度统计表

序号	项目进度	权重 1	权重 2	计划进度	实际进度	偏差
1	设计	× ×.×%				
1.1	初步设计		× ×.×%	× ×.×%	× ×.×%	× ×.×%
1.2	详细设计		× ×.×%	× ×.×%	× ×.×%	× ×.×%
2	采购	× ×.×%		× ×.×%	× ×.×%	× ×.×%
3	施工	× ×.×%		× ×.×%	× ×.×%	× ×.×%
4	预试车及开车	× ×.×%		× ×.×%	× ×.×%	× ×.×%
	合计	× ×.×%		× ×.×%	× ×.×%	× ×.×%

（此处可以对整个项目做一个简要的进度分析。具体设计、采购、施工的进度分析可在后面的对应部分中详细说明）

●× × × × × × × × × × × × ×

●× × × × × × × × × × × × ×

●× × × × × × × × × × × × ×

1.4　重点关注问题及建议措施

（此部分写需要业主关注并解决的问题，没有可以写无，但由于业主原

因引起的进度问题，需要列出来）

重点关注问题	建议措施
√×××××××××××	×××××××××××
√×××××××××××	×××××××××××

1.5　重要里程碑的执行情况

表1.5–1　重要里程碑执行情况表

序号	里程碑描述	计划日期	实际日期	预计日期	备注
1	××××××	20××/××/××	20××/××/××		
2	××××××	20××/××/××	20××/××/××		
3	××××××	20××/××/××		20××/××/××	（未实现计划原因）
	……				
×	××××××	20××/××/××			

（如某重要里程碑没有按计划实现，且备注栏内空间不够，须在下面加以具体说明）

●×××××××××

●×××××××××

2. 设计

2.1　设计进度汇总

表2.1–1　设计进度汇总表

序号	项目进度	权重	累积进度			本周期进度		
			计划	实际	偏差	计划	实际	偏差
1	工艺专业		××.×%	××.×%	××.×%	××.×%	××.×%	××.×%
2	安全专业		××.×%	××.×%	××.×%	××.×%	××.×%	××.×%
	………	……	……%	……	……	……	……	……
×	××××××	××.×%	××.×%	××.×%	××.×%	××.×%	××.×%	××.×%
设计进度汇总		100.0%	××.×%	××.×%	××.×%	××.×%	××.×%	××.×%

（此处要有进度数据分析，至少要对于实际进度与计划进度相比落后的专业进行分析。要分专业说明引起落后的主要原因，以及准备采取和已经采取的补救措施。之前补救措施的实施情况和效果等。如没有落后，可不用分析说明）

- ×××××××××××××
- ×××××××××××××
- ×××××××××××××

2.2　设计各专业本月主要工作及下月工作安排

2.2.1　工艺专业

本月工作

- ×××××××××××××
- ×××××××××××××

下月计划

- ×××××××××××××
- ×××××××××××××

2.2.2　安全专业

本月工作

- ×××××××××××××
- ×××××××××××××

下月计划

- ×××××××××××××
- ×××××××××××××

2.2.3　×××专业

本月工作

- ×××××××××××××
- ×××××××××××××

下月计划

- ×××××××××××××
- ×××××××××××××

2.2.4　××× 专业

3. 采购

3.1　采购进度汇总

表3.1-1　采购进度汇总表

序号	项目进度	权重	累积进度			本周期进度		
			计划	实际	偏差	计划	实际	偏差
1	设备专业	××.×%	××.×%	××.×%	××.×%	××.×%	××.×%	××.×%
2	管道专业	××.×%	××.×%	××.×%	××.×%	××.×%	××.×%	××.×%
	………	……	……	……	……	……	……	……
×	××××××	××.×%	××.×%	××.×%	××.×%	××.×%	××.×%	××.×%
采购进度汇总		100.0%	××.×%	××.×%	××.×%	××.×%	××.×%	××.×%

（此处要有进度数据分析，至少要对于实际进度与计划进度相比落后的专业进行分析。要分专业说明引起落后的主要原因，以及准备采取和已经采取的补救措施。之前补救措施的实施情况和效果等。如没有落后，可不用分析说明）

- ××××××××××××
- ××××××××××××
- ××××××××××××

3.2　采购本月主要工作及下月工作安排

3.2.1　设备

- 发出招标

本月

- ××××××××××××
- ××××××××××××

——

下月计划

- ××××××××××××

————

- ××××××××××××

- 收到报价

本月

——

- ××××××××××××
- ××××××××××××

下月计划

➢××××××××××××

➢××××××××××××

• 签订采购合同（发布授标函）

本月

➢××××××××××××

➢××××××××××××

下月计划

➢××××××××××××

➢××××××××××××

• 设备发货（出厂、运输、清关）

本月

➢××××××××××××

➢××××××××××××

下月计划

➢××××××××××××

➢××××××××××××

• 设备到场（运抵现场、预制场）

本月

➢××××××××××××

➢××××××××××××

下月计划

➢××××××××××××

➢××××××××××××

3.2.2　设备催检（列出主要设备催检情况、落后于计划进度设备催检情况）

本月主要工作

• ××××××××××××

• ××××××××××××

下月计划

• ××××××××××××

• ××××××××××××

3.2.3 散材

（散材部分的工作可以适当简写。列出关键散材，如钢结构、管道、地管等对进度影响比较大的散材以及电仪中部分散材的关键节点，如 PO、出厂、到场等）

本月主要工作

- ××××××××××
- ××××××××××
- ××××××××××

下月计划

- ××××××××××
- ××××××××××
- ××××××××××

4. 施工

4.1 施工进度汇总

表4.1–1 施工进度汇总表

序号	分项进度	权重	累积进度			本周期进度		
			计划	实际	偏差	计划	实际	偏差
1	××××××	××.×%	××.×%	××.×%	××.×%	××.×%	××.×%	××.×%
2	××××××	××.×%	××.×%	××.×%	××.×%	××.×%	××.×%	××.×%
	………	……	……	……	……	……	……	……
×	××××××	××.×%	××.×%	××.×%	××.×%	××.×%	××.×%	××.×%
施工进度汇总		100.0%	××.×%	××.×%	××.×%	××.×%	××.×%	××.×%

（此处可按照临设、桩、土建、安装或者直接按照装置/工区或专业或者按照分包商的工作范围进行说明。要有进度数据分析，至少要对于实际进度与计划进度相比落后的专业进行分析。要分专业说明引起落后的主要原因，以及准备采取和已经采取的补救措施。之前补救措施的实施情况和效果等。如没有落后，可不用分析说明）

- ×××××××××××××
- ×××××××××××××
- ×××××××××××××

4.2　施工本月主要工作及下月工作安排

4.2.1　临设施工

本月主要工作

●×××××××××

●×××××××××

下月计划

●×××××××××

●×××××××××

（如是重大或特大型项目，后面部分可分装置、分区域或按不同施工分包商的工作内容分开写）

4.2.2　桩基施工

本月主要工作

●×××××××××

●×××××××××

下月计划

●×××××××××

●×××××××××

4.2.3　土建施工

本月主要工作

●×××××××××

●×××××××××

下月计划

●×××××××××

●×××××××××

4.2.4　安装施工

本月主要工作

●×××××××××

●×××××××××

下月计划

●×××××××××

●×××××××××

4.2.5 电气仪表施工作

本月主要工作

- ×××××××××
- ×××××××××

下月计划

- ×××××××××
- ×××××××××

4.2.6 防腐等其他工作

本月主要工作

- ×××××××××
- ×××××××××

下月计划

- ×××××××××
- ×××××××××

5. 预试车及开车

本月主要工作

- ×××××××××
- ×××××××××

下月计划

- ×××××××××
- ×××××××××

6. 费用、变更

6.1 合同价格状态（含变更）

表6.1-1 合同价格状态表

原始合同价	批准的变更	变更后总价

6.2　费用执行状态

表6.2-1　费用执行状态表

已达到里程碑/进度		请款情况		收款情况	
本月	累计到本月	本月	累计到本月	本月	累计到本月

7. 附件

（一般至少应包括的附件为7.1~7.5，从附件7.6（含）往下的其他附件可以根据项目要求具体增减，不做统一要求）

7.1　横道图更新

根据项目要求采用P6或Project更新。

7.2　总进度“S”曲线

包含项目总进度计划和实际对照的曲线图，以及曲线对应的Excel表格。

7.3　设计状态表（DSR）

设计进度计划和实际对照的曲线图，以及曲线对应的Excel表格。

具体表格形式见程序文件——项目进度统计方法。

7.4　采购状态表（PSR）

采购进度计划和实际对照的曲线图，以及曲线对应的Excel表格。

具体表格形式见程序文件——项目进度统计方法。

7.5　施工状态表（CSR）

施工进度计划和实际对照的曲线图，以及曲线对应的Excel表格。

具体表格形式见程序文件——项目进度统计方法。

7.6　开车状态表

分系统开车进度计划和实际对照的曲线图，以及曲线对应的Excel表格。

7.7　施工图纸发布情况统计表

7.8　技术澄清统计状态表

7.9　人力状态表

7.10　现场人员表

7.11　现场机具统计表

……

参考文献

[1] 常军.炼化工程EPC项目的WBS编制与应用［J］. 工程建设与设计，2014（11）：127−132.

[2] 马国丰，陈强. 项目进度管理的研究现状及其展望［J］. 上海管理科学，2006（4）.

[3] 白思俊.现代项目管理［M］. 北京：机械工业出版社，2012.

[4] 哈罗德·柯兹纳（美）. 项目管理计划、进度和控制的系统方法［M］. 10版. 北京：电子工业出版社，2010.

[5] 荣世立，李森，等. 建设项目工程总承包管理规范实施指南［M］. 北京：中国建筑工业出版社，2018.

[6] 白玉光，等. 国际工程建设项目管理［M］. 北京：石油工业出版社，2012.

[7] 卢向南. 项目计划与控制［M］. 2版. 北京：机械工业出版社，2018.